旅するモンテーニュ

十六世紀ヨーロッパ紀行

斎藤広信［著］

法政大学出版局

旅するモンテーニュ

十六世紀ヨーロッパ紀行

目次

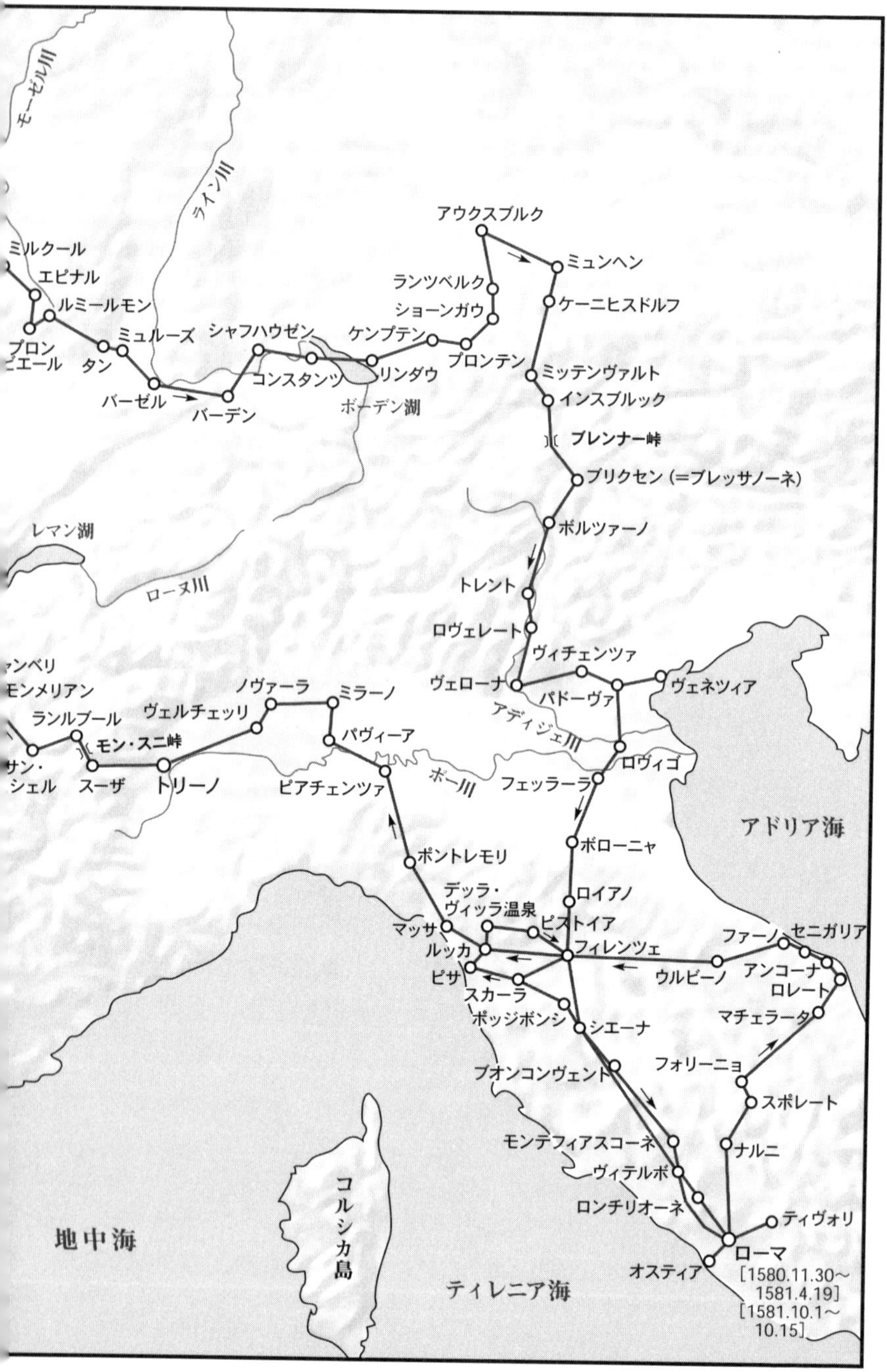

モーゼル川
ライン川
アウクスブルク
ミュンヘン
ランツベルク
ショーンガウ
ケーニヒスドルフ
ミルクール
エピナル
ルミールモン
プロン
ミュルーズ
タン
シャフハウゼン
ケンプテン
プロンテン
コンスタンツ
リンダウ
ミッテンヴァルト
バーゼル
バーデン
ボーデン湖
インスブルック
ブレンナー峠
ブリクセン（＝ブレッサノーネ）
レマン湖
ボルツァーノ
ローヌ川
トレント
ロヴェレート
ヴィチェンツァ
ヴェローナ
パドーヴァ
ヴェネツィア
アディジェ川
ノヴァーラ
ミラーノ
ヴェルチェッリ
ランルブール
モン・スニ峠
パヴィーア
スーザ
トリーノ
ピアチェンツァ
ポー川
ロヴィゴ
フェッラーラ
アドリア海
ボローニャ
ポントレモリ
ロイアノ
デッラ・
ヴィッラ温泉
ピストイア
マッサ
ルッカ
フィレンツェ
ファーノ
セニガリア
アンコーナ
ウルビーノ
ピサ
スカーラ
ロレート
ポッジボンシ
シエーナ
マチェラータ
フォリーニョ
ブオンコンヴェント
スポレート
モンテフィアスコーネ
ナルニ
ヴィテルボ
ロンチリオーネ
ティヴォリ
地中海
コルシカ島
ローマ
[1580.11.30～
1581.4.19]
[1581.10.1～
10.15]
オスティア
ティレニア海

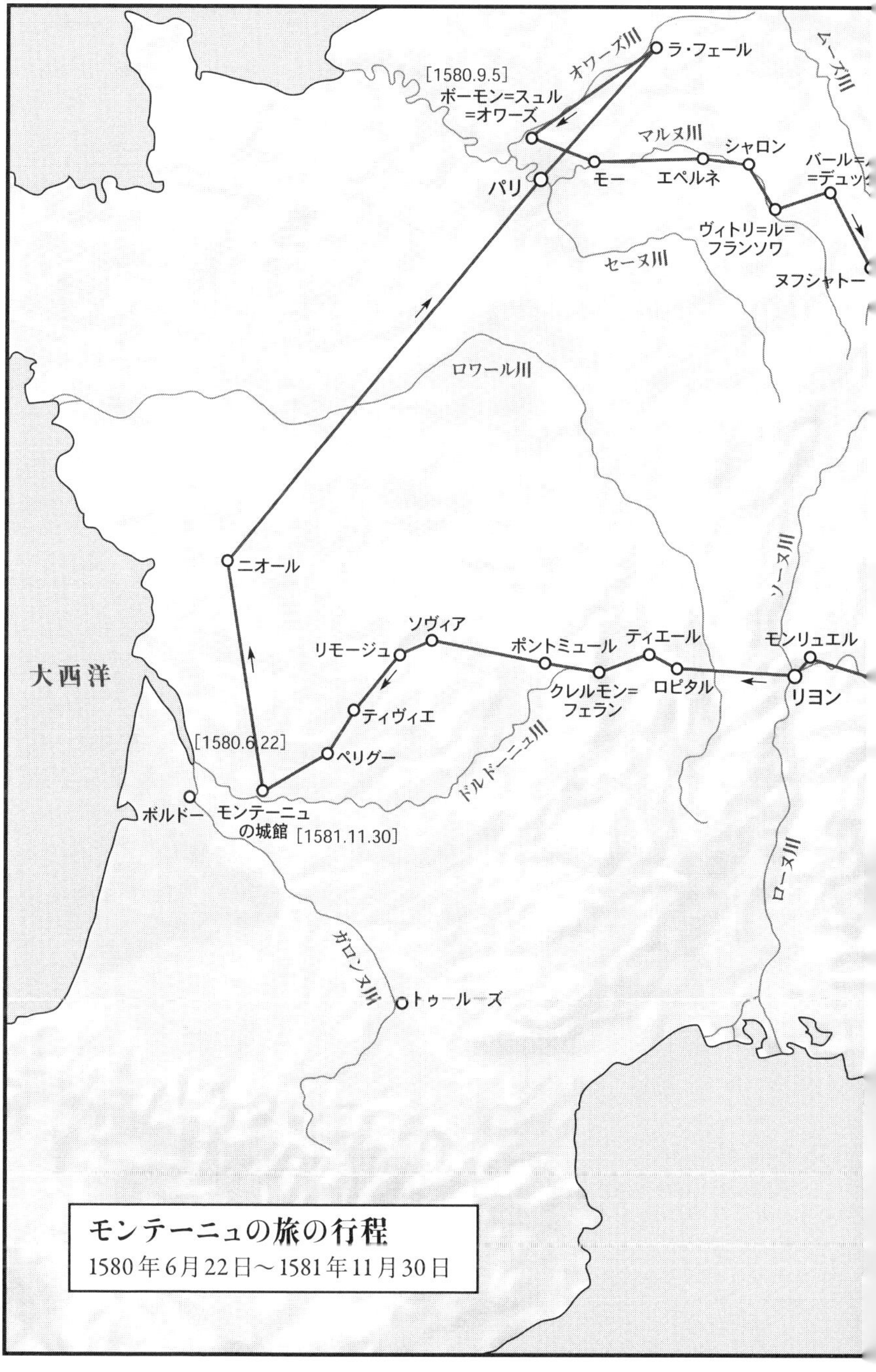

モンテーニュの旅の行程
1580年6月22日～1581年11月30日

はじめに

モンテーニュ（Michel de Montaigne 一五三三―九二）は、『随想録』とも訳されている『エセー』という滋味あふれる著作によって広く知られている、フランス十六世紀の思想家である。しかしこの著作家には、『エセー』のほかに、十八世紀後半に発見・刊行された旅の記録すなわち『旅日記』がある。これは、一五八〇年六月下旬から翌年一一月末にかけて、ヨーロッパ諸国（フランス東部、スイス、ドイツ、イタリア）を旅したモンテーニュの長旅の日記である。公刊をまったく意図しなかった、私的な旅の覚え書きであるため、ルネサンス期の旅人モンテーニュが飽くなき好奇心を持って旅中で見聞したこと、体験したこと、感じたことがありのままに書かれており、実に面白い旅行記となっている。たとえば、男になった娘の話、スイス、ドイツの諸都市の宗教事情、旅宿の設備や宿泊体験談、イタリアの奇妙な修道士たち、女性あるいは娼婦見学、ローマ滞在記、ルネサンス期の庭園見物、温泉での湯治日記など、現代の読者の眼から見ても興味はつきない。しかもそれらの記述を通してルネサンスの風景の一端が浮かびあがってくるように思われる。

そこで本書では、序章で旅の準備をしたあとで、この『旅日記』を読者と一緒に読み進め、十六世紀後半のヨーロッパ諸国を「旅するモンテーニュ」を追いかけながら、ときどき立ち止まってさまざまな興味深い話題や事柄を取り上げていこうと思う。無事フランスに戻ったならば、帰国後のモンテーニュの活動について見ていき、終章でモンテーニュと〈旅〉について考えてみたい。この歴史的な旅から何が見えてくるか、大学で長らくモンテーニュとその作品に親しんできた者として、読者のみなさんにそれぞれの仕方で楽しんでもらえたら幸いである。

序章　モンテーニュとその時代

ミシェル・ド・モンテーニュの肖像
（本人に最も近いとみなされている。1578頃）

モンテーニュとともに旅に出発する前に、われわれも旅支度をする必要があろう。モンテーニュが生きた十六世紀のフランスはどのような時代だったのだろうか。彼が旅に出たドイツやイタリアは、フランスとどのような関係にあったのだろうか。政治的・宗教的・文化的な面から概観しておこう。

またモンテーニュの生涯はどのようなものだったのだろうか。彼はどの時期に『エセー』を執筆し、約一年半にもおよぶ長旅に出かけたのだろうか。『旅日記』の発見・刊行の経緯とともに、そのあらましを見ておきたい。

1　十六世紀のフランス

ルネサンス

歴史の扉を開いてみれば、十六世紀のフランスは〈ルネサンスと宗教戦争〉の時期に当たる。フランスでは、十五世紀末から十六世紀全体を広くルネサンス期と考えている。しかし十六世紀後半は、同時に宗教戦争に明け暮れた時期でもあった。

フランスにおけるルネサンスには、イタリアとの接触、とりわけイタリア戦争が大きく関係している。イタリア戦争（一四九四―一五五九）とは、中世を通じて小国分立の状態にあったイタリアの支配をめぐって、フランス王家と神聖ローマ帝国のハプスブルク家との間で、半世紀以上にわたって断続的に行なわれた戦争のことである。十六世紀前半、フランス国王フランソワ一世（在位一五一五―四七）およびアンリ二世（在位一五四七―五九）は、ヨーロッパの覇権をめぐって、神聖ローマ皇帝カール五世（在位一五一九―五六。スペイン王カルロス一世として在位一五一六―五六）と激しく争った。たとえばミラーノ公国をめぐる争奪戦では、一五二五年にミラーノ奪回を目指したフランソワ一世軍が「パヴィーアの戦い」でスペインと皇帝軍に大敗し、フランソワ一世は捕虜となり、一年以上もマドリードに幽閉されるという事件があった。また一五五二―五五年には、途中に休戦をはさんで、シエーナをめぐってアンリ二世とスペイン軍との間で戦闘が行なわれた。

カール五世

フランソワ一世

ところで二人の先王（シャルル八世、ルイ十二世）につづいてイタリアに進軍したフランソワ一世軍は、一方でこの国に開花していたルネサンスの新しい文化に魅了され、国王は絵画や彫刻などイタリアの文物を収集するとともに、晩年のレオナルド・ダ・ヴィンチをはじめ、イタリアから画家、建築家など芸術家たちをフランスに招いた。また国王にならって、貴族たちもイタリア文化を輸入しようと努めるようになる。

一五三〇年代前半までのフランスは、学者・知識人たちが古典語・古典文学研究や聖書の原典研究を通じて、ギリシャ・ローマの古代文化やキリスト教文化を、その源泉に立ち戻って正しく理解しようと努めたユマニスム（人文主義）の時期である。このような運動にかかわった人たちは、ユマニスト（人文主義者）と呼ばれる。代表的なユマニストとして、ギヨーム・ビュデ（一四六八―一五四〇）とルフェーブル・デタープル（一四五〇頃―一五三六頃）が挙げられるだろう。ギヨーム・ビュデはギリシャ語研究と古代社会研究に貢献し、またフランソワ一世に進言して国王直属の研究機関「王立教授団」（現在のコレージュ・ド・フランスの前身）を設立させた。彼はユマニストの王者と呼ばれるオランダのエラスムス（一四六九―一五三六）とも親交があった。ルフェーブル・デタープルは聖書の原典研究や旧約・新約聖書のフランス語訳を完成させ、またパリ東方のモーの司教ギヨーム・ブリソネに招かれて、そこで同志の人々とカトリック内部での教会改革（福音主義）を推し進めた。

フランソワ一世と王姉のマルグリット・ド・ナヴァール（『エプタメロン』の作者でもある）は、これら初期ユマニストたちの活動だけではなく、芸術家・詩人・作家たちの活動を支え、フランスに文芸復興の礎を築く。この世紀に輩出した代表的なユマニスト・文学者・思想家としては、『ガルガンチュアとパンタグリュエル』の作者フランソワ・ラブレー（一四八四―一五五三）、プルタルコスの著作『対比列伝』と『倫理論集』をフランス語に訳したジャック・アミヨ（一五一三―九三）、古代文芸を範にとって清新な詩作品を書いたプレイヤッド派の詩人ピエール・ド・ロンサール（一五二四―八五）やジョワシャン・デュ・ベレー（一五二二―六〇）が挙げられよう。そして『エセー』の著者ミシェル・ド・モンテーニュもその時代に登場したのである。

宗教改革

ところで一五三四年に、史上有名な〈檄文事件〉が起こる。カトリック教会の典礼を批判した檄文が、国王の寝室の扉をはじめフランス各地に貼られた事件である。これをきっかけに保守派の牙城であるソルボンヌ神学部とパリ高等法院が反撃に出て、フランソワ一世も改革派弾圧に転じる。以後、ユマニスムと宗教改革は分裂していく。一方もう一つの改革運動として、〈檄文事件〉のあった同年、イグナティウス・デ・ロコラがフランシスコ・ザビエルら六人の同志とともにカトリック信仰の革新を志し、パリのモンマルトルの教会で誓願を立てている。彼らが一五三七年に結成したイエズス会は、一五四〇年にローマ教皇によって公認され、反宗教改革の動きのなかでその勢力はヨーロッパ各地に、そして遠くは極東の日本にまで広がっていく。

さて異端容疑者の弾圧と処刑が相次ぎ、カトリック内部での教会改革である福音主義運動がその道を断たれる状況のなかで、〈新しい教会〉の設立を目指して立ち上がった人々が現れる。その中心となったのがジャン・カルヴァン（一五〇九—六四）である。彼は神学、法律、人文学を学び、ユマニストとして出発したが、ルターの改革思想にも接し、やがて独自の信仰原理を築いて宗教改革者となる。〈檄文事件〉の弾圧を避けてスイスのバーゼルに亡命したカルヴァンは、一五三六年にラテン語で『キリスト教綱要』を刊行する（以後、その改訂版とともにフランス語版も出版）。救霊予定説の上に立ったその独自の教理は、手工業者や商人などの市民層に受け入れられた。フランスでは一五四〇年代に入ると、戦闘的な〈新しい教会〉が組織され始め、福音主義者たちやルター派に代わって、ユグノーと呼ばれたカルヴァン派の新教徒が大きな社会勢力となっていく。一方、フランソワ一世の死後、国王となったアンリ二世は、一五四七年にパリ高等法院内に「火刑裁判所」を設置し、異端撲滅に向かう。やがて新旧両派の対立が激化し、両者の戦闘は避けられない状況になっていく。なおカルヴァンがその後（一五四一—六四）ジュネーヴで神裁政治を行なったことは周知のとおりである。

宗教戦争

一五五九年四月、久しくつづいたイタリア戦争もカトー＝カンブレジ条約によってようやく終結した。ところがその三ヶ月後、条約締結を祝う騎馬槍試合で、アンリ二世が負傷して不慮の死をとげ、十五歳のフランソワ二世が即位する。しかし、新王はその一年後に病死したため、わずか十歳のシャルル九世（在位一五六〇—七四）が即位し、王母カトリーヌ・ド・メディシス（アンリ二世の妃）が摂政となる。その二年後の一五六二年、カトリック過激派のギーズ公の軍勢がシャンパーニュ地方の小都市ヴァシーで日曜礼拝に集まっていた新教徒たちを虐殺するという事件が起こった。これに憤激したユグノーは各地で武装し、ここに第一次宗教戦争が始まる。以後一五九八年のナントの王令発布まで、八次にわたる血みどろの内戦と和議が繰り返されることになる。

ここでその詳細は省略するが、本書の記述に関係する事件に少しふれておこう。最も悲劇的と言われる

サン・バルテルミの大虐殺（François Dubois）

事件は、一五七二年（八月二三―二四日）にパリで起こった〈サン＝バルテルミの大虐殺〉である。ユグノーの領袖アンリ・ド・ナヴァール（のちのアンリ四世）と王妹マルグリット・ド・ヴァロワの結婚式（八月一八日）のあと、祝宴に集まっていたユグノー派の貴族をはじめ新教徒たちの大虐殺が行なわれたのである。さらに各地でユグノー狩りが始まり、宗教戦争が激化する。一五七四年にシャルル九世が亡くなり、弟のアンリ三世（在位一五七四―八九）が即位するが、宗教上の対立に政治的要因が複雑に絡み合って、国内はいよいよ収拾のつかない混乱に陥り、新旧両派の宗教戦争が断続的につづく。一五七六年には、カトリック過激派がアンリ・ド・ギーズを首領として旧教同盟を結成する。

　そしてモンテーニュが長旅に出発する前年の一五七九年（一一月二九日）には、ユグノーの大将アンリ・ド・コンデがネラック協定（同年二月二八日。カトリーヌ・ド・メディシスと新教徒代表との間で取り交わされた協定で、新教徒に一五ヶ所の安全保証地を六ヶ月間保証するというもの）の不履行を理由にパリ北東のラ・フェールを急襲し、そこにたてこもるという事件が起こり、第七次宗教戦争が始まる。その数年後の一五八四年、王弟であるアンジュー公フランソワが病死すると、女性の王位継承権を否定したサリカ法によって王位継承権がアンリ・ド・ナヴァールのものとなるが、その後も混乱はつづく。彼がカトリックへの改宗を決意し、アンリ四世として即位、ナントの王令を発布して新旧両派の宗教戦争に一応の終止符を打つのは、ようやく十六世紀末のことであった。

アンリ・ド・ナヴァール
（のちのアンリ四世）

　以上のように、十六世紀のフランス、とくに世紀前半は「ルネサンス」と「宗教改革」というヨーロッパ規模での文化的・思想的変動の時代であった。そして世紀後半になると、フランス国内は新旧両派の武力による「宗教戦争」の時代に入り、内乱はますます激しさを加えていく。そうした国内外の状況のなか、モンテーニュはヨーロッパ諸国の旅に出るのである。

それではつづいてこのような時代に生まれたモンテーニュの生涯と作品について見ていこう。

2 モンテーニュの生涯と作品――『エセー』と『旅日記』

商人から新興貴族へ

モンテーニュの先祖エーケム家は、フランス南西部の都市ボルドーでワインや海産物や染料などを商い、富を蓄えていった商人であった。一四七七年、曽祖父ラモン（一四〇二―七八）の代に、ボルドーから東に約五〇キロのところにある、一男爵の所領であった「モンテーニュの土地と城館」を買い取って、貴族としての基礎を固めた。新興の町人貴族ラモン・エーケム・ド・モンテーニュの誕生である。家業を継いだ祖父グリモン（一四五〇―一五一九）は、家運を隆盛に導き、土地を買い足し、またボルドー市参事となって市政にもかかわる。父ピエール（一四九五―一五六八）の代になると、ボルドー市で営んでいた商売をやめる。一五一九年、父はモンテーニュの地の領主となるが、ほどなくイタリア戦争に従軍する。長期間にわたる陣中生活を終えてイタリアから帰国したピエールは、一五二九年にアントワネット・ド・ループ（一五一三―一六〇一）と結婚する。新婦は十五世紀末に、おそらくユダヤ教徒迫害を逃れて、スペインからトゥールーズに移住してきた大商人の娘である。

モンテーニュの前半生

ミシェル・ド・モンテーニュは一五三三年二月二八日、モンテーニュの城館に生まれ、長子として育てられた。「生まれた順序から言うと三番目」（『エセー』二巻三七章[1]）というから、彼の前に二人の子が生まれていたようである。おそらくどちらも乳児のときに死んだのであろう。両親は長子ミシェルを含めて五男三女を儲けている。なおモンテーニュの姓名であるが、ミシェル・エーケム・ド・モンテーニュとも言う。父の死後、モンテーニュの地の領主となった彼は、町人時代の姓エーケムを捨て、ミシェル・ド・モンテーニュと名乗っている。

教育熱心な父ピエールは、息子ミシェルのためにイタリアから持ち帰った新しい教育方法である早期ラテン語教育を採用し、早くからそのために家庭教師を雇う（二―六歳）。恵まれた教育環境のなかに育ったミシェルは、その後、マルク＝アントワーヌ・ド・ミュレら当代一流のユマニストたちがいたボルドーのギュイエンヌ学院に学び（六―十三歳）、数年間の遊学時代（おそらくボルドー大学、モンテーニュの城館、パリなど）を通じて、古典とりわけラテンの作品に親しむ。彼はのちにイタリアを訪れ、ローマに長期滞在するが、幼年時代から古代ローマの人々や歴史に造詣が深かったのである。

二十二歳のとき（一五五五年）、ペリグーに設けられた御用金裁判所（主に租税に関する案件を扱う）の評定官となったモンテーニュは、同裁判所がボルドー高等法院に合併されたので、高等法院に籍を移したが（一五五七年）、そこでエティエンヌ・ド・ラ・ボエシ（一五三〇―六三）と知り合う。この三歳年長の同僚は、若い頃『自発的隷従論』（圧制者に対する個人の自由を説いた論文）を書いたユマニストで、たちまち二人は熱烈な友情で結ばれる。ラ・ボエシは伝染病で早世してしまうのだが、彼の毅然たる態度と自主独立の精神はモンテーニュに深い感化を残した。のちにモンテーニュは、ラ・ボエシ著作集を一五七一年にパリで刊行し、また「友情について」(『エセー』一巻二八章)のなかで、二人の友情がいかに古来まれなものであったかを語っている。

ボルドー高等法院時代のモンテーニュは、宮廷に派遣されて、しばしばパリに上京し、ときには長期滞在している。一五五九年にはパリにいて、九月に新王フランソワ二世のお供をしてロレーヌ地方(当時はロレーヌ公領)のバール＝ル＝デュックに赴いている。一五六二年のパリ滞在中には、六月にパリ高等法院が旧教を信奉する宣誓に加わり、一〇月にはシャルル九世に従ってルーアン包囲戦に参加、そのあと新大陸から来たブラジル先住民たちと直接出会っている。そのときの話は、『エセー』一巻三一章「食人種について」のなかに述べられている。

一五六五年、モンテーニュは高等法院での同僚の娘フランソワーズ・ド・ラ・シャセーニュ(一五四四―一六二七)と結婚する。二人の間には六人の娘が生まれるが、次女のレオノール(一五七一―一六一六)だけが生長し、他の五人はいずれも数ヶ月以内に死亡してしまう。当時こうしたことは稀ではなかったようだ。一五六九年、彼は父の勧めで翻訳していたレーモン・スボン(十五世紀スペイン出身の神学者)の『自然神学』の仏訳書をパリで刊行するが、父はその前年に亡くなっている。領主となったモンテーニュは、一五七〇年にボルドー高等法院評定官の職を友人に譲り、自邸(モンテーニュの城館)に戻って、主に読書と思索と執筆の生活に入る。自邸の一角にある塔の三階にしつらえた図書室兼書斎には、印刷業の発展に伴い次々と出版されるギリシャ・ラテンの古典をはじめ、大航海時代にふさわしく地理案内書や新大陸の報告書など、古今の書物が円形の壁面いっぱいに並んだであろう。時間的にも空間的にも拡大したこの地球のなかで、彼はさまざまな人間と世界を発見していくのである。

モンテーニュは一五七二年頃からエセーを書き始めたようであるが、時代は彼に読書と執筆だけの生活を許さなかった。先に述べたように、一五六二年以来数次にわたる新旧両派の宗教戦争は国内を収拾のつかない混乱に陥れていた。一五七二年八月には〈サン＝バルテルミーの大虐殺〉事件が起こり、内乱はますます激しさを加えていく。宗教上の対立に政治的要因が複雑にからみ合い、混乱した社会・政治情勢のなかで、モンテーニュは隠棲後もしばしば自邸を離れ、在野の地方貴族として行動しなければならなかった。一五七一年にフランス王室侍従武官となり、サン・ミシェル勲章を授けられているが、一五七七年にはナヴァール王室侍従武官にも任ぜられている。すなわちモンテーニュは、相反する陣営の双方から信頼を寄せられていたのである。これは何よりも彼の人格と見識が高く評価されていたからにほかならない。のちに『エセー』の著者は語っている。「王侯たちにはあらゆるお辞儀と服従が捧げられなければならない。ただし判断は別である。わたしの理性は折れかがむようにしつけられていない。そうされているのはわたしの膝である」（三巻八章）。

『エセー』出版と旅と市長職

一五八〇年、モンテーニュは断続的に書き継いできた長短九四の章からなる『エセー』全二巻（第一巻は五七章、第二巻は三七章）をボルドーのシモン・ミランジュ書店から刊行する。今日で言う自費出版であった。「読者に」と題された序文の日付は一五八〇年三月一日となっている。ところで『エセー』初版を刊行してまもなく、彼は「馬上の人」となり、パリを経由してフランス東部、スイス、ドイツ、イタリアへの旅に出かける。自邸を出発しておよそ一七ヶ月（六月二二日から翌一五八一年一一月三〇日）におよぶ長旅であった。

旅の途中の一五八一年九月、ボルドー市長に選出されたとの知らせを受けたモンテーニュは、まもなく

「ボルドー本」『エセー』（1588年版）の扉および
1巻21章の1ページ。余白にたくさんの書き込みが見える

帰途につき、一一月末に故郷の城館に戻って、市長職を二期務める（一五八一―八五年。ちなみに父ピエールも一五五四年にボルドー市長に選出され、二年間市長の職にあった）。王位継承問題もからんでいよいよ複雑な様相を呈してきた宗教戦争、そしてペストの流行など、混乱疲弊した王国のなかで、市長モンテーニュはボルドー市のため、フランスのため、穏健なカトリックの立場をとり、寛容の必要を説き、新旧両派の調停に努めている。とくに市長二期目は多事多難であったが、その間の数々の経験は新しい材料として『エセー』のなかに取り入れられる。

長旅から帰国した翌年、モンテーニュは『エセー』第二版を初版と同じ書店から刊行する。これは初版の増訂版で、旅の経験もいくつか書き加えている（この一五八二年版については第七章で詳述する）。やがて市長職を終えた彼は、第三巻に結実する、内容の充実したエセーを書き始める。そして一五八八年、第一・二巻に大幅な増補を行ない、さらに新たに書き下ろした一三の章を第三巻として加え、全三巻一〇七章からなる『エセー』増訂版（一五八八年版）をパリのアベル・ランジュリエ書店から刊行するのである。その後モンテーニュは、生前最後の版となるこの増訂版を傍らに置き、自筆で加筆訂正を行ない、死ぬ直前までその作業をやめなかった。この手沢《しゅたく》本は「ボルドー本」と呼ばれ、現在ボルドー市立図書館に大切に保管されている。かつて筆者がボルドー市立図書館にしばらく通っていたとき、短時間であったが、司書の方から渡された白い手袋をはめて、「ボルドー本」の原本を手にしたことがある。原本のページをめくりながら、余白に細かい字で書き込まれたモンテーニュの自筆を直接目にしたときの感激がなつかしく思い出される。

日記（『旅日記』）の発見と出版

ところでモンテーニュが残した旅の「日記」が、一七七四年、当時王室図書館の司書であったムーニエ・ド・ケルロンによって『ミシェル・ド・モンテーニュのイタリア旅日記』と題して、パリのル・ジェ書店から刊行された（以下、簡略に『旅日記』と呼ぶことにする）。『エセー』の著者がフランス東部、スイス、ドイツ、イタリアへの長途の旅に出たことは『エセー』の記述などからつとに知られていたが、旅の「日記」が存在していたことはそれまでわからなかった。ケルロンはその『旅日記』の緒言のなかで「日記」発見の顚末を述べているので、それをもとに彼がふれていない事情も補足して、「日記」の発見からその出版までを手短に述べておこう。

ペリゴール地方の歴史を調査していたシャンスラードの司教座聖堂参事会員ジョゼフ・プリュニスが、一七七〇年のある日モンテーニュの城館を訪れ、許可を得てそこに保存されていた古い櫃《ひつ》の中を探ったところ、反故類の間から偶然、旅の「日記」を発見したという。「日記」は二つ折り判二七八頁の小冊で、最初の一枚ないし数枚がすでに破れ失われていた。「日記」の前半は秘書の筆になり、主人モンテーニュのことを三人称で語っているが、残りはすべてモンテーニュの筆になるもので、その半分はイタリア語で書かれていた。

　プリュニスはこの思いがけない発見に驚喜し、城館の主人セギュール伯爵（モンテーニュの娘レオノールから六代目の後裔に当たる）の許可を得て、さっそく「日記」の出版を企て、同僚レーデにも協力を依頼し、「日記」の判読転写とその出版準備にとりかかった。ところがどうしたことか、伯爵は原本もプリュニスが転写した草稿も、一切取り上げてケルロンに渡してしまった。ともかくケルロンによれば、プリュニスによる原本の判読転写には誤りが多く、イタリア語の部分の仏訳もひどかったという。そこでケルロンはあらためて細心の注意を払って原本を判読転写し、イタリア語の部分は王立碑文・文芸アカデミーの外国人会員であったイタリア人バルトーリに手伝ってもらうなどして、前述したように、一七七四年にパリのル・ジェ書店から出版した。このケルロン版『旅日記』であるが、これは一度刊行されたきりにはとどまらなかった。彼は一七七四年にそれぞれ体裁を異にした三つの版を刊行し、さらに同年末に第四版、翌一七七五年には第五版を出している[2]。これは『旅日記』の公刊が、当時の読書界からいかに待ち望まれていたかを示すものであろう。なお原本のほうは、その後ケルロンが王室図書館に納めたというが、それは大革命以前から一度もそこに見出されたことがなかった。したがってケルロン以降の

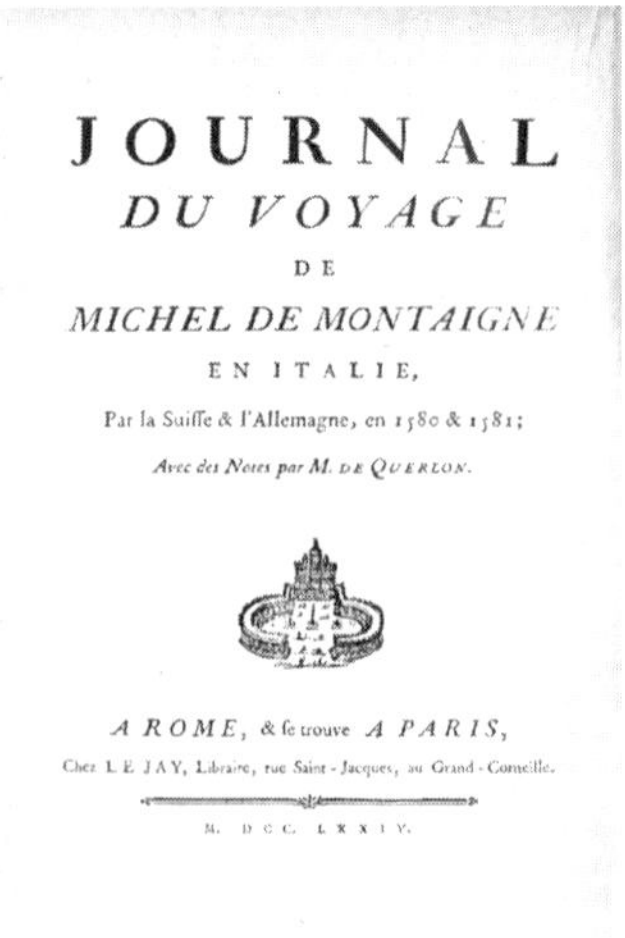
JOURNAL
DU VOYAGE
DE
MICHEL DE MONTAIGNE
EN ITALIE,
Par la Suisse & l'Allemagne, en 1580 & 1581;
Avec des Notes par M. DE QUERLON.
A ROME, & se trouve A PARIS,
Chez LE JAY, Libraire, rue Saint-Jacques, au Grand-Corneille.
M. DCC. LXXIV.

『旅日記』初版（1774）の扉

刊行者は、『旅日記』のテキストに関して、実際にはケルロン版のそれに基づくほかはなかった。しかしわれわれは今日、新資料「レーデ写本」[3]の発見もあり、大体信頼しうるテキストとこれに関する注を持っている。旅のよきガイドブックになってくれるはずである[4]。

それではこれから『旅日記』を読みながら、モンテーニュと一緒に十六世紀の旅に出発しよう。

モンテーニュの城館（現在）

右に見える塔の三階で『エセー』を執筆した。左の木の後ろに見えるのが母屋の一部（母屋は 1885 年の火災で焼失し，その後再建された）。1580 年 6 月 22 日，モンテーニュはここから「17 ヶ月と 8 日におよぶ」長旅に出発した。

第一章

旅の始まり
——フランス東部の旅（シャンパーニュ、ロレーヌ）

出発——自邸からボーモンまで

『エセー』初版を刊行してまもなく、モンテーニュは「一五八〇年六月二二日、ラ・フェールに赴くため」自邸の城館を出発した。旅に同行する末弟や義弟、そしてローマまで秘書役を務めることになる男もおそらく一緒だったと思われる。フランス東部、スイス、ドイツを経てイタリアを旅し、一五八一年一一月三〇日に自邸に戻るまでの「一七ヶ月と八日におよぶ」長旅のはじまりである。

モンテーニュが、まず最初にラ・フェール（パリの北東約一二〇キロ。ピカルディー地方の町）に向かったのはどうしてだろうか。はっきりしたことはわからないが、おそらく当時のフランス王国の政治情勢がそれに関係していると思われる。すでに序章でふれたように、一五七九年一一月二九日、ユグノーの大将アンリ・ド・コンデ公がネラック協定の不履行を理由にラ・フェールを急襲し、その城にたてこもるという事件が起こった。それに対して国王アンリ三世は一五八〇年六月一五日、マティニョン元帥の指揮のもとでラ・フェールを攻囲することを宣言し、七月七日から攻囲を始めていた。そのような状況のなかで、モンテーニュはラ・フェールに赴くのである。その目的は何だったのだろうか。マティニョン元帥と会ってどのような話をしたのだろうか。この問題はなかなか複雑なので、いささか遠回りになるが、のちに第七章で考えてみたい。

ところでモンテーニュは、ラ・フェールに赴く途中で、パリ郊外のサン＝モール＝レ＝フォッセの大修道院に立ち寄って、アンリ三世に拝謁している。当時この大修道院には、パリで発生したペストを避けて、宮廷がおかれていたのだ。この面会のときに国王は、すでに献上してあった『エセー』について「そなたの本は余の気に入ったぞ」と述べたとされ、それに対してモンテーニュは、「拙著が陛下のお気に召しま

アンリ三世

したからには、わたくしもお気に召したに相違ございません。あの書物はわたくしの生活と行為を論じたものにほかなりませんから[1]」と答えたという。そのときラ・フェール攻囲戦のことなども話題にのぼったかもしれないが、それを示す資料はない。

　そのあと彼は、おそらく七月末にはラ・フェールの陣営にその姿を現わしている。「家事録」（八月六日の頁）[2]および『エセー』（三巻四章）の記述によると、八月二日に同郷の貴族で友人のフィリベール・ド・グラモンが砲弾一発をうけ、四日後に戦死したため、モンテーニュはその遺骸を多くの友人たちと一緒にソワッソン（ラ・フェールから南に約四〇キロ）まで送って行っている。彼はそこから再びラ・フェールに引き返したのだろうか。それともそのまま旅立ったのだろうか。ともかくラ・フェールの城は九月一二日に陥落するのであるが、モンテーニュはそれよりも前に、『旅日記』の最初の頁に記されているとおり、九月五日にはパリの北約三〇キロのボーモン＝スュル＝オワーズまでやって来ている。

旅の同行者たち

『旅日記』の最初の頁は、つぎのような記述から始まる。

　……［ニオールで］モンテーニュ殿は大急ぎでマットクロン殿を、前記従士とともに前記伯爵のお見舞いに遣わせたが、伯爵の傷は生命にかかわるものではないことがわかった。前記ボーモンで、デスティサック殿が旅を共になさるべく我々一行に合流されたが、貴族一名、従者一名、ラバ一頭、それに徒歩でラバ引き一名、従僕二名を伴っていた。我々一行と同人数であったので、旅費は折半とする。一五八〇年九月五日、月曜日、我々は昼食後ボーモンを出発、一気にモー［一二リュー］まで来て夕食。

「……［ニオールで］モンテーニュ殿は」と、日記の書き出しが途中から始まっているのは、前述したように、この日記が一七七〇年にモンテーニュの城館から発見されたとき、最初の一枚ないし数枚がすでに破れ失われていたことによる。そのため自邸を出発してからおよそ二ヶ月半のことについて、あるいはラ・フェールからボーモン＝スュル＝オワーズまでのことについても、今なお判明していない。また前記伯爵とは誰なのか、どうして負傷したのかについても不明である。ただし、最近発見・公表された「レーデ写本」には［ニオールで］と明記され、またボーモンからモーまでの距離が［一二リュー］と記されている。ニオールはボルドーからサントを経由してポワチエへ向かう途中にある。なおリューはメートル法採用前のフランスの距離単位であるが、これについては後述しよう。

ところでこの最初の頁には、ボーモンでモンテーニュ一行に合流し、これから旅を共にするデスティサック一行のことが記されている。そこでモンテーニュの旅の主な同行者たちのプロフィルをざっと見ておくことにしたい。

モンテーニュ一行側では、まずマットクロン殿、すなわち末弟のベルトランである。彼は一五六〇年生まれであるから二十歳前後の若者で、長男のモンテーニュとは二十七も歳がちがう。モンテーニュがローマを発って帰国の途につくとき（一五八一年一〇月一五日）、弟は剣術修行のために五ヶ月間の予定でそこに残った。つぎにカザリス殿、すなわちモンテーニュの末妹マリと一五七九年九月に結婚したが、ほどなく死別した義弟ベルナール（あるいはベルトラン）・ド・カザリスである。彼はパドーヴァで一行と別れ

（一五八〇年一一月一三日）、おそらく法律の勉強と剣術修行のためにそこにとどまる。最後に、主人モンテーニュにほとんど付き従い、それができないときには主人の話をあとで聞いて、この日記を半分近くまで丹念に記しつづけた秘書役の男である。理由はわからないが、モンテーニュはローマ滞在の途中でこの男に暇をやり、以後自らが日記を書くことになる。

デスティサック一行側では、まずデスティサック本人、すなわちモンテーニュが「父の子供に対する愛情について」の章（『エセー』二巻八章）を献げたデスティサック夫人の息子シャルル・デスティサックで、これっきとした大貴族の若殿である。一五六三年生まれであるからまだ十七歳前後だが、一行中もっとも高い身分なので、公的な場合には新興貴族のモンテーニュよりも先にたたせられる。この青年も、剣術修行をするのが目的であったのか、モンテーニュの末弟ベルトランと同様ローマに残る。それからデュ・オトワ殿である。はっきりしたことはわからないが、ロレーヌ地方の貴族でデスティサックと同世代の青年ではないかと推測されている(3)。

以上が主な同行者である。いわゆる主人側はモンテーニュの秘書を除く五人で、いずれも貴族である。最年長（四十七歳）で団長格のモンテーニュと四人の若者は、道中ほとんど騎馬であった。上記引用文によると、デスティサック一行は「従者一名、ラバ一頭、それに徒歩でラバ引き一名、従僕二名を伴っていた」し、「我々一行と同人数であった」というから、モンテーニュ一行と合わせて総勢一二名ほどの一団であった。当時の旅は、道路事情も悪く、山賊なども出没して、今日よりもはるかに困難で危険であったから、これだけの人数が一団となっていくことは必要であったろう。なおこの旅においては、最初から最後までモンテーニュが中心であり、秘書は別にして若者たちが顔を出すことはほとんどない。そこで以後、デスティサック一行を含めたこの一団を「モンテーニュ一行」、あるいは単に「一行」と呼ぶことにする。

ボーモンからプロンビエール温泉まで

一五八〇年九月五日、ボーモンを出て一気にモー（一二リュー）まで来たモンテーニュ一行は、そこから東に向かって出発した。約一年三ヶ月にわたるフランス東部、スイス、ドイツ、イタリアへの長旅の実質的なスタートである。彼らはマルヌ川流域を進んでいくのだが、その後のルートも基本的には、モーゼル川流域、ライン川流域、アディジェ川流域というように、河川の流れに沿う地域を旅していくことになるだろう。モー、エペルネ、ヴィトリ＝ル＝フランソワ、バール＝ル＝デュック、ヌフシャトーなど、シャンパーニュ地方とロレーヌ地方（当時はロレーヌ公領）の都市や町や村を通って、九月一六日にプロンビエール温泉に到着する。一行はそこに一〇日余り滞在し、モンテーニュは温泉場で湯治するのである。それではわれわれも、ときどき道の途中で足をとめながら、一行のあとをついていこう。

ジュスト・テレルを訪ねる（モー）

モー（パリの東、約五四キロ）では、〈サン＝バルテルミーの大虐殺〉（一五七二年八月二三—二四日）の直後、やはり多数の新教徒たちが虐殺された。「パリでは住民の民兵組織が発動し、二〇〇〇とも三〇〇〇ともいわれるユグノー市民が殺害され、略奪にさらされた。八月二六日モーに飛び火した虐殺の火は、一〇月三日のボルドーでようやく終焉するまで各地で燃えさかった。全国で一万をこえる犠牲者がでたという(4)」。しかし『旅日記』のなかで秘書は、そのことにはとくにふれず、マルヌ川に臨むこの小都市の外観と、住民の大半がユグノーであったために数年前に城塞が取り壊されたとだけ述べている。ちなみにこの大虐殺については、モンテーニュが『エセー』のなかで直接言及している箇所も存在しない。そこに彼の置かれていた微妙な政治的立場を見ることができるかもしれない。

　一行はモー市外の修道院で、武勲詩の主人公で伝説上の騎士オジエ・ル・ダノワの住居や墓なども見物しているが、それよりも興味深いのは、「モンテーニュ殿がサン・テティエンヌ教会の宝物管理人ジュスト・テレルという人を訪ねに行かれた」という記述である。「フランスの学者たちの間ではよく知られた人で、六十歳の小柄な老人である。エジプトやエルサレムを旅行し、コンスタンチノープルにも七年間滞在した人で、モンテーニュ殿に自分の書庫や庭の珍しいものを見せてくれた」という。

　このジュスト・テレルは、一五六四年にこの教会の宝物管理人になる前に、国王フランソワ一世から東方に派遣されて、王室図書館の充実のためにギリシャの古写本を購入してきた人物であった。博物学者のピエール・ブロン（一五一七―六四）は、東方諸国を巡っていた一五四八年頃にコンスタンチノープルで彼と出会っており、その『異国風物誌』（一五五三）のなかで、「文芸の復興者であられる故フランソワ王がギリシャの古書を手に入れるためにコンスタンチノープルに派遣したジュスト・トゥネル（原文ママ）師という学識豊かな人物」と紹介している[5]。おそらくモンテーニュは、モーを訪れる前にこの人物の名前を知っていたにちがいない。この訪問は、彼のユマニストとしての関心と自分の足で訪ね歩く旅人の姿勢をよく示しているように思われる。なおピエール・ブロンのこの引用文からは、〈フランス・ルネサンスの父〉と呼ばれるフランソワ一世の文芸復興への意気込みを感じ取ることができよう。序章でもふれたが、国王はユマニストたちの活動を支え、その一人であるギヨーム・ビュデの進言を積極的に受け入れて、「王立教授団」を設立したり、古写本をさがしにイタリアやコンスタンチノープルまで学者を派遣したのである。

マルドナ氏からスパ温泉の話を聞く（エペルネ）

九月六日、昼食後にモーを発ったモンテーニュ一行は、シャルリとドルマンにそれぞれ一泊し、八日朝にドルマンを出発してエペルネで昼食をとる。今日このコース（シャルリ—ドルマン—エペルネ間）は、モンターニュ・ド・ランス（ランス—エペルネ間）と呼ばれる地域などとともに、ブドウ畑に囲まれた〈シャンパン街道〉の一つとして知られている。この一帯から産する発泡性白ワインすなわちシャンパンは世界的に有名であるが、それが生まれたのはモンテーニュの時代から一世紀後の十七世紀末の頃である。ベネディクト会修道院の会計・食糧係であったドン・ペリニョンという修道士が、ワインを発泡させる方法を考案したと伝えられている。ちなみにシャンパンというのは男性名詞ル・シャンパーニュのことだが、これはシャンパーニュ地方、つまり女性名詞ラ・シャンパーニュに由来する。なおこの地方以外で産する発泡性白ワインをシャンパン（シャンパーニュ）と呼ぶことは、フランスでは法律で禁じられている。

エペルネでは、デスティサックと一緒にノートルダム教会のミサに出かけたモンテーニュは、ミサを終えたあとで、「神学と哲学に造詣の深いことでその名きわめて高いイエズス会士」のマルドナ氏と会談している。スペインの有名なイエズス会士フアン・マルドナド（一五三四—八三）である。彼はサラマンカでギリシャ語・哲学・神学を教えていたが、一五六二年ローマでイエズス会に入ったあと、パリで哲学・神学を教えて、名声を博した。教皇グレゴリウス十三世からローマに招かれて、ギリシャ語版聖書の校訂に従事したことでも知られている。彼はちょうどリエージュのスパ温泉から戻ってきたところだった。そのときの二人の話題は、学問上の話とともにマルドナ氏が訪れたスパ温泉のことだった。モンテーニュは、スパ温泉で鉱泉（冷泉）を飲んできたマルドナ氏の話に熱心に耳を傾けていたようである。冷泉を飲むと胃の中がかっかとして大いに発汗するとか、人々は少なくとも二、三週間は飲泉するとか、あらゆる閉塞症や尿結石に適しているとか、秘書はそうした話を『旅日記』に書きとめている。
二年ほど前に亡き父と同じ腎臓結石の発作に見舞われて以来、ピレネー山麓付近の温泉で湯治を重ね、今回の旅でこれからプロンビエール温泉に向かうモンテーニュにとって、温泉の話題は最大の関心事であったろう。この長旅の目的なり動機なりに、彼の持病となった腎臓結石の温泉療養があったことはまちがいない。なお二人はのちにローマで再会し、そのときは人々の信仰心について話をしている。

ストロッツィ元帥の墓を訪ねる（エペルネ）

またエペルネでは、モンテーニュはストロッツィ元帥の墓を訪ねている。

モンテーニュ殿は、ストロッツィ元帥殿がティオンヴィルの攻囲戦で戦死されたときに、その遺骸がこの教会〔ノートルダム教会〕に運ばれたことをかねて承知しておられたので、その墓を訪ねられた。行ってみると、大祭壇の正面に、何の標示も墓石もなく、紋章も碑銘もなく埋葬されていた。それは元帥の意志でもあったから、女王様〔カトリーヌ・ド・メディシス〕の命によりこのようにごく簡素に埋葬されたという。

ストロッツィ元帥とは、フィレンツェの貴族の出で、メディチ家のコジモ一世と対立して敗れ、非業の死をとげたフィリッポ・ストロッツィ（一四八九—一五三八）の息子ピエーロ・ストロッツィ（一五一〇—五八）のことである。一五三三年にアンリ（のちのアンリ二世）に嫁いだカトリーヌ・ド・メディシス（一五一九—八九）の従兄にあたる彼は、メディチ家の迫害を避けて一五四四年にフランスに亡命し、フラン

ストロッツィ元帥

ス王に仕えた。カール五世によるメスの攻囲戦（一五五二年）やトスカーナ地方における、スペイン側に立ったフィレンツェ公コジモ一世とのマルチャーノの戦い（一五五四年）に従軍し、一五五六年には元帥となっている。しかしその二年後の五八年、カレーにつづくティオンヴィル（ロレーヌ地方。メスの北）の攻囲戦で戦死している。なお彼は死に臨んで、宗教による救いを拒否したという。

モンテーニュは、この旅に出る前に出版した『エセー』初版（二巻一七章および二巻三四章）のなかで、このストロッツィ元帥を偉大な武人として称えている。また今回の旅では、のちにフィレンツェを訪れたとき（一一月二二日）、「我々はサン・ロレンツォ教会を見たが、わが軍がストロッツィ元帥の指揮下にトスカーナ（マルチャーノの戦い）において失った軍旗が今もかかっている」と、彼の名前を出している。モンテーニュは、この旅において、いわゆるイタリア戦争がくりひろげられた土地あるいはそこで奮戦した武将やフランス兵を偲び、墓や碑銘や軍旗など、そのよすがとなるものに強い関心を寄せている。本書ではのちに、このストロッツィ元帥について再びふれることがあろう。

フランス最初のルネサンス都市（ヴィトリ＝ル＝フランソワ）

九月九日朝にエペルネを発ったモンテーニュ一行は、シャロン（現シャロン＝アン＝シャンパーニュ）に宿泊し、ヴィトリ＝ル＝フランソワにやって来る。

マルヌ川に臨む小都市で、三五年か四〇年前に、焼失した別のヴィトリの代わりに建てられた。今も均整のとれた、感じのよい最初の形を残しており、その中央は方形の大きな広場であるが、これはフランスで最も美しい広場の一つである。

引用文に読まれるとおり、ヴィトリ＝ル＝フランソワは旧ヴィトリに代わって新しく建設された都市であり、〈フランス最初のルネサンス都市〉と言われている。それはどのような意味であろうか。この都市の歴史を簡単に振り返ってみよう。

前章で述べたように、十六世紀前半、フランソワ一世とカール五世は、それぞれフランス王と神聖ローマ皇帝になって以来、ヨーロッパの覇権をめぐって争っていた。一五四四年七月八日、カール五世軍が北フランスに侵入し、七月一六日にヴィトリ（ヴィトリ＝アン＝ペルトワ）を急襲する。フランス軍は敗走し、二度の火災によりヴィトリは焼失する。九月一八日、「クレピーの和議」が結ばれ、フランスはアルトワ地方と

ヴィトリ＝ル＝フランソワの都市図（Chastillon, 1590）

ヴィトリ＝ル＝フランソワの紋章

フランドル地方を失う。その翌年の一五四五年五月、フランソワ一世は王令により、焼失したヴィトリを近くのモークール村に移転することを命じ、そこに新ヴィトリを建設させる。都市名は国王の名を付してヴィトリ＝ル＝フランソワ、都市の紋章は国王のそれと同じ火とかげ《サラマンドル》とした。設計を担当したのはイタリアから来てフランソワ一世のもとにいた建築家ジローラモ・マリーニ（一四九〇頃―一五五三）である。その都市プランは、全体が方形、内部が規則的な碁盤目状で、中央に練兵場《プラス・ダルム》を置くものであった。このように、イタリアの新しい理想都市建設のプランを反映したという意味で、これは〈フランス最初のルネサンス都市〉なのである。しかし完全な理想都市ではなく、実際にはフランス東部の防衛体制強化をはかるフランソワ一世の実利的な考えに応える軍事・商業都市にとどまった(6)。

フランソワ一世の死後、国王の強力なサポートがなくなると、マリーニもそこを去り、建設工事はかなり遅れる。モンテーニュがここを訪れた頃も、市門や防壁は未完成だったようで、新都市が完成したのは十七世紀初頭であった。なおこの都市は、第二次世界大戦でほぼ九〇パーセントが破壊されたが、その後再建されて、「フランスで最も美しい」と形容された町の中央にある方形の広場は、今も当時とまったく同じ広さであり、その名前も練兵場《プラス・ダルム》と呼ばれている。

マリ・ジェルマンの話（ヴィトリ＝ル＝フランソワ）

〈珍しいもの、未知のもの〉に対する好奇心はルネサンス人に共通する特徴である。モンテーニュ一行もここで三つの珍しい話を耳にして、秘書はそれを『旅日記』に書きとめている。一つは、ギーズ・ド・ブルボンの未亡人の話である。初代ギーズ公クロード・ド・ロレーヌ（一四九六―一五五〇）の夫人アントワネット・ド・ブルボンは八十七歳の高齢であるが、まだ四半リュー（一キロ余り）くらい歩けるという。今日では決して珍しいことではないが、当時としては信じられないようなことだったのだろう。ちなみに夫人は一五八三年に八十九歳で亡くなっている。二つ目は、男装した娘がヴィトリにやって来て機織りをして暮らし、ある女性と婚約したが不和となり、そのあと他の土地で別の女性と結婚するが、そのことが露見して裁判で絞首刑になったという話である。そして三つ目は、二十二歳になるまでマリと呼ばれていたひげの濃い娘が、あるときジャンプしようとしてふんばったら男のものがあらわれた、という話である。司祭からジェルマンという名前を与えられ、結婚もせず、今は郊外に住んでいるという。『旅日記』には、「彼は郊外に住んでいて、我々は会えなかった」と秘書は書いている。ところがモンテーニュはのちに、「想像力について」（『エセー』一巻二一章。一五八八年版）のなかで、このマリ・ジェルマンの話を取り上げて、その男に「会うことができた」と語っている。いったいどちらの記述が本当なのだろうか。(7)

ところでこの三つの話のなかでは、最後のマリ・ジェルマンの話が当時からかなり有名だったようである。『旅日記』には、彼女のように男になるといけないからあまり股を広げないようにしましょうとこの町の娘たちが歌っている、と述べられている。アンリ二世以下四人のフランス国王に仕え、のちに〈フランス外科学の父〉と呼ばれたアンブロワーズ・パレ（一五一〇頃―九〇）も、同じ話を『怪物と驚異について』（一五七三年初版、以後増補）のなかで取り上げている。(8) ちなみにパレの説明つまり当時の医学によると、女の体は熱が不足しているため男のものが外に出ないのだという。つまり男が女になることはないが、女が成人になる途中で熱が満ちて男になることは起こり得ると説明されている。またルイ十四世の弟オルレアン公フィリップ（一六四〇―一七〇一）に嫁いだプファルツ選帝侯の娘リーゼロッテ（一六五二―一七二二）は、かつてお転婆ないたずらっ子だった頃を振り返って、英国皇太子妃カロリーネにつぎのように語っている。「いつもお人形よりは剣や銃で遊びたがり、男の子だったらどんなにいいだろうと考えていました。そのためもう少しで死ぬところでした。といいますのも、マリ・ジェルマンという女の子が高い所から飛びおりて、男になったと聞き、わたしも同じようにしてみました。首の骨が粉々にならなかったのは奇跡です」（一七一八年八月一八日）[9]。筆者が二〇〇七年にヴィトリ＝ル＝フランソワの観光案内所を訪れ、上記の三つの話について尋ねたところ、複数の所員が三つ目の話は聞いて知っていると答えた。マリ・ジェルマンの話は今もその地に生きているのかもしれない。

ジル・ド・トレーヴとコレージュ（バール＝ル＝デュック）

九月一一日、朝食後、モンテーニュ一行はヴィトリ＝ル＝フランソワを発って、九リューの距離にあるバール＝ル＝デュックに一気にやって来る。ルネサンス期の十五世紀末から十七世紀初めまで繁栄した都市で、当時はロレーヌ公領であった。「ここはモンテーニュ殿が昔来られたところ」と秘書が記しているように、一五五九年九月一八日、フランソワ二世は歴代の国王にならってランスの大聖堂で戴冠式（聖別式）をあげたが、そのときパリにいたモンテーニュは新王のお供をしてここに来ている。フランソワ二世が妹クロード（一五四七―七五）を新郎のロレーヌ公シャルル三世（一五四三―一六〇八）のもとに送って来たのである。

ところでモンテーニュは、のちに訪れるトレントで、「わたしは道々、自分の生まれた都市のために尽くした市民たちに注目してきた」と語っているが、ここバール＝ル＝デュックで彼は、私財を投じて中等教育機関《コレージュ》を創設しようとしている一人の市民に注目している。『旅日記』には、ジル・ド・トレーヴという「この地の聖職者で長老である一個人が、公共の事業のために驚くべき巨財を投じ、今でもそれをつづけている」ことが特筆されている。彼は参事会教会のために豪奢な大理石の礼拝堂を建て、現在は公共用の建物の造作を終えたところで、将来「これをコレージュにして、それに基金を出し、私財を投じて運営していこうとしている」という。実際その建物は、彼の死後も、その遺志を継いでコレージュとして長く使用され、アーチ形の玄関にラテン語で記された標語のとおり、幾多の変遷と補修を経て今日まで存続している。その印象的な標語は、「アリが海水を飲みつくし、カメが世界一周をし終えるまで、この屋敷がつづくように」というものである。

それではジル・ド・トレーヴによるコレージュの創設とその後の歴史を振り返ってみよう(10)。ジル・ド・トレーヴ（一五一五—八二）は、新興貴族ピエール・ド・トレーヴ（一五四〇没）の長子としてバール＝ル＝デュックに生まれた。法学を修めたあと聖職についた彼は、一五三七年にサン＝マクス参事会教会の参事会員となり、一五四〇年には参事会の会長となる。前述のとおり、彼はサン＝マクス参事会教会に豪

〈コレージュ・ジル・ド・トレーヴ〉のプレート。円内のデッサン（建物の一部）は1883年当時

奢な大理石の礼拝堂を建て、彫刻家リジェ・リシエ（一五〇〇―六七）に彫像製作を依頼している（ちなみにバール＝ル＝デュックのサン＝テティエンヌ教会には、この彫刻家の有名な作品「骸骨〔＝裸体の死体像〕」がある）。さらに彼は私有財産の大半を投じて、長期間にわたる有益な事業を計画する。一五七一年に、プロテスタントの拡大をくいとめるために、また青年たちがこの地で中等教育を受けることができるように、コレージュの創立を計画し、ロレーヌ公シャルル三世の認可を得る。一五七三―七五年には建物が建てられ、一行がここを訪れた頃、ジル・ド・トレーヴはコレージュの基本方針――教育面では教師や給費生の条件など。財政面では製塩場からの収入の寄贈など――を述べた遺言書を作成している。彼は一五八二年二月一日に亡くなるが、その一〇日後にコレージュが開校したのだった。

その後ロレーヌ公シャルル三世は、この〈コレージュ・ジル・ド・トレーヴ〉の管理運営をイエズス会士たちに委嘱する。彼らは一六一七年から一七六二年まで、すなわちパリ高等法院によってフランス王国のイエズス会士たちの〈コレージュ〉がすべて閉校されるときまで、このコレージュの教育と管理運営をつづけている（十七、十八世紀にきわめて強力な団体となったイエズス会は、プロテスタントや絶対主義君主からの攻撃をうけ、一七七三年から一八一四年まで解散させられたのだった）。翌一七六三年、コレージュは〈コレージュ・バール＝ル＝デュック〉として再び開校される。その後、一八九一年にアンドゥール夫人の寄付により女学校、一九〇五年には政教分離法により公立学校となり、教員も世俗教員となった。この建物は二〇〇二年まで補修を重ねて教育施設として使用されてきたが、老朽化が進んだため、二〇〇六年からバール＝ル＝デュック市は、この建物と中庭を知識や文化遺産を伝える場所として使用する目的で、全面的に補修改築をつづけている。二〇一三年頃に完成予定とのことであり、筆者がここを訪れたときには第一期工事が始まっていた。建物の内部には入れなかったが、中庭に立って三階建ての建物を見回すと、その外観は、『旅日記』の記述にあるとおり、とても美しく調和がとれている印象を受けた。なお山の手にあるこの建物の近くには〈ルネサンス界隈《カルティエ》〉があり、その一帯は一九六三年に「歴史景観地区」となっている。また一九九二年には、この建物全体がフランス政府によって歴史的建造物に指定されている。

ところでマリ＝マドレーヌ・コンペール『フランスのコレージュ（十六—十八世紀）』総覧によると、十六世紀中頃から十七世紀初頭にかけて地方の諸都市にコレージュが次々と創設されており、十六世紀末頃から一七六二年まで、多くのコレージュでイエズス会士たちがその教育を引き受けている。[11] そうした点で、バール＝ル＝デュックにおけるコレージュの創設とその後の歴史は、ルネサンス期における地方都市のコレージュ創設の具体例の一つとして非常に興味深い。

腎臓結石とユニークな湯治（プロンビエール温泉）

九月一二日朝、一行はバール＝ル＝デュックを発つが、モンテーニュが疝痛のために予定を変更して、サン＝ディジエ、ジョワンヴィル、トゥール、メッス、ナンシーといった諸都市の見学をやめ、ヴォークゥルール、ドンレミ＝スュル＝ムーズ、ヌフシャトー、ミルクール、エピナルを経てプロンビエールに向かう。

ドンレミ＝スュル＝ムーズ（現ドンレミ＝ラ＝ピュセル）では、オルレアンの少女ジャンヌ・ダルク（一四一二—三一）の生家に立ち寄っている。『旅日記』には「少女の生まれた小さな家の正面には彼女の武勲がいっぱいに描かれているが、年月を経てひどく痛んでいる」と書かれている。今日、その分厚い石造りの家を見学することができるが、彼女の武勲を描いたという絵はもう消えて見えない。筆者は二〇年以上前にもここを一度訪れているが、そのときは一階のうす暗い三室を眺めて、入口で絵葉書を買った記憶がある。しかし今は展示や説明文もあり、ミニ博物館となっている。ヌフシャトーでは、モンテーニュはフランシスコ修道会の文庫なども見学しているが、とくに足踏み式による井戸水汲み装置を興味深く観察している。旅中、この旅人は〈水〉や水力を利用した機械装置に強い関心を示している。ミルクールでは、良家の子女の教育のために設けられたプッセーの尼僧院を訪ね、修道女たちのかなり自由な生活を見ている。エピナルでは、最近ペストがあったヌフシャトーを通過してきたというので、一行は入市を拒まれている。当時は各地でペストが頻発していたから、旅人たちの入市をチェックするのが慣例になっていた。

ジャンヌ・ダルクの生家（現ドンレミ＝ラ＝ピュセル）

＊

九月一六日、一行はロレーヌ公領とドイツとの境を接する谷間にあるプロンビエール（現プロンビエール＝レ＝バン）に到着し、二七日までここに滞在することになる。すでに古代ローマ人にも知られていたこの温泉地は、中世期に入ってしばらく衰退していたが、十三世紀頃から評判となり、十五、十六世紀にかなり発展をみせた(12)。「この温泉は、昔はドイツ人ばかりで賑わったところであるが、数年前からフランシュ＝コンテの人たちや多くのフランス人が大勢でやって来る」と秘書は書いている。ここでモンテーニュは、二つの浴場に通じている「天使亭《アンジュ》」に宿泊し、腎臓結石の温泉療養を試みるのである。

すでにふれたように、モンテーニュはこの旅に出る二年ほど前に腎臓結石の発作に見舞われて以来、こ

プロンビエール温泉

の病気にずっと苦しめられてきた。今日「尿路結石症」と総称されている病気であるが、当時は「石の病気」（maladie de la pierre）と呼ばれ、不治の病気として恐れられていた。たとえば今日、日本の一般家庭でよく利用されている医学書ではつぎのように説明されている。「結石のある位置によって、腎盂や腎杯にあれば腎臓結石、尿管に下がってくれば尿管結石、膀胱内にあれば膀胱結石、尿道に引っかかっていれば尿路結石と呼び、これらを総称して尿路結石症という」。この病気の症状は、激しい痛み（疝痛）と血尿であるが、モンテーニュの場合もそうした典型的な症状に苦しんだ。ちなみに医学が発達した現在でも、小さな結石に対しては、水分の多量摂取や縄跳びなどの運動によって石の自然排出を待つ保存療法や、大きな結石に対しては、内視鏡や衝撃波による破壊という外科的療法があるが、結石そのものを溶かす薬はまだないという[13]。

ところでモンテーニュは、以前に行なったピレ

プロンビエール温泉の共同大浴場と温泉宿 (1533)
(旧古代ローマ人の共同大浴場)

ネー山麓にあるエーグ＝コード温泉やバニェール温泉での湯治の経験、すなわち「温泉の湯は自然で単純で何も混じっていない飲物であるし、たとえ効果がなくても、少なくとも危険ではない」という経験もあって、このプロンビエール温泉においても積極的に温泉治療を試みている。ここで注目したいのは、湯治に関する土地の習慣とモンテーニュのやり方である。秘書はその様子をつぎのように書いている。(14)

この土地の習慣では、ただ入浴するだけで、それも日に二、三回である。湯の中で食事をする者もいるが、ふつうはそこで吸い玉〔血を吸い寄せる器具〕をつけたり乱切《らんせつ》したり〔メスで皮膚に浅い傷をつけたり〕する。また下剤をかけてからでなければ入浴しない。飲むにしても、入浴中コップに一、二杯である。人々はモンテーニュ殿のやり方を不思議がっていた。殿はあらかじめ薬を用いず、毎朝七時にコップに九杯もお飲みになる。その量は壺一杯くらいになる。正午に食事をとり、入浴は一日おきで、夕方の四時頃、それも一時間ほどしか湯につからない。またその日はたいてい夕食をお取りにならない。

プロンビエール温泉での当時の温泉療法あるいは湯治客の入浴の様子が述べられていて、興味深い。モンテーニュのやり方は、土地の習慣に反して、人々が不思議がるようなものであった。彼のこうしたユニークな湯治法は、このあと一〇月二日から七日まで滞在するスイスのバーデン温泉でも同じように行なわれる。そちらの土地の習慣では、湯治客は数週間当地に滞在するのだが、もっぱら入浴するだけで、「入浴中よく吸い玉をつけたり刺胳をしたり」「一日中ゲームをしたり飲んだりして」過ごし、飲泉を行なうにしてもコップに一、二杯である。一方モンテーニュは、バーデンには数日間しか滞在せず、毎朝コップに温泉を数杯飲み、短時間「湯槽に沿って体を伸ばして首までつかって」入浴し、尿の色や量に注意している。両温泉でのモンテーニュの湯治法を見ると、どうやらこの結石患者は、多量の飲泉と入浴による、すなわち鉱泉のもつ自然の力による温泉治療を試しているようである。だがこれについては、のちにイタリアのデッラ・ヴィッラ温泉で集中的に行なったモンテーニュの温泉療法を取り上げるときにもっと詳しく見ていきたい（第五章参照）。

モンテーニュはプロンビエールを離れるとき、土地の風習に従って、宿の女主人のために木製の盾形紋章を作らせ、それを宿に残していった（彼はのちに訪れるアウクスブルクでも、宿の部屋の扉に盾形紋章を残している）。その盾形紋章は残っていないが、それに代わって今日では、「天使亭」があったところの建物（現スタニスラス通り七番地）に掲げられたプレートの一番上にモンテーニュが一五八〇年に滞在したことが記されている。ちなみに二〇〇七年現在、そこは湯治客などが短期間に利用する賃貸マンションになっていた。

なおプロンビエール温泉には今日でも保養施設として多くの湯治客が訪れているようだ。筆者がそこを訪れたのは二〇〇七年九月末で、ガイドブックに記してあった旧温泉施設のガイド付きの見学はすでに終わっていたが、観光案内所の好意によって特別に見学をすることができた。ビニールで靴を覆い、上半身はシャツ一枚の格好で、案内役の男性と一緒に、おそらく五〇度前後の蒸気が出ている長い地下道を通り抜け、プ

モンテーニュ家の紋章（中央）

ールやトレーニングルームなどを見学した。そのあと古代ローマ人の共同大浴場やモンテーニュが利用した浴場があったというところにも行ったのだが、残念ながらプレートの説明文だけで当時の様子を想像するしかなかった。一方、面白かったのは、異なる種類の鉱泉を飲める飲泉場で出会った婦人の話である。胃腸病の治療でパリから来ているのだが、医者の指示で飲泉と散歩で一日を過ごしているという。飲泉による治療は今も盛んに行なわれているのだ。

「天使亭」（L'Hotellerie de l'Ange）があったところの建物に掲げられているプレート（入口の左）。宿に滞在した著名人の名前と宿泊年が記されている。

ばらばらの距離単位

『旅日記』では、モンテーニュ一行の旅の行程すなわちある地点（都市や町や村）から別の地点に着くまでの距離が、リューとミル（ミリョ、ミリヤ）で示されている。リュー lieue(s) はメートル法採用前のフランスの距離単位であり、モーからスイス、ドイツの諸都市を経てイタリア語圏に入るトレントまで、およびモン・スニ峠を越えてフランス語圏に入って自邸の城館に戻るまでが、このリューで距離が示されている。一方イタリアに入ると、イタリアの距離単位ミリョ miglio（単数）、ミリヤ miglia（複数）に当たるフランス語のミル mille(s) で距離が示されている。ただし厳密に言うと、イタリアの後半部分つまりモンテーニュが途中からイタリア語で書いた部分では、距離がミリョ、ミリヤで記されており、その仏訳がミルとなっている。本書では、リューはそのままリューと表記するが、ミルはマイルと表記しよう。

秘書は、プロンビエールに到着するとき、「バール＝ル＝デュックからリユーは再びガスコーニュ基準となり、ドイツに向かうにつれてだんだん長くなり、しまいには二倍、三倍になる」と書いている。実際、一リューのおよその距離は、パリを含むイル＝ド＝フランスでは四キロ、シャンパーニュでは四・五キロ、ロレーヌでは五・八五キロ、ブルターニュやガスコーニュやランドでは七キロ、そしてドイツでは七・四キロ、スイスでは八・三五キロであったという。またのちにトレントで、秘書はつぎのように記している。「我々はいまイタリアの距離単位マイル（ミリョ）を使っている。ここの五マイルがドイツの一マイルに相当する」。つまり当時の距離単位はばらばらで、地方や国によってその基準がまったく異なっていたのである。

ところでフランソワ・ラブレー『第二の書　パンタグリュエル』（第二三章）のなかで、パンタグリュエルが、フランスの距離単位が他国に比して短すぎる理由をパニュルジュに聞くところがある。「するとパニュルジュは、修道士のマロトゥス・デュ・ラックが『カナール王武勲列伝』に書き記したという物語」を披露している。引用がすこし長くなるが、宮下氏による新訳で、パニュルジュの滑稽な説明にしばらく耳を傾けよう(15)。

「その昔は、どの国も、リュー、ミリエール、スタード、パラサンジュといった、ばらばらの単位にはなっていなかったのです。ところが、ファラモン王（伝説ではフランク族最初の王）がですね、最初にフランスのリューを区別したわけです。次のような方法でね。

王は、パリの町中から、若くてハンサムで、女好きで、やる気まんまんの男どもを一〇〇人、そしてピカルディー地方のかわいこちゃんを一〇〇人集めてきて、まる一週間というもの、丁重にもてなして、あれこれ気を配りますと、全員を招集し、若者ひとりひとりに、女の子をあてがいまして、なにかとものの入りだろうからと、気前よく路銀まで渡しました。そして、〈みなの衆、それぞれ、ばらばらの方角に旅立つのだぞ。よいかな、女子《おなご》に乗っかるごとに、そこに石を置くのだ。それを一リューの標識ということにしようではないか〉と申しわたしたのです。

こうして一同は、楽しくはしゃぎながら出発しましたが、なにしろ、若くて、ぴちぴちぴんぴんしておりますし、暇ですからね、野原のはじっこあたりまで来ますと、もう必ずはめはめ遊びとなりまして、それでもって、フランスの一リューは、こんなに短くなってしまったのです。とはいいましても、彼らが長い旅路を終えます頃には、あわれな悪魔みたいに、へとへとになっておりましてね、ランプの油も切れてしまいますし、しょっちゅうお誘いもかけられずに、一日に一度こっきり、そろそろ、ぽちぽちっとやるだけで満腹になってしまいました——まあ、これは男どもの話なのでございますがね。こんなわけで、ブルターニュ、ランド、ドイツなど、遠方の国々では、一リューが長くなっているのでございますよ。ほかにも、別の理屈を持ち出す方々もおりますが、これが最高の理由だと思われます」。

パンタグリュエルは、これに即座に同意した。

ちなみに一行は、一日どのくらいの距離を移動したのだろうか。距離単位もその基準も地方や国によって異なるし、また出発時間や天候あるいは食事や見物などによっても異なるから、大まかなことしかわからない。しかし移動距離がはっきりしている日を見ていくと、日によって三〇キロから四〇キロにおよぶこともあるが、平均して一日およそ二五キロから三〇キロ前後であったと思われる。このようなペースは、馬上の旅人にとっては比較的ゆったりしたものであったろう。たとえば十六世紀初頭、北フランスの都市ドゥエーの一商人ジャック・ルサージュが行なったエルサレム巡礼の旅では、馬に乗って一日約五〇キロのペースであった(16)。なお彼は、病気がちの父に代わって、十五世紀末にサンティアゴ・デ・コンポステーラ巡礼も果たしている。またエルサレム巡礼では、ローマとロレートに参詣してから、エルサレムに赴いている。つまり彼は中世以来の三大聖地であったエルサレム、ローマ、サンティアゴ・デ・コンポステーラの巡礼を成し遂げたのであった。

モンテーニュは騎馬が大好きであった。彼は『エセー』初版のなかで、「わたしは馬に乗ったらなかなか下りない。馬上は、わたしが健康につけ病気につけ、もっとも気楽に感ずる席であるからだ」(一巻四八章)と述べている。また後年、つぎのように語っている。「適度な運動は肉体を生き生きとさせる。わたしは結石病みではあるが、八時間から一〇時間は、馬に乗ったままいても苦痛を感じない」(三巻九章)。このように語るモンテーニュにとって、当時はすでに老人とされていた年齢(四十七歳)であったとはいえ、一日三〇キロ前後の距離移動は、それほどハードではなかったと思われる。

第二章　スイス、ドイツの旅

——ミュルーズからボルツァーノまで

フランス語圏からドイツ語圏へ

九月二七日、プロンビエールを出発した馬上の一行は、山また山の地方を通過し、ルミールモンに至って宿泊する。ここでモンテーニュとデスティサックは有名なルミールモンの尼僧院を訪問している。修道女たちの生活は先に訪れたプッセーの尼僧院と同じであるが、彼女たちは「ロレーヌ殿（ロレーヌ公シャル三世）に対抗して、この都市の統治権と主権を主張している」。つまりこの都市は神聖ローマ帝国に属しているというのである。翌日、一行は夜明けにルミールモンを出発。モーゼル川に沿って美しく気持ちのよい渓谷を進んで、ビュッサンに来て昼食。そこでロレーヌ公が所有している銀鉱を見たり、モーゼル川の水源を見せてもらったりしている。ここは「フランス語が話される最後の村」であり、その日の宿泊先タン（現在はフランス領）が「皇帝領ドイツに入って最初の都市」である。

こうして一行はフランス語圏からドイツ語圏に入る。約一ヶ月におよぶスイス、ドイツの旅のはじまりである。彼らは、まずミュルーズ（現在はフランス領）からライン川に沿ってバーゼルに赴き、そこに二泊する。この長旅を通してモンテーニュ一行は、水や水力を利用した機械装置、あるいは広場の泉や庭園の噴水や温泉などに強い関心を向けているが、この地では泉の多さに注目している。たとえば、「この地方一帯には泉が限りなくたくさんある。村にも四つ辻にも、美しい泉のない所はない。バーゼルにはそれが全部で三〇以上もあるという」。次いでバーデンに赴き、そこの温泉場で数日間湯治したあと、シャフハウゼン、シュタインを通って、一〇月八日にコンスタンツに到着する。「我々はここで、スイスの国ともお別れであることを知」るのだが、この旅程の詳細を見ていくことにしよう。

スイス、ドイツの宗教事情

九月二九日、モンテーニュ一行はタンを発って、バーゼルへ向かう途中、ミュルーズで昼食をとる。当時ミュルーズ（あるいはミュルハウゼン）は神聖ローマ帝国の皇帝直轄都市であったが、独立を望み、スイス諸州とも連合していた。また半世紀前からは改革派の都市でもあった。『旅日記』の記述を読んでみよう。

ミュルーズに来て昼食。スイス、バーゼル地方の美しい小都市。ここでモンテーニュ殿は教会を見に行かれた。ここの人たちはカトリック教徒ではないのである。殿はその教会を、この地方のどれもそうであるが、整って美しいと思われた。そこには別に何か変わったところはほとんどなく、ただ祭壇や画像・彫像がないというだけであった。殿はこの国の人々の自由とよき統治をご覧になり、限りなく喜ばれた。

秘書はこのように述べた後、昼食をとった「ブドウ亭」でお客に酒をすすめていた男が語った話を記している。その男はかつてユグノーの援軍に加わったことがあるが、今もフランス国王から年金を受けているという。彼はモンテーニュに、「あえてユグノーに背いて国王に仕えることも、我々の宗教では何らさしつかえない」とか、「我々は司祭の司会の下にカトリックの婦人と結婚することも平気である。何もその信仰を強いて変えさせようとはしない」などと語っている。『旅日記』のこのような記述を読むかぎり、ミュルーズは宗教的に寛容な都市という印象を受けるかもしれない。

ところがミュルーズに関する『旅日記』の記述について、その内容をくわしく調査検討した研究者によると、そこには当時のミュルーズの実情と異なる点がいくつか見出されるという。とくに大きな相違点は、当時この都市は宗教に関して寛容とは言い難く、公私の生活規律はむしろバーゼルのそれよりも厳しく、男がモンテーニュに話した異宗結婚などは認められなかったという[1]。そうだとすると、『旅日記』の記述をどのように考えたらよいのだろうか。おそらくモンテーニュは、ミュルーズの教会を見学しているとき、フランスでは国内の新旧両派の宗教戦争によって数多くの教会が荒廃しているありさまを思い浮かべて、この地の教会を「整って美しい」と思ったのであろう。また「ブドウ亭」でお客に酒をすすめていた男があれこれ自由に話すのを聞いて、その話の真偽はともかく、フランスでは見られない「この国の人々の自由とよき統治」を感じたのにちがいない。

つぎに訪れたバーゼルも、ミュルーズと同じく半世紀前から改革派の都市であった。このバーゼルで、モンテーニュは市中の人々にそれぞれの宗旨について尋ねている。また秘書は、改革派の教会の様子を伝えるとともに、市外に住んでいる司教や住民のことにも言及している。

モンテーニュ殿は、町の人たちのまちまちの答えから推して、彼らは宗教上一致していないと判断された。ある人たちは、自分はツウィングリ派だと言うし、ある人たちはカルヴァン派だと言うし、またある人たちはマルティン〔ルター〕派だと言ったからである。それでも今も心中にローマの宗旨を抱いている人たちが多くいることも知った。〔…〕彼らの教会の内部の様子は別のところ〔ミュルーズ〕で述べたとおりである。〔…〕ここの司教は彼らに対して非常に敵意を持ち、市外の自分の教区に住んでいる。そして近郊の残りの住民の大部分を旧教のなかにとどめ、市から五万リーヴルもの収入を受けている。司教選挙も相変わらず行なわれている。

モンテーニュは、バーゼルでも、市中の人々や市外に住む司教や住民たちの宗旨がまちまちで宗教上一致していないにもかかわらず、彼らが別に争いも混乱もなく共存していること、また教会の外部も内部もそっくり昔のままになっていることなどを実地に見聞し、「この国の人々の自由とよき統治」を感じているようだ。彼は後年『エセー』のなかで、新旧両派の宗教戦争によるフランス国内の混乱した政情が自分をこの旅に誘った理由の一つだとはっきり語っている。「わたしをこうした旅に誘うもう一つの原因は、わが国の現在の道義がわたしに合わないということである」（三巻九章）。

改革後の諸都市の宗教事情あるいは寛容と共存に対するモンテーニュの関心は、スイスだけではなく、これから訪れるドイツの都市にも向けられている。ドイツでは、一五五五年に神聖ローマ皇帝とルター派のプロテスタント諸侯との間で「アウクスブルクの和議」が結ばれ、新旧両派の共存が認められた。これにより十六世紀後半のドイツではプロテスタンティズムが拡大する。その一方、反宗教改革の動きのなかでイエズス会も活躍し始めている。このように宗教事情がフランスとは異なるドイツの諸都市を訪れたモンテーニュは、単にその地の教会を見物するだけではなく、カトリック、改革派（ルター派、カルヴァン派、ツウィングリ派）を問わず、等しく多くの聖職者や学者と会話を交わしているし、イエズス会士たちの教会やコレージュも訪ねている。旅人モンテーニュは、飽くなき好奇心と偏見のない精神をもって、ドイツの諸都市の宗教事情を自分の目と耳と足で実地に視察しているのである。

『旅日記』には、「カトリックとルター派のいずれを信ずるのも自由で、住民の意思に委ねられている」皇帝直轄都市のリンダウ、イスニー、ケンプテンなどや、「カトリック教徒とルター派教徒との結婚は普通のことで、より熱心なほうが相手の宗旨に従う。そういう夫婦は千組もある」アウクスブルクなど、各都市のそれぞれ異なる宗教事情が述べられている。モンテーニュは各都市の状況を引き比べてみたうえで、

「信仰上どこか特別なものを持たない都市は稀である」と語っている。

フェーリクス・プラッターと会う（バーゼル）

モンテーニュ一行は昼食後、ミュルーズを発ってバーゼルに来て泊まる。当時バーゼルは知的活動の中心都市であり、モンテーニュはそこで多くの学者たちと顔を合わせている。ヨハン・ヤーコプ・グリネウス（大学教授・神学者）、テーオドーア・ツヴィンガー（大学教授）、フェーリクス・プラッター（医者）、フランソワ・オットマン（法学者）といった人たちであり、この最後の二人とは食事を共にしている。「フランス風に凝った塗りと装飾が施された」フェーリクス・プラッターの家では、他の人のように薬草を写生するのではなく、彼が発見したという「実物そのものを紙の上に貼りつける」方法で作った薬草の標本や、死んだ人間の全身の骸骨を見せてもらっている。このフェーリクス（一五三六―一六一四）は、当時バーゼルの高名な医者で、バーゼル大学学長となった人物である。彼は一五五二年から五七年までフランスのモンペリエ大学に留学して医学を学んでいるが、それは極貧のなかで苦学し大成した父の願望と配慮によるものであった。フェーリクスの父とは、どのような人物なのだろうか。

父トマス（一四九九頃―一五八二）が亡くなる一〇年前に息子フェーリクスに宛てた自伝的回顧録によると、トマスはスイスの寒村で貧しい農家の末っ子として生まれ、家庭的な不幸もあって、苦労の多い少年時代と放浪の青年時代を送った(2)。十八歳の頃、苦学してラテン語、ギリシャ語、ヘブライ語を学び、バーゼルでは住み込みの網具職人として働きながら古典語の勉強をつづける。その労苦と努力が報いられ、やがて古典語教授および印刷業者として大成した彼は、人生後半（一五四一―七八年）をバーゼルのギムナジウムの校長として教育の発展に尽くした。一五七二年には最初の妻に死別したが、同年すぐに再婚し

トマス・プラッター（父）の肖像（左，Hans Bock, 1581）と
フェーリクス・プラッターの肖像（右，Hans Bock, 1584）

ている。モンテーニュが会ったフェーリクスは、トマスの最初の結婚で生まれた子のなかのただひとりの息子であるが、トマスの再婚で生まれた子のなかに同じく医者となったトマス二世（一五七四―一六二八）がいる。『放浪学生プラッターの手記』の訳者（阿部謹也）はその解説の最後に、つぎのように述べている。「トマスの息子フェーリクスは当時医者として高名を博し、トマス自身の医学をおさめたいという願望を叶えてくれたのであるが、妻とのあいだに子供がなかった。トマス自身は最初の妻アンニに死別してのち、すぐに再婚し、六人の子をもうけている。そのなかでもトマス二世は義兄フェーリクスと三八歳も年齢が違っていたが、フェーリクスの後継者として医者、教授となり、プラッター家をついでいる。このトマス二世もフェーリクスと同じく自伝を書き、親子二代にわたる三冊の自伝がこの時代の人びとの精神や風俗・文化を知るうえで不可欠の史料となっている」[3]。蓋《けだ》しプラッター親子はバーゼル市民の誇りであろう。現在バーゼル市内にあるフェーリクス・プラッター病院は、フェーリクスにちなんで名付けられている。

バーデンからコンスタンツまで

一〇月一日、バーゼルを出た一行は、リマート川に沿った有名な温泉地バーデンを訪れ、そこに二日から七日まで滞在する。バーデン温泉でのモンテーニュのユニークな湯治については、プロンビエール温泉のところで述べたとおりである。彼らはバーデンからチューリッヒに立ち寄るつもりであったが、そこはペストが流行していると知らされる。七日にバーデンを発った一行は、チューリッヒを右手に残し、ライン川に沿って進む。シャフハウゼンの近くで、川の水が岩にぶつかって、「轟然たる飛沫をあげて一大瀑布となって落ちている」のを目にする。いわゆる〈ラインの滝〉で、一行はその迫力に驚嘆したことだろう。シャフハウゼンでは建造中の城塞《ムノート》を見学し、「これは相当立派なものになるだろう」と秘書は記している。一五六四年から八五年にかけて建造された円形の城塞は、現在でも市の文化遺産として保存されており、城塞のある広い高台から、ライン川に沿った古都の美しい家並みやブドウ畑などを一望できる。なお彼らが泊まった宿「王冠亭《クーロンヌ》」は、今日も同名のホテル（Hotel Kronenhof）として存続している。八日朝、一行はシャフハウゼンから再びライン川に沿って進み、シュタイン（シュタイン・アム・ライン）を経て、ボーデン湖の西端に位置するコンスタンツに到着する。彼らはこの道中「ライン川がすばらしく広がり」「再び狭まる」風景に接しているが、今日の私たちがそう思うのと同じようにそれを美しいと感じたのだろうか。

「コンスタンツの宗教会議」（一四一四―一八年）が開かれたコンスタンツは、十六世紀前半にルター派に支配されたが、一五四八年にカール五世が彼らを降伏させた。その後オーストリア大公に属するカトリックの都市となるのだが、改革派の偶像破壊行為によって、「教会には、画像などに今なおその痕跡を残している」。しかしそれよりもモンテーニュが関心を持ったのは、ラインの岸に建造中の「奥行き五〇歩、幅四〇歩ばかりの、屋根のある大きな建物」である。数多くの大きな木製と鉄製の歯車を使ってライン川の水を大量に汲み上げ、その水を大きな幅の広い人工の管に注いで町まで導き、そこでたくさんの粉ひき車を回そうというものである。このように泉水や河川を利用した、人々の生活に役立つ機械装置に対するモンテーニュの関心は、先にヌフシャトーでも見られたし、このあと訪れるアウクスブルクにおいても顕著に示されるだろう。

南ドイツの諸都市を訪れる――リンダウからアウクスブルクへ

コンスタンツを出たモンテーニュ一行は、ボーデン湖を渡ってスイスを離れ、マルクドルフ、リンダウ、ヴァンゲン、ケンプテン、プロンテンといった都市や町や村にそれぞれ一泊する。一〇月一四日、フュッセンで昼食後、そこから北に向かい、ショーンガウ、ランツベルク――「大きな広場の真ん中にすばらしい噴水がある」――を通ってアウクスブルクを訪れ、そこに一五日から一九日まで滞在する。そのあとバイエルン公領の首都ミュンヘンを訪れるが、そこには一泊しただけで、ミッテンヴァルトまで南下している。その先はオーストリア大公に属するチロル伯爵領である。その旅程の詳細を見ていこう。

＊

一〇月九日、一行はコンスタンツから船でボーデン湖を渡ってスイスを離れ、マルクドルフに宿泊する。翌朝「モンテーニュ殿は、あまり天気がよいものだから、その日ラーヴェンスブルクに行かれる予定を変更され、一日だけ道をそれてリンダウに赴かれることになった」。モンテーニュの旅は予定した目的地に縛られるような旅ではない。この旅人は、ペストの発生や山賊の危険や馬やラバの事故などやむをえないしんでいる。

理由のほか、この日のような理由や「同じ道を二度通る」ことを避けて、柔軟にコースを変更して旅を楽しんでいる。

マルクドルフからリンダウへの道の途中、その周辺はいたるところブドウ畑で、その頃もまだ取り入れが行なわれていた。ここで秘書は「ブドウは地面から棚の上に持ち上げてある」と書きとめている。ブドウを地面に這わせる仕立て方をするガスコーニュ地方から来たモンテーニュや秘書には、それが珍しい光景だったからにちがいない。またここで秘書は、モンテーニュの朝食について述べている。「モンテーニュ殿は決して朝食は取られない。その代わり何もつけていないパンを一切れ差し上げている。殿は道々それを召し上がり、ときどきブドウの実を見つけては喉をうるおされる」。モンテーニュ自身も、帰国途中に、「この旅の間、朝はごく少ししか、いやほとんど何も食べなかった」と言っている。のちに彼は『エセー』のなかで、旅中での食事について語っている。「わたしの朝寝坊は供の者たちに、出発前にゆっくり食事をする暇を与える。わたし自身はどんなに食事が遅れても、おそすぎるということはない」。ちなみに当時の日常の食事は、一日二回、午前十一時頃と夕方六時頃であった。

リンダウは「湖のなかに百歩ばかり突き出した小都市」で、そこには石の橋を渡って行く。ここは皇帝領の都市で、カトリックとルター派の二つの宗旨が行なわれており、モンテーニュは司祭とも牧師とも会話を交わしている。一行は「王冠亭《クーロンヌ》」という立派な宿に泊まる（シャフハウゼンの宿も「王冠」の名が付いていた。王侯が泊まるような宿だったのであろう）。その晩、「土地の習慣に従って、試しに羽根布団をかけて寝てみた」モンテーニュは、それを「温かで軽くてよい」と述べ、また宿で出された豊富で美味しい料理を「わがフランスの貴族の家の料理などとは比べものにならない」と称賛している（秘書は宿で出された料理の品々を『旅日記』に詳しく記している）。それは彼らの旅がいわば貴族旅行であり、この「王冠亭」

（Haus zur Krone）が皇帝や王も泊まったような立派な宿であったから、というわけではないようだ。ドイツの諸都市を訪れている途中で、「殿はこの国の快適な生活が、フランスのそれとは比べものにならないほど好きになられた」と秘書は書いており、モンテーニュがこの異国の文化的環境に好感を抱いていたことがわかる。ちなみに今日、「王冠亭」があったところの建物の壁には、屋号にちなんだ王冠の形をした看板とモンテーニュがそこに泊まったことを示すプレートが付いている。

一一日、一行はリンダウを出て、午後にヴァンゲンに着く。結局、一行は当初の予定であったフーヴェンスブルクには行かなかったのだ。ところが「荷物を運ぶラバが傷ついて動けなくなったために」その日はやむなくそこにとどまり、一日三エキュで荷車を雇い、翌日イスニーに赴く。モンテーニュは、例によって当市の神学博士とサクラメント（秘跡）について議論し、ルター派の教会やベネディクト会の修道院を見物している。つぎに訪れたケンプテンもルター派の都市である。ここでも彼はルター派の教会に行き、そこで行なわれていた結婚式を見学したあと、牧師に近づいて、ルター派が最近作り上げた新しい信条書について質問している。一五七七年に作成され、一

王冠の看板のある建物とモンテーニュが「王冠亭」に泊まったことを記したプレート。「この町で最も古い宿。1443年頃に建てられ，皇帝や王，とりわけフランスの高名な学者ミシェル・ド・モンテーニュが泊まった宿」

五八〇年に出版されたルター派教会の信条の集大成である「和協信条書」のことである。モンテーニュはドイツ語を知らないので、これを読むことができなかったのであろう。牧師との会話は、当時の知識人の共通語であったラテン語で行なわれたにちがいない。ケンプテンでは、一行は「熊屋《ウルス》」という立派な宿屋に泊まるが、ここで秘書はつぎのようなことを述べている。「ここでは、モンテーニュ殿がよそで言われたことが証拠立てられた。つまり、彼らが我々の珍重するものをかえり見ないのは、彼らがそれらを何とも思っていないからだということが。まったく、モンテーニュ邸にあるような磨きこんだ錫の器がたくさんあるのに、彼らは木製の皿しか用いないのである。本当にそれらの木皿はつやがあって美しい」。ここでは、旅人モンテーニュは宿屋で出される食器類にも注意を向け、それら日常的な事物のもつ価値も国や地方によってそれぞれ異なるという、相対的なものの見方を示している。

一三日、一行はケンプテンで昼食をすませてから「山の多い不毛な地方を通って」プロンテンという小村に来て宿泊する。「この地方は一帯にオーストリア大公領で皆カトリックである」。実はモンテーニュは「数日間まわり道をしてドイツの美しい諸都市を見よう」と考えていたのであるが、ヴァンゲンでラバが動けなくなったため、当初の計画をやめてイタリアのトレントへ向かうルートを取り、プロンテンまで来たのであった。しかし好奇心あふれるこの旅人は、まわり道をしてもやはりドイツの諸都市を見たくなり、「トレントに向かう山間の近道をやめて、また左手の楽な道のほうを」取り、フュッセンからアウクスブルクへ北上するコースをとるのである。予定したコースに縛られないモンテーニュの旅らしく、なんとも自由な道行きではないか。

フュッセンで、一行はオーストリア大公の供の者たちを大勢見かける。「大公はそこからほど遠からぬ城中に、バイエルン公と一緒におられる」という。その城は十二世紀に建設されたシュヴァンシュタイン城である。十九世紀にはすでに廃墟となっていたこの城を、のちのマクシミリアン二世（バイエルン国王。在位一八四八―六四）が購入し、一八三二―三六年にその廃墟の上に建てさせたのがホーエンシュヴァンガウ城である。ご存知のとおり、息子のルートヴィヒ二世（バイエルン国王。在位一八六四―八六）は、その夢見がちな少年時代の大半をこの城で過ごし、その近くに白亜の美しいノイシュヴァンシュタイン城を建てさせたのであった。

アウクスブルクからバイエルン公領へ

一四日、モンテーニュ一行はフュッセンを発ち、その日はバイエルン公領の小都市ショーンガウに泊まる。翌一五日、同じくバイエルン公領の小都市ランツベルクに立ち寄り、モンテーニュはイエズス会士たちのコレージュを見に行き、彼らと談話している。またここでは、「とても大きな広場の真ん中に泉があって、たくさんの管から一ピーク（約一・六メートル）ばかりの高さに水を噴き上げ、管は思い思いの方向に曲げられ、実に上手に水を撒き散らしている」のを見物している。彼は、おそらく下の図版に見るような泉の「水のたわむれ」を目にして楽しんだことだろう。ちなみにこの

泉「水のたわむれ」(Ramelli, 1588)

揚水機（Ramelli, 1588）

図版は、上に掲載した揚水機の図版とともに、アゴスティーノ・ラメッリ『さまざまの巧妙な機械』（一五八八年、パリ）所収のものである。ラメッリは、十六世紀後半にフランスに招かれたイタリアの軍事技術者である。(4) 昼食後、一行はそこから平坦で長い牧草地を通って、「ドイツで最も美しい都市と言われている」アウクスブルクに到着し、そこに一九日朝まで滞在している。彼らは「当地でリンデ（菩提樹）と呼ばれる樹を屋号とする宿に泊まったが、隣はフッガー家の邸宅であった。その宿は階段もガラス窓もきれいに磨かれ、クモの巣ひとつ泥ひとつ見当たらない。また寝台の側の壁面に布かカーテンをかけ、痰唾《たんつば》で壁が汚れないようにしてある」。ルネサンス時代あるいは中世から十七世紀までの人間の振舞いあるいは礼儀作法は、今日のそれとはかなり異なっていた。社会学者のノルベルト・エリアスによれば、当時の人々は、食卓でも平気で床に痰唾を吐き散らし、それを踏み消していたようである。(5) いまだ近代的な衛生観念が成立する以前の時代であったのだ。

アウクスブルクでは「市会がデスティサック殿とモンテーニュ殿に敬意を表し、彼らの晩餐のためにブドウ酒の大樽一四個を届けてきた」ので、二人も市の高官を晩餐に招いている。市会はモンテーニュ一行を男爵および騎士と受け取ったのだった。しかし「人の目をそばだたせる」ことなく、「できる限りその土地その土地の風習に順応しよう」とするモンテーニュは、できればこのような接待から逃れたかったのではないだろうか。実際この都市に滞在中、彼は「思う仔細あって素性をかくし身分をあかさぬように」して「一日中ひとりで市中を歩き」、飽くなき好奇心をもって実に多くのものを見物している。[6] 新旧両派の教会、プロテスタント教会での幼児の洗礼式、公会堂での剣術の試合、ノートルダム教会で行なわれたこの町の娘とフッガー家の代理人との結婚式、フッガー家の夏の別荘、市の隠し門、聖十字教会での奇跡の大祭などである。またイエズス会士たちのもとを訪れ、そこで何人かの優れた学者にも会っている。〈珍しいもの、未知のもの〉に対する強い好奇心はルネサンス人に共通する特徴であるが、とくに旅人モンテーニュにおいては、自分の足で歩きまわり、実地に見聞することが重要であった。彼はここで、四〇年前に作られたという市の近代的な水道設備や宿で見た給水装置に強い関心を示している。また見物に訪れたフッガー家の夏の別荘《ヴィッラ》では、水力を動力源としたいろいろな仕掛けや訪問者を驚かす趣向を凝らした噴水装置に驚嘆している。さらに特別に見物させてもらった市の隠し門――イギリス女王エリザベス一世も関心を寄せたという、夜に市中に入る者のための市門――では、二重三重にチェックのある装置に興味をもったようで、秘書はその仕組みを詳しく記している。

アウクスブルクの宗教事情については、「はじめは完全にツウィングリ派であった。その後カトリック教徒が勢いを盛り返し、ルター派がツウィングリ派に取って代わった。今ではカトリック教徒のほうが権威を持っているが、数においてはずっと少ない」という。なお『旅日記』には、フッガー家の夏の別荘のことが詳述されているが、一五二〇年頃にフッガー家が貧民のために建てた世界最初の社会福祉住宅であるフッゲライについては何の言及もない。その理由については、『旅日記』の刊行者も注記していないが、筆者は以下のように推測している。のちに訪れるトレントで、モンテーニュは、「わたしは道々、自分の生まれた都市のために尽くした市民たちに注目してきた。アウクスブルクではフッガー家の人々。あの都市の美しさは大部分彼らのおかげである。彼らはあらゆる四つ辻を彼らの豪邸で満たし、教会にはいろいろなものを寄進している」と語っている。おそらく彼は、フッガー家の豪邸や贅を尽くした夏の別荘などに目を奪われて、ついフッゲライを見落としたのではないだろうか。ちなみにトレントでは、のちにふれるように、フッガー家の人たちが建造したのは「ただ自分たちの子孫のためであった」という記述もある。もうひとつの理由として、案内書などに拠らず、実地に見聞するモンテーニュの旅の姿勢、つまり予備知識がなかったこともフッゲライを見逃す結果になったと思われる。この旅人はリンダウで、「旅に出る前にそれぞれの土地の名所名物を教えてくれるような書物を読んでおかなかったこと、あるいは荷物のなかにミュンスターのような本を一冊入れてこなかったこと」を悔やんでいる。彼は当時の代表的な地理案内書であるミュンスター『世界地誌』の仏訳本（一五六八）を所持していたが、それにはフッゲライのことも記されている。おそらく彼は旅に出る前にその本によく目を通さなかったのであろう。

一〇月一九日、一行はダニューブ川（ドナウ川）も見ず、ウルムの町もその近郊にある温泉も訪れず、泊まった宿にモンテーニュの盾形紋章を残して、アウクスブルクを発つ。「冬の季節はいよいよ迫っていたし、道もまったく逆になるので、またもう一度アウクスブルクまで戻って来なければならない。モンテーニュ殿は、同じ道を二度通ることを大変嫌っておられた」からである。この旅人にとっては、まだ知らない土地を歩きまわることがなにより楽しいのである。一行はブルックという村に宿泊し、翌日、麦畑のつづく広い平野を進み、バイエルン公領の首都ミュンヘンに到着する。「カトリックの盛んな、人口の多い、美しい、そして商業の盛んな都市である」。彼らはこの都市に一日しか滞在しなかったが、バイエルン公ヴィルヘルム五世（在位一五七九―九六）の立派なお城や「二百頭の馬が入る」厩舎に感嘆している。また、ここでも泊まった宿が清潔であることに感心している。そのほか、千切りキャベツの塩漬けを発酵させたザウアクラウトと同じく、大根やカブを細かくきざんで冬用に塩漬けにする様子なども見物している。

二一日、一行はミュンヘンを発って南下し、ケーニヒスドルフという寒村に宿泊したあと、いよいよアルプスの山ふところに分け入った。しかし「道は楽で歩きやすく、よく整備されていた。それに天気は快晴で道中いたって楽であった」。その日はバイエルン公領の小村ミッテンヴァルトに宿泊する。「宿屋には風呂があって、旅人はここで一バッツェン半出して汗を流すのが慣例になっている」という。モンテーニュたちの夕食中、秘書も汗を流しに行くと、「たくさんのドイツ人がいて、吸い玉をつけたり刺胳をしたりしていた」。二三日、一行が山間の道を進んでいくと、「二つの門と一軒の家が道をふさいでいた」。シャルニッツの隘路に置かれた小さな砦で、オーストリア大公に属するチロル領の入口である。当時オーストリア大公はフェルディナント二世（在位一五六四―九五）で、チロル伯でもあった。

この国の快適な生活

およそ一ヶ月にわたるスイス、ドイツの旅を通して、モンテーニュ一行は自国と異なる人々の暮らしや風習に出会う。スイスのバーゼルを出てバーデンに向かう途中、秘書はドイツ語圏の地域に入って日にした、フランスと異なる生活風景をいくつか挙げている。家々にはめ込まれているガラス窓、旅宿に備えられているプワル（陶製のストーブ）や寝具の羽根布団、家具や食器、食事や給仕の仕方などである。旅人モンテーニュは、飽くなき好奇心をもって、そうした他国の異なる暮らしや習慣を興味深く観察するだけではなく、積極的にそれを受け入れようとしている。温泉での湯治法は別にして、土地の習慣に従うというモンテーニュの基本姿勢について、秘書はバーデンで、つぎのように述べている。「この土地の人たちは大変親切である。とくに彼らの習わしに従う者にはそうである。モンテーニュ殿は、多種多様な風俗習慣を完全に試みようとして、どんな困難を感じても、どこを訪れても、その地方のやり方に従われた」。

ドイツのリンダウでは、すでにふれたように、「殿はこの国の快適な生活が、フランスのそれとは比べものにならないほど好きになられた」と秘書は述べている。またのちにイタリアに入った直後のロヴェレートでも、つぎのように記している。「ここに来て、旅宿に関してはわが国と同じようであるのに気がついた。ここにはドイツ流の寝室や家具の清潔もガラス窓もなかったのみならず、モンテーニュ殿が暖炉よりずっと快適だと思っておられた、あのプワルもなかった。〔…〕モンテーニュ殿はまた、ドイツの掛けて寝られるあの羽根布団を名残惜しく思われた」。

そこでモンテーニュが称賛している、フランスと異なるスイスやドイツの暮らしや習慣をいくつか詳しく見てみよう。

清潔な旅宿とガラス窓

旅宿の清潔さについては、いくつかの都市で目立った言及がある。たとえばバーゼルでは、「彼らは木製の家具を、寝室の床板に至るまで、几帳面に拭き磨く」といった記述がある。アウクスブルクでは、宿屋に着いたときの最初の印象を、秘書はつぎのように記す。「第一番に驚いたのは、彼らが清潔好きであることで、宿に着いてみると、階段が一段一段布で覆われていて、我々は洗い磨いたばかりの階段を汚さないように、その上を歩かなければならなかった。そのように彼らは土曜日ごとに階段を磨くのである。

宿にはクモの巣ひとつ泥ひとつ見当たらなかった」。またミュンヘンでは、「我々はここに来て、寝室にはカーテンはあるが天蓋がないのに気づいた。もっとも万事きわめて清潔である。彼らは煮立てたおが屑で床を掃除する」と述べている。

アウクスブルクでは、ガラス窓についても言及している。「彼らのガラス窓がぴかぴかに光っているのは、わが国のように窓が固定されておらず、窓枠が自由にはずせるようになっているからで、彼らは頻繁にガラス窓を磨く」。このガラス窓については、アウクスブルク以前にもバーゼルやバーデンで、それ以下のような記述がある。「エピナル以来この地方一帯に、どんな小さな田舎家でもガラス窓のない家はない。よい宿屋は、外部でも内部でも、それが立派な装飾となっている。ぴったり合っているばかりではなく、いろいろと趣向を凝らしたガラスを用いている」。「家々の窓にはいたるところ豊富に窓ガラスをはめ込んでいるばかりでなく、家々の外回りはほとんどみな絵を描く習慣であるし、標語なども書き込まれていて、見る目を大変たのしませてくれる」。

ガラス窓への言及がこのように多いのはどうしてだろうか。ガラス窓はかつてローマ人に用いられていたが、その後フランスやイタリアでは、窓枠に固定された布地あるいは木製のよろい戸に代えられたという。モンテーニュや秘書にとって、ガラス窓は単に珍しいだけではなく、よろい戸よりも便利で快適に思われたのであろう。実際のちに訪れるイタリアのフィレンツェでは、つぎのように書かれている。「イタリアの宿屋はずっと落ちる。広間が全くないし、窓は大きくて開けっぱなし。日差しや風をよけようとしても光まで遮るただ大きな木のよろい戸があるだけである。これには殿も、ドイツでカーテンがなかったことよりも耐え難くてやり切れないとお思いになった」。これらの国々で、多くの家のガラス窓に、採光の調節、通風、換気を目的としたよろい戸が使われている今日からすると、文化史的に見てたいへん面白い記述である。

プワルと羽根布団

ガラス窓以上にモンテーニュが快適だと称賛したのは、暖房設備のプワルと寝具の羽根布団である。プワルとは陶製の密閉型ストーブのことであるが、その設備のある食堂のことも指す。このプワルについて、秘書はバーデンでつぎのように述べている。

我々はすぐプワルの熱さになれてしまい、誰一人不快になる者はなかった。入りしなに一種の空気の匂いがむっとするが、それから後は、やんわりした一様な温かさである。モンテーニュ殿はプワル付きの部屋におやすみになったが、一晩中快いちょうどよい加減の温かさを感じられたと言って、大そうそれを称賛された。少なくとも顔や長靴をこがすようなことはない。しかもフランスのように煙に悩まされることがない。

モンテーニュは後年、『エセー』のなかで、ドイツのプワルを体験したときのことを語っている。「実際、彼らのストーブの息づまるような熱さと、ストーブの材料が熱せられたときの臭味には、わたしは何ともないが、慣れない人はたいてい頭が痛くなる。けれども結局、その熱は一様で、一定で、室全体に行き渡り、火の光が目にちかちかせず、けむくもなく、我々の暖炉のように筒抜けの煙突から風が吹き込むこともない」（三巻一三章「経験について」）。

モンテーニュ一行の場合は、「すぐプワルの熱さになれてしまい、誰一人不快になる者はなかった」のであるが、頭が痛くなったり、その熱気や臭いに耐えられなかった旅人も少なくなかったようである。エラスムスの『対話集』(一五二三年版)所収の「宿屋について の対話」のなかに、ドイツの宿屋では、窓をあけずに、客の人数分だけストーブに火をくべるので、熱気で息がつまりそうになるという話がある。これはドイツを旅したことのある対話者のひとりが語っているのだが、エラスムス自身の体験にもとづいた話かもしれない。(7) また フランスのユマニストのドニ・ランバン(一五二一六―七二)は、ローマに赴く途中のスイス(グラウビュンデン州)で、寝室や食事などにも不満を洩らしているが、とくに食堂に置かれている陶製のストーブを最も耐え難いものだと評している。(8)

このように旅人の体験談はさまざまであり、モンテーニュと秘書の感想だけを

ドイツの宿屋。右端に巨大なプワル(陶製のストーブ)がある。(15-16世紀)

信用することはできない。しかしモンテーニュは、偏見を持つことなく自国と異なる風俗習慣を進んで受け入れる旅人であった。自国の習慣に固執するのではなく、訪れた土地の習慣を自ら試してみる彼の姿勢は、すでにリンダウで少しふれた寝具の羽根布団の感想にもみられる。

ここでモンテーニュ殿は、土地の習慣だということで、試しに羽根布団をかけておやすみになったところ、すっかり満足され、これは温かで軽くてよいと申された。殿の意見では、寝具のうるさい人たちには困るかもしれないが、それもここの人たちの知らないマットレスを一つと、寝台用カーテン一枚を荷物のなかに入れてゆきさえすれば、ほかに不足はないであろう。

食事と給仕

食事については、給仕の仕方や食膳あるいは料理についての言及がいくつかある。バーゼルで秘書は、「彼らの食事の出し方は、我々のとは非常に違う」と述べて、フランスと異なる点を挙げている。ワインを水で割らない。下僕たちも主人たちと同じ食卓か隣の食卓で一緒に食べる。一回の給仕には二皿か三皿しか出さず、それを数回行なう。一皿が片付かなければ次の皿が出ない。お盆や籠などを利用して給仕を行なう。手洗い用の水を出さず、部屋の隅に掛けられた小さな水差しで手を洗う。大部分の人は木製の皿を用いる、といった点である。これはモンテーニュ一行が泊まったような立派な宿でなされる食事の出し方かもしれないが、秘書が挙げているこれらの点から、逆にフランスの食事の習慣や給仕の仕方がどのようなものであったのかが推測されよう。たとえば当時フランスでは、ワインを水で割って飲むのが習慣であったようだ。またルネサンス時代のフランスの富裕な貴族の食卓では、いちどにたくさんの料理がテーブルに出されていた。十七世紀後半のルイ十四世の時代には、王侯貴族や富豪たちの宴会での食卓はさらに豪華なものになり、何回かに分けて一連の料理が同時に出された。あり余るほど皿数の多い豪華な食卓は、彼らの富と権力を誇示するものであったのだ。このように一度に多くの料理を出す方式は、〈フランス式サービス〉と言われる食事の出し方で、十九世紀前半までつづいたようである。今日のように、前菜、主菜、デザートというように、順番に一品ずつ料理を出す食事の出し方は、第二帝政期の駐仏ロシア大使がもたらした方式で、従来のフランス式サービスに対して〈ロシア式サービス〉とも言われる。(9)

食膳あるいは料理についてはどうだろうか。スイスのバーゼルでは、「ごく簡単な食事でも、給仕にひまがかかるので、三、四時間はかかる。本当に彼らは、我々よりはずっと急がずに、より健康的に食べる。彼らは肉でも魚でもあらゆる食べ物をふんだんに持っていて、実にたくさんのご馳走でテーブルの上を一杯にする。少なくとも我々のテーブルは盛り沢山なものだった」という記述がある。ドイツのリンダウでも、「まったく食膳に関しては、食べ物がきわめて豊富であるし、いろいろな種類の煮込み料理やらソースやらサラダなどを用いて献立に変化をつけてくれる。〔…〕またパンではなく、いろいろなもので、例えば米などで雑炊を作ってくれる。それを皆で取って食べる。一人一人には出さないのである。だがそれが、よい宿屋に行くときわめて味よくできているので、わがフランスの貴族の家の料理などとは比べものにならないように、殿には思われた」と、秘書は書いている。モンテーニュは、スイスやドイツの宿で、フランスには見られない珍しい、しかも美味しい料理がいろいろ出てくるので、ドイツを旅行中、「その土地その土地の料理を覚えて帰って、他日自分の家でその腕前を示してくれるような料理人を連れて来なかったこと」を悔やんでいる。

それでは当時のフランスの食文化、とりわけ王侯貴族や富裕な階層の食生活はどのようなものであったのだろうか。十六世紀前半、王子アンリ（のちのアンリ二世）とフィレンツェのメディチ家のカトリーヌとの結婚（一五三三年）によって、イタリアの進んだ食文化がフランスに入ってくる。しかし料理については、味覚よりも何よりも、皿数の多さが重視されていた。食事作法についても、驚かれるかもしれないが、フランス人はまだ手づかみで食事をしていたのである。十六世紀のフランスは、いまだ〈美食の国〉以前であった。美食の伝統は、ルイ十四世時代のヴェルサイユでの宮廷料理から始まると言われるが、いわゆるフランス料理が国際的に評価されていくのは、フランス革命以降、十九世紀を通じてのことなのである。

　それはともかく、秘書の記述を通して、モンテーニュが自国と異なるスイスやドイツの食習慣になじみ、旅宿で出された料理を高く評価し、称賛していることがわかる。ただしナプキンがちっぽけなことには不満だったようである。「〔モンテーニュ殿は〕食卓でナプキンとしてわずか半ピエ〔ピエは長さの旧単位で約三二・四センチ〕ほどの小さな布だけしかないことには困られた」と秘書はバーデンで記している。モンテーニュ自身も、のちに『エセー』のなかでナプキンについて語っている。「食卓布なしでも食事をするが、ドイツ式に、白いナプキンなしでは大いに困る。わたしはドイツ人やイタリア人以上にナプキンをよごす。スプーンやフォークはほとんど使わない」（三巻一三章）。ナプキンが小さいことに対する不満は、フランス人の食習慣というよりもモンテーニュのそれによるものであろう。彼は朝と食事の前後にナプキンで歯をこすってもいたのだった。しかし食卓用のナイフだけで「フォークはほとんど使わない」のは、当時のフランスでは一般的であった。イタリアの上流社会ではすでにフォークが使用されていたが、フランスでは宮廷でもまだ普及しておらず、人々は手を皿の中につっこみ、指を使って手づかみで食べていたのである[10]。モンテーニュも「わたしは急いで食べるために、しばしば舌をかむ。ときには指をかむこともある」

富裕な階層の食卓風景（タピスリー，16世紀）
上段左端の婦人を見ると，食事は手づかみでしていたことがわかる。

（『エセー』三巻一三章）と語っている。その様子を想像してみると、思わず微笑したくなる。

奇跡の教会（ゼーフェルト）

一〇月二三日、ミッテンヴァルトを発ってチロル領に入ったモンテーニュ一行は、ゼーフェルトという小村で昼食をとる。そこの教会には今日まで残るホスチア、つまりミサで拝領する聖体のパンの伝説があり、『旅日記』はその話を詳細に伝えている。

教会は相当立派なもので、つぎのような奇跡で有名である。一三八四年のこと、名前はいろいろに言われているが、ある男が復活祭の日に普通のホスチアで満足せず、大きなのを所望し、これを口に含んだところ、足もとの地面がかっと割れて首のところまではまり込んだので、彼は祭壇の端にしがみつき、僧は彼の口からそのホスチアをもぎ取ったという。今なお鉄格子をかけたその穴、その男の指の跡のついた祭壇、血の塊のように全体に赤みを帯びたホスチアを見せてくれる。

この教会を紹介している小冊子にもこれとほぼ同じ話が載っている。(11) それによると、聖体拝領のとき、近隣の城塞を治める男が、貧者に与える小さなホスチアではなく、大きなホスチアを司祭に強要すると、上記のようなことが起こったという。そのあと数多くの巡礼者が訪れるようになったため、この奇跡が起こった祭壇を残して、一四三二年に教会の建て直しが始まり、一四七二年に完成している。今日でも小ぢんまりとした教会のなかに入ると、男がしがみついたという祭壇の一部があり、その同じところで、男が首のところまではまり込んだという床下の穴を鉄格子を通してのぞくことができる。また現在の祭壇の奥には、大きなホスチアを口に入れようとする男の場面を描いたパネル画が側壁にかかっている。

ちなみに『旅日記』には、奇跡の教会の話が他にも出てくる。すでにふれたように、アウクスブルクでは聖十字架教会での奇跡の大祭を見物に行っている。それは百年ほど前に起こったという奇跡で、「ひとりの婦人が主の聖体を飲み込むことを欲せず、それを口中から出し、蠟紙《ろうがみ》にくるんで箱の中に入れておいたと懺悔したので、行ってあけてみると、それがすっかり肉に化していたという話である」。ただしモンテーニュは、そのような奇跡の話について、それが偽りであるとかありえないことだといった判断は一切していない。のちに彼は、イタリアでも「サンタ・カーザ（聖なる家）」の移転の奇跡で知られるロレートの聖堂やヴィテルボの奇跡の教会（マドンナ・デッラ・クエルチャ）を訪れている。そこで奇跡の話は述べているが、それに対して自らの判断を加えることはしていない。これについては、彼のロレート参詣の

奇跡の教会（ゼーフェルト）

〈ホスチアの奇跡〉
（パネル画，16 世紀初頭）

ところで少し考えてみたい。

チロル風景とモンテーニュ

一行はゼーフェルトを出てインスブルックに向かうが、その途中で出会った細長い渓谷とそこを流れるイン川の眺めに、モンテーニュは心奪われたようだ。

この渓谷は、モンテーニュ殿には今までに見た最も心地よい風景であると思われた。あるときは狭くなって山々が押し合うように迫っているかと思うと、我々のいる川の左側の方は広がって、あまり険しくない山々の斜面に見える耕地のほうに伸びている。あるときはまた、二段三段と段々になった平野が見渡され、そこにはたくさんの貴族の美しい邸宅や教会などが見える。しかもそれがみな、四方八方から、限りなく高い山々にとり囲まれ閉じこめられている。

美術史家のゴンブリッチは、アルプス地方を称賛した初期の文学の一つとして、『旅日記』のこの文を引用し、その記述が当時の典型的な風景の構図——ピーテル・ブリューゲル（父）《悔悛のマグダラのマリア》——と驚くほど似ていると述べている。[12]

秘書はまた、インスブルックを出発してブレンナー峠に向かう途中の景色を、つぎのように描出している。

火曜日の朝〔十月二五日〕、我々は出発。再びあの平野を横切り、山また山の小道を辿って、旅をつづけた。宿を出て一リューばかりの所で、楽な道をとって一時間ほどかかる高さの小さな山に登った。左手には幾多の山々が見渡されたが、それらは斜面が広くなだらかで、村落や教会が点在しており、その大部分が頂に至るまでよく耕されていて、景色にいろいろな変化があり、見る眼を十分に楽しませる。

チロル地方のこのような景色を前にして、それを心地よい風景と感じ、景色の多様な変化を楽しむモンテーニュのような旅人は、この時代までほとんど見られなかったと言ってよい（彼に付き従って、このようにチロルの風景を点描した秘書の功績も評価してよいだろう）。フランスの歴史家リュシアン・フェーヴルは、ルネサンス時代の特徴として放浪的性向を挙げ、この時代、王侯貴族から巡礼者まで、法律家から商人まで、職人から学生に至るまで、誰も彼もが旅をしていたと語っている[13]。しかし当時の旅は、陸路であれ海路であれ、今日よりもはるかに困難で危険であったから、彼ら旅人のほとんどは何とか無事に目的地に到着し

ピーテル・ブリューゲル（父）《悔悛のマグダラのマリア》(1555年頃)

ようと、ひたすら先を急ぐだけで、おそらく途中の景色にはほとんど無関心であった。今日美しい自然とされる高い山々や深い渓谷も、彼らにとっては旅の障害物であり、恐怖や嫌悪の対象でしかなかったであろう。ところがモンテーニュは、イタリアに入ってまもなく秘書が述べているように、ひたすらイタリアあるいはローマをめざしていた同行の若者たちとは異なって、「知らない土地を歩きまわるよりほかに何の計画」もなく、「旅をするのが面白くてたまらない」旅人であり、道中で目にする風物や景観にけっして無関心でなかった。

チロル地方だけではなくイタリアでも、ローマからアドリア海側のロレートに向かう途中のフォリーニョ近くの山道で目にした風景を、モンテーニュは自らの筆でつぎのように描出している。

翌朝〔一五八一年四月二二日〕、我々はこの美しい平野をあとにして再び山道に入ったが、そこでもまた、あるいは高みにあるいは山麓に、たくさんの美しい平野を見出した。しかもこの朝のまだ早い時刻に、我々はしばし、あちこちの丘陵がとても美しい木陰やあらゆる種類の果樹や見事な麦畑などに一面蔽われている、実に美しい景色に接した。〔…〕ここの丘陵ではわずかの土地といえども役に立っていないところはない。〔…〕こんなに肥沃な山々の間にアペニン山脈が顔をしかめて近づきがたい姿を示していることすら、ここでは暗い感じを与えない。〔…〕これらの山頂のあいだには、高い所にも低い所にも、豊かな平野がたくさん見られる。あるところに立って眺めると、往々にして目も届かぬほどに広い平野とさえ見える。どんな絵画といえどもこれほど豊かな景色を再現することはできそうにない。ここから我々の道の趣は、その時に応じていろいろに変化したが、道はどこもきわめて楽であった。

旅人モンテーニュは、険しい断崖などもある山道を移動するにつれて、いろいろに変化する道の趣、多様な景色を楽しむ。しかもアペニン山脈の近づきがたい姿すら、ここでは風景の一部として描かれている。

以上の三つの引用文が示しているように、モンテーニュにとって「心地よい風景」「美しい景色」とは、山々にとり囲まれた渓谷や渓流、貴族の邸宅や教会が見える段々になった平野、村落や教会が点在するなだらかな山の斜面、さまざまな果樹や麦畑などに覆われた丘陵など、多様で変化に富んだ景色である。ただしこのような景色を心地よい、美しいと感じるこの旅人の感性は、十八世紀後半あるいはジャン＝ジャック・ルソー（一七一二―七八）以降の旅人たちが自然の風景に感動する感性と同じではない。モンテーニュの場合は、ルソーやロマン主義の詩人たちとは異なり、手つかずの、野生のままの自然よりも、人間の手が加わった自然、つまり耕作が行き届き、人家が点在する丘陵や平野の景色を心地よい、美しいと感じたようである。言い換えれば、彼はそうした景色を「風景」としてではなく「環境」として眺めていたのである。(14)

ドイツ語圏からイタリア語圏へ

一〇月二三日、モンテーニュ一行は夕方にインスブルックに到着し、「とてもよい宿である」「バラ亭《ローズ》」に宿泊する。この宿があった場所は、現マリア・テレジア通りからヘルツォーク・フリードリッヒ通りに入ったところである。今日そこはクリスタルで有名なスワロフスキー・ハウスとなっているが、それまでの歴史が観光案内パネルに略述されている。また建物の壁にはバラ模様のデザインの看板がかかっており、かつて「バラ亭」（Die Goldene Rose）があったことを示している。

翌日は岩塩の産地として知られる郊外のハルを訪れて、塩の塊や塩製造のための大きな鉄板釜などを見学している。昼食後にはアンブラスの城館に赴き、モンテーニュはそこにいるオーストリア大公フェルディナント二世に謁見を求めるが、なぜかよくわからない理由で謁見も庭の見物も断られる。そうした不愉快な思いをしたモンテーニュであったが、インスブルック市内では宮廷教会を訪れて「マクシミリアン皇帝の廟」を取り巻く多数のブロンズ像を見物している。またマクシミリアン皇帝（一四五九―一五一九）が建てた王宮で「オーストリアの枢機卿とブルガウ侯の催された晩餐会」にも出かけた。『旅日記』には、晩餐会を主催したこの二人が前記大公とアウクスブルクの豪商の娘フィリッピーネ・ヴェルザーとの貴賤結婚（一五五七年）によって生まれた子であること、彼女が今年（一五八〇年）他界したため宮廷全体が今も喪に服していること、大公はその財産を子供たちに譲ることができないとか、それらは帝国の継承者のものになるとか、取り沙汰されていることなどが記されている。

二五日、インスブルックを出た一行は、古来アルプス越えの重要な交通路であるブレンナー峠（標高一三七四メートル）を越えてシュテルツィング（イタリア語名ヴィピテーノ）に宿泊する。その晩モンテーニュは疝痛発作をおこし、中くらいの大きさの石を一個排出した。プロンビエール以来のことであった。翌日、一行はそこを立ってアイザック（イザルコ）川を右手に見て進み、ブリクセン（ブレッサノーネ）に来て「鷲屋《エーグル》」に宿泊する。アイザック川沿いにあるこの宿は、今も「金の鷲」ホテル（Hotel “Goldener Adler”）という名で営業をつづけている老舗《しにせ》である。宿の歴史とそこに宿泊した著名人を載せたパンフレットには、神聖ローマ皇帝マクシミリアン一世やカール五世が宿泊したと伝えられていること、一五八〇年にフランスの著作家で哲学者のミシェル・ド・モンテーニュが宿泊したこと、またその『旅日記』にはこの都市が「大そう美しい都市」で、この宿が「立派な宿」であるという記述があること、などがドイツ語とイタリア語で記されている。

翌二七日、ブリクセンを発った一行は、アイザック（イザルコ）川を左手に見てクラウゼン（キウリ）の町を過ぎ、コールマン（ラ・コルマ）で昼食をとる。そこを出ると道が狭くなり、仕切りの柵がなければ川に落ちそうなところを通って、周囲にそびえる山々の間を進んでボルツァーノに着く。そこは「道幅は狭いし、美しい公共の広場が一つもない」。モンテーニュが「いよいよドイツを離れつつあることがわかるな」と叫んだくらいであった。彼はここからバーゼルで会い、食事を共にしたフランソワ・オットマンに手紙を送ったようである。その内容は、秘書の記述によると、ドイツを訪れてとても楽しかったから、行く先はイタリアであるが、今ここを去るのは名残り惜しいというものであった。また外国人のため宿の

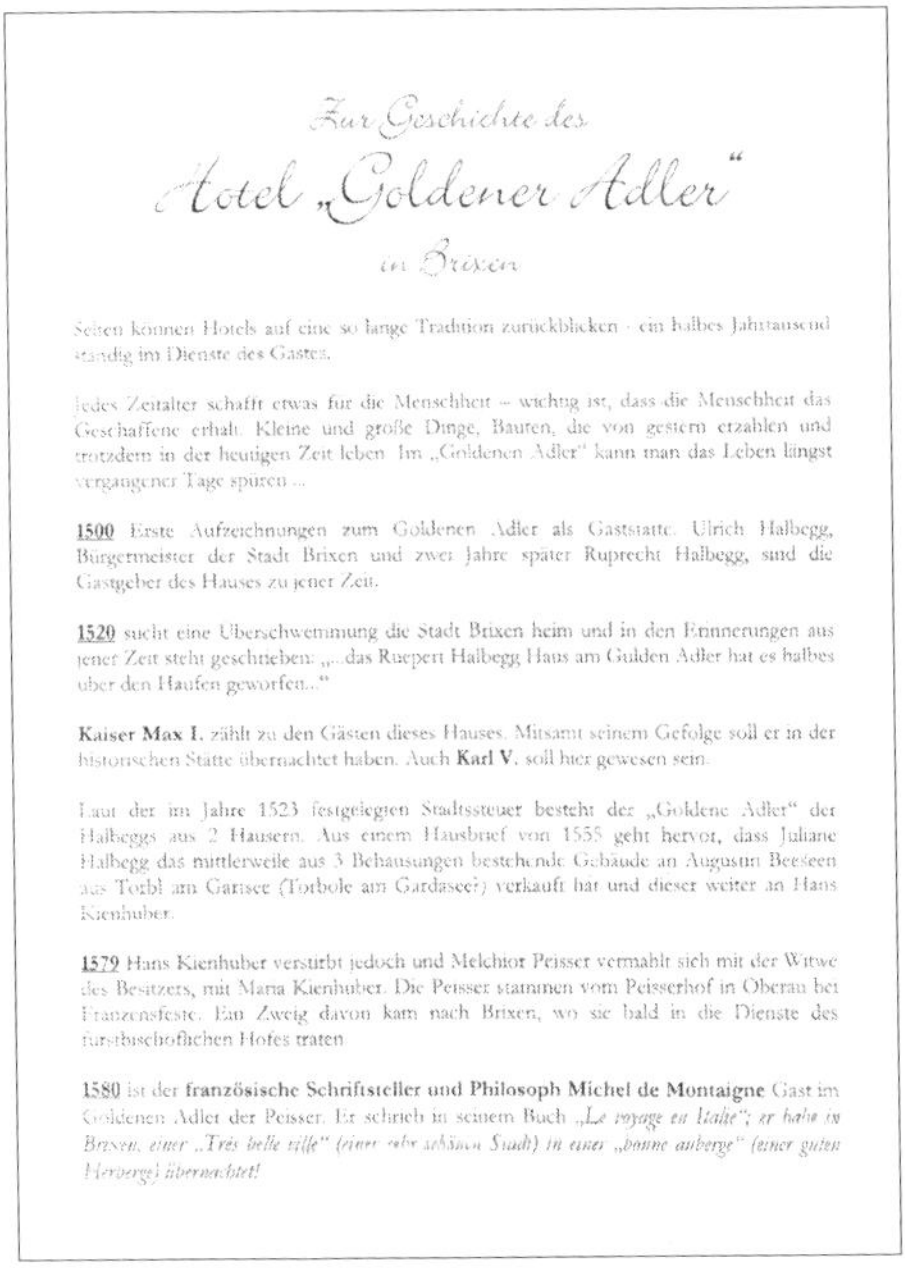
Zur Geschichte des

Hotel „Goldener Adler“

in Brixen

Selten können Hotels auf eine so lange Tradition zurückblicken - ein halbes Jahrtausend ständig im Dienste des Gastes.

Jedes Zeitalter schafft etwas für die Menschheit – wichtig ist, dass die Menschheit das Geschaffene erhält. Kleine und große Dinge, Bauten, die von gestern erzählen und trotzdem in der heutigen Zeit leben. Im „Goldenen Adler“ kann man das Leben längst vergangener Tage spüren ...

1500 Erste Aufzeichnungen zum Goldenen Adler als Gaststätte. Ulrich Halbegg, Bürgermeister der Stadt Brixen und zwei Jahre später Ruprecht Halbegg, sind die Gastgeber des Hauses zu jener Zeit.

1520 sucht eine Überschwemmung die Stadt Brixen heim und in den Erinnerungen aus jener Zeit steht geschrieben: „...das Ruepert Halbegg Haus am Gulden Adler hat es halbes über den Haufen geworfen...“

Kaiser Max I. zählt zu den Gästen dieses Hauses. Mitsamt seinem Gefolge soll er in der historischen Stätte übernachtet haben. Auch **Karl V.** soll hier gewesen sein.

Laut der im Jahre 1523 festgelegten Stadtssteuer besteht der „Goldene Adler“ der Halbeggs aus 2 Häusern. Aus einem Hausbrief von 1555 geht hervor, dass Juliane Halbegg das mittlerweile aus 3 Behausungen bestehende Gebäude an Augustin Beeseen aus Torbl am Garisee (Torbole am Gardasee?) verkauft hat und dieser weiter an Hans Kienhuber.

1579 Hans Kienhuber verstirbt jedoch und Melchior Peisser vermählt sich mit der Witwe des Besitzers, mit Maria Kienhuber. Die Peisser stammen vom Peisserhof in Oberau bei Franzensfeste. Ein Zweig davon kam nach Brixen, wo sie bald in die Dienste des fürstbischöflichen Hofes traten.

1580 ist der **französische Schriftsteller und Philosoph Michel de Montaigne** Gast im Goldenen Adler der Peisser. Er schrieb in seinem Buch *„Le voyage en Italie“; er habe in Brixen, einer „Très belle ville“ (einer sehr schönen Stadt) in einer „bonne auberge“ (einer guten Herberge) übernachtet!*

「金の鷲」ホテルの歴史とそこに宿泊した著名人を記載したパンフレットの一部（1580年にモンテーニュのことが記載）

亭主の搾取に悩まされたが、我々を食いものにするガイドや通訳の言いなりにならなければよいとも書き添えている。おそらくモンテーニュが口述したと思われるこの手紙の内容は、そのまま彼のドイツの旅全体に対する感想と言ってよいだろう。こうしてモンテーニュ一行はこの国を離れ、イザルコ川が合流したアディジェ川に沿ってイタリア語圏内のトレントに赴くのである。

第三章　イタリアの旅

――トレントからローマまで

ミュンスターによるイタリア（北・中部）の地図。南北が逆になっている
（S. Münster, 1558）

トレントと司教クレシウス

はじめにトレントからローマまでの行程をざっと見ておこう。一〇月二八日、ボルツァーノを出発したモンテーニュ一行は、トレント、ロヴェレート、ヴェローナ、ヴィチェンツァの各都市に宿泊して(ガルダ湖見物のためにロヴェレートに二泊した以外はそれぞれ一泊)市内見物を行ない、パドーヴァに二泊してヴェネツィアに到着する。一行はヴェネツィアに一一月五日から一二日まで一週間滞在したあと、パドーヴァ(一泊)、フェッラーラ(二泊)、ボローニャ(三泊)を訪れている。当初モンテーニュはボローニャからアドリア海沿岸に出て、アンコーナ、ロレートを経てローマに向かうコースを予定していたようである。ところがあるドイツ人からロレートとローマの間のスポレート公領あたりで山賊に襲われたという話を聞き、予定していたコースを変更し、フィレンツェ(二泊)、シエーナ(二泊)を経由して、一一月末日にローマに到着する。モンテーニュはのちにヴェネツィアをもう一度訪れるつもりであったが、結局その予定は果たされなかった。またこのときのフィレンツェ滞在は短かったが、彼は翌年の六月下旬、聖ヨハネ祭のときに再びそこを訪れて、一〇日間ほど滞在している。

＊

二八日、ボルツァーノを出た一行は、アイザック(イザルコ)川がアディジェ川に合流する小さな村落ブランツォル(ブロンツォーロ)を通ってトレントに到着した。『旅日記』によると、当時トレントは司教管理下の自由都市であり、ドイツ語とイタリア語の「両国語が半々に話されており、「ドイツ人の」とつく地区と教会があり、ドイツ語で話す説教者がいた」という。一行はトレントで、ブオン・コンシリオ城や、一五四五―六三年に宗教改革に対抗するトレント宗教会議が開かれたドゥオーモ（大聖堂）や、「新しいノートルダム教会」すなわちサンタ・マリア・マッジョーレ教会などを見物している。

モンテーニュはここで、「自分の生まれた都市のために尽した」人物として、一五一四年に司教、一五三〇年に枢機卿となったベルナルドゥス・クレシウス（一四八四―一五三九）の名を挙げ、彼を称賛している。それは彼が私費で多くの街路を普請し、「新しいノートルダム教会」を建立し、さらにブオン・コンシリオ城に「すばらしく立派な建物」を建造したからである。「すばらしく立派な建物」とは、十七世紀後半にカステル・ヴェッキョ（旧城の意。十三―十五世紀建造）と連結され、今日この城の中央部を占めているマーニョ・パラッツォ（大宮殿の意。十六世紀建造）のことである。クレシウス以降、そこは一八〇一年までトレントを治めた司教たちの住居となった。一行は「実によく設備され、描かれ、飾られた」宮殿内部を見物し、秘書がその様子を伝えている。そのなかにつぎのような文章がある。

円形の部屋が二、三あるが、その一つにこういう銘文がある。「このクレシウスは、一五三〇年、教皇クレメンス七世によって聖マッテヤの日に行なわれた皇帝カール五世の戴冠式に、皇帝の弟にしてハンガリーおよびボヘミアの王たるチロル侯フェルディナントの大使として派遣され、トレント司教であった彼は枢機卿に叙せられた」。クレシウスは、部屋の周囲の壁面に、この旅に当たって彼に随行した約五〇人の貴族たちの紋章や名前を記させた。いずれも当司教領の臣下で伯爵か男爵であった。

これは一五三〇年二月二四日（聖マッテヤの日）、ボローニャで行なわれた神聖ローマ皇帝カール五世の戴冠式に派遣されたクレシウスとその一行のことを記した銘文であるが、十一世紀前半に神聖ローマ皇帝によって聖俗両方の権力（司教と大公を兼ねた権力）を行使する権限を与えられたトレント司教の権威を思わせる一文でもある。

ちなみにその数年後の一五三六年、当時ローマにいたフランソワ・ラブレーは彼の保護者ジョフロワ・デスティサックに報告書簡を出しているが、そのなかで宗教会議（公会議）を召集するためにクレシウス一行がローマに到着した様子をつぎのように伝えている。「本月五日に、皇帝の御命令により、ドイツで

ブオン・コンシリオ城

《司教クレシウスと秘書》
（フレスコ画，16世紀前半，マーニョ・パラッツォ内）

は「トリデンチヌス」と呼ばれるトレントの枢機卿が当地へこられましたが、法王様の御行列以上に堂々とした、また遥かに豪奢な御一行でございました。お供には同じ服装の百人以上ものドイツ人が付き従って居りました――〔…〕――右枢機卿は全キリスト教国の為に平安と調和をきたらしめ、またあらゆる場合に公会議を開催することを熱望して居られる由に心得ます」[1]（二月一五日付）。この書簡から、クレシウスが豪奢なことを好み、堂々たる一団を率いてローマに到着したこと、彼が宗教会議の開催を熱望していたことがわかる。

『旅日記』では、このクレシウスについて、「この人はよい枢機卿であった。フッガー家の人たちも建造したが、それはただ自分たちの子孫のためであった。だがこの枢機卿はそれを公共のためにしたのである」と称賛し、彼がその後を継ぐ司教たちのためにマーニョ・パラッツォだけではなく多額の現金も残したと伝えている。ところがクレシウスが建立したサンタ・マリア・マッジョーレ教会は未完成のままにされ、しかも彼はかなりお粗末に埋葬されているとも述べている。なお今日、ブオン・コンシリオ城正面に沿った通りは、彼の名前（イタリア語名ベルナルド・クレシオ）を取って、ヴィア・ベルナルド・クレシオと名付けられている。

〈ツーリスト〉モンテーニュ

一〇月二九日、昼食後にトレントを発ったモンテーニュ一行は、夜遅くロヴェレートに到着する。オーストリア大公フェルディナント二世に属する都市であるが、先にも引用したように、「ここにはドイツ流の寝室や家具の清潔もガラス窓もなかったのみならず、モンテーニュ殿が暖炉よりずっと快適だと思っておられた、あのプワルもなかった」。翌日モンテーニュはデスティサックら四人の若者と一緒にガルダ湖を見物している。
ところで秘書はここで、スイス、ドイツの旅をしてきたモンテーニュが「未知の国々を訪れて知る喜びを何よりもうれしいものに思い、そのために御自分の年齢と健康の衰えを忘れておられる」と伝えている。およそ一ヶ月におよぶスイス、ドイツの旅は、モンテーニュにとってはじめての外国の旅であった。フランスと同じキリスト教圏に属する隣国とはいえ、ドイツ語を解しない彼には、いわば異言語・異文化の国、未知の国であった。しかし先に見たような、彼の異文化に対する強い関心と積極的姿勢が、けっして若くはないこの旅人に知らない土地を旅する喜びを与えたのであろう。さらに秘書は、モンテーニュ自身の言葉を引用しながら、つぎのような興味深い証言を書き残している。

殿は、一行をさまざまな道や地方へとつれまわったあげく、出発した場所のごく近くに戻って来ることがよくあったが（殿は一見の価値があるとの知らせを受けたり、ふとしたことからお気が変わったりして、よくそういうことをなされたのだ）、誰かがそれに不平を洩らすと、殿はいつもこう答えられた。「自分としては、行く先は今いるここ以外のどこでもないのだ。もともと知らない土地を歩きまわるよりほかに何の計画もないのだから。道を間違えるとかはずれるとかいうことはあるはずがない。いや、いないのだ。皆はしきりとローマをめざしているが、わたしは他の土地以上にローマを見たいとは望んでいないよ。〔…〕旅をするのが面白くてたまらないのだから、旅装を解かねばならぬ場所に近づくのがいやなのだ」と。

この引用文は「しきりとローマをめざしている」同行の若者たちがモンテーニュに洩らした不平に対する彼の答えであるが、それはまた彼自身の旅に対する考えでもあろう。モンテーニュの考える旅とは、目的地あるいは見るべきものを目ざして直行することではなく、「同じ道を二度歩いたり、同じ場所を二度見たりする」ことを避けて、「知らない土地を歩きまわる」ことであり、それがもたらす出会いを楽しむことであった。前述したように、マルクドルフでは、「あまり天気がよいものだから、その日ラーヴェンスブルクに行かれる予定を変更され、一日だけ道をそれてリンダウに赴いている」し、アウクスブルクでは、「もう一度アウクスブルクまで戻って来なければならない」、つまり「同じ道を二度通る」ことになるので、ウルムの町にも皆に勧められた近郊の温泉にも立ち寄らずに、ミュンヘンへ向かっている。気の向くままに知らない土地を歩きまわるモンテーニュの旅のやり方が、彼の感性を生き生きと働かせるのである。

ところで「楽しみのために旅行する人」を、今日われわれは〈ツーリスト〉と呼ぶが、これは周遊旅行という意味の英語〈ツアー〉からの派生語で、十九世紀初頭から使われた言葉である。十六世紀にはこれに相当する意味の言葉はないが、道草したり、知らない土地を歩きまわって、その変化と多様性を楽しむモンテーニュ、「旅をするのが面白くてたまらない」と語るこの旅人は、まさに〈ツーリスト〉と呼ぶにふさわしい。(2) このような彼の旅の姿勢については、終章で再び取り上げたい。

ヴェローナ、ヴィチェンツァ、パドーヴァ

一〇月三一日、モンテーニュ一行はロヴェレートを発ち、ボルゲット、ヴォラルニェを通って諸聖人の祝日（一一月一日）、ミサの始まる前にヴェローナに到着する。ちなみに秘書はロヴェレートで、一行の荷物を筏に載せてアディジェ川をヴェローナまで運び、そこで合流している。トレントで取得し、ロヴェレ

ートで認証を受けた健康証明書を提示して市内に入った彼らは、ドゥオーモに赴いたあと、円形劇場《アレーナ》や修道院などを見物した。ドゥオーモでは、モンテーニュはこのような祝日の盛儀ミサの最中に人々が示した、敬虔とは言いがたい振舞いに驚いている。「彼らは聖歌隊席においてさえ、帽子をかぶったまま、祭壇に背を向けて、立ち話をしていた」のである。彼はスイス、ドイツの諸都市で、その地の教会を訪れていたが、このような感想をもたらしたことはなかった。イタリアの他の都市、とりわけ〈聖なるローマ〉ではどうなのだろうか。一方、アレーナでは、ローマ時代の劇場がほぼ完全な形で残されているのを見て、その立派さと大きさに驚いている。今日ここでは毎年夏に野外オペラが上演されているが、当時はヴェローナの貴族たちが「ここを騎馬槍試合やその他公共の催しに使用していた」という。

　ある修道院の見学では、「自らサン・ジローラモのジェズアートと称する」修道士たちに会っている。彼らは「聖職者ではなく、ミサもしなければ説教もせず」「大部分が無学で、橙花水〔オレンジの花から採る蒸留水〕などを作る名人だと自慢している」奇妙な修道士たちで、「白い服に白い小さな角帽をかぶり、暗褐色のガウンを着ている」。彼らの修道院は、ポンテ・ヌオーヴォ（新橋）からの眺めが美しいリン・ピエトロの丘に立つ古代ローマ劇場《テアトロ・ロマーノ》の上に、十五世紀に建てられたサン・ジローラモ修道院である。現在そこは考古学博物館になっていて、そこには劇場裏手にあるエレベーターに乗って行く。ギリシャ・ローマの品々を見学して博物館の外に出ると、旧修道院の跡地の一部と思われる場所があり、そこからアディジェ川とヴェローナ市内を見下ろせる。さて一行がローマ劇場の古い遺跡の見学を終えて修道院に戻ると、そこはよい香りで包まれていて、修道士たちが一行に香水をかけてくれたという。また一行はユダヤ人たちに会い、モンテーニュはユダヤ教会堂《シナゴーグ》に行って、ユダヤ教徒たちと彼らの儀式について談話している。なお当時、彼らはゲットーのなかで暮していた。

一一月二日、ヴェローナを出た一行は夕方にヴィチェンツァに到着する。『旅日記』には、「大きな都市であるが、ヴェローナよりは少し小さい。貴族の邸宅でいっぱいである」と記されている。今日ヴィチェンツァは〈パッラーディオの町〉として知られているように、ルネサンス期最後の大建築家アンドレア・パッラーディオ（一五〇八―八〇）は、古代の建築様式を近代に調和させ、均整のとれた格調高い邸宅でこの都市を飾った。パッラーディオはモンテーニュがここを訪れる直前（八月一九日）に亡くなっているが、彼が最晩年に設計したオリンピコ劇場の建築は始まったばかりであった。ちなみに『旅日記』にはこの大建築家のこともオリンピコ劇場のことも出てこない。オリンピコ劇場はパッラーディオの弟子スカモッツィによって一五八五年春に落成し、市はその年の七月九日にヴィチェンツァを訪れた日本の少年使節（天正遣欧使節）を歓迎する式典を催している。そのオリンピコ劇場には、日本の使節を歓迎している場面を描いた古い壁画が残っている。時を経ていることもあって描かれている人物たちの姿はやや不鮮明であるが、劇場内の一室のかなり高い場所に見える。なおこの壁画の左下にはめ込まれたプレートには、ゲーテが一七八六年九月一九日から二六日までヴィチェンツァに滞在したことが記されている。彼は一九日にオリンピコ劇場を訪れており、二七日にはパドーヴァでパッラーディオの作品集を入手している(3)。

ところで一行は、ヴィチェンツァでもジェズアートたちを見かけている。そもそもこの奇妙な修道士たちはどのような集団なのだろうか。寡聞にして筆者は、『旅日記』以外に彼らの姿を紹介している旅行記を知らない。この修道士たちについては、つぎの項であらためて詳しく見ていきたい。

三日、昼食後にヴィチェンツァを出た一行は、広く平坦な道を通ってパドーヴァに到着する。『旅日記』には、「街路は狭く汚く、人通りも非常に少ないし、立派な家はほとんどない」と記されている。しかしのちに訪れるフェッラーラでは、「パドーヴァには長いポルティコ〔柱廊〕がつづいていて、どんな天気の日でも何もかぶらず泥もあげずに散歩ができて実に快適であったが、ここにはそれがない」と書かれており、ボローニャと同じくポルティコのあるパドーヴァの町が評価し直されている。翌日は丸一日ここに滞在して、教会や裁判所や塾などを見物している。モンテーニュは、屋根に八つのドームが連なるサンタントニオ教会で、ユマニストで詩人の枢機卿ピエトロ・ベンボ（一四七〇—一五四七）の胸像を眺め、また市の中心部にある裁判所（ラジオーネ宮）では、古代ローマの歴史家ティトゥス・リウィウスの胸像を眺めている。前者については、「性格の穏やかさと何かしら優れた英知が現われている」、後者については、「痩せていて、学問好きでメランコリックな人物の面影をよく伝えている」と秘書は書いている。おそらく秘書はモンテーニュの言葉をそのまま書き記したのであろう。この二つの胸像は今日も残っているが、その顔の表情は上記の印象どおりであった。

また一行は「剣術や舞踏や乗馬を教える塾を見て歩いたが、そこにはフランスの貴族が一〇〇人以上もいた」。それに対するモンテーニュの感想を、秘書はつぎのように記している。

このことをモンテーニュ殿は、ここに集まるわが国の青年たちにとって非常に不利であると考えられた。皆がこう一緒に固まっていては、自国の習慣や言葉に染まるばかりで、外国人と知り合いになる機会もなくなるからである。

フランスは十五世紀末からイタリアの先進の文化に憧れ、貴族の子弟たちがイタリアに留学あるいは遊学していた。おそらくパドーヴァ以外の都市の塾でも、これと同じような光景が見られたのではないだろうか。モンテーニュは、この旅に出発する前に、「子供の教育について」（『エセー』一巻二六章）のなかで、若者の外国旅行の目的をつぎのように語っている。「主としてその国民の気質とか、風習とかを調べ、そうしてわれわれの脳みそを他人のそれにこすり合わせ、磨くことを目的とするものでなければならない」。また別のところではこんなことも言っている。「わたしはフランスの外に出て、わたしに礼をつくそうとする人々からフランス式の食事を差し上げましょうかと言われたときは、それを一笑に付して、常にもっとも外国人のたくさん群がっている食卓についた」（『エセー』三巻九章）。ちなみにおよそ一世紀後、十七世紀末から十八世紀にかけて、今度はイギリス貴族の子弟が教育の仕上げとして、フランス、イタリアなどのヨーロッパ大陸旅行をする〈グランド・ツアー〉の時代がやってくる。

奇妙な修道士たち

さて、モンテーニュ一行はヴェローナで、「自らサン・ジローラモのジェズアートと称し」、「橙花水などを作る名人だと自慢している」修道士たちに会ったが、ヴィチェンツァでもこの奇妙な修道士たちを見かけた。秘書は彼らについてつぎのように記している。

ここでも我々はジェズアートたちを見たが、立派な修道院を持っている。彼らの香水店ものぞいたが、香水を並べて一般に売っている。我々は一エキュ出して香水を買った。彼らはあらゆる病気に対する薬用の香水まで売っているのである。彼らの開祖はP. Urb.〈教皇ウルバヌス五世の御代〉聖ジョヴァンニ・コロンビーニというシエーナの貴族で、創立は一三六七年である。枢機卿ペルヴェが、現在彼らの後援者となっている。修道院があるのはイタリアだけであるが、その数は三〇にのぼっている。彼らは大変立派な住宅を持っている。彼らの言うところでは、毎日自分を鞭で打つ。それぞれ祈禱所の自分の席に小さな鎖を持っている。そこで神に祈るが、歌うことはない。皆は決まった時間にそこに集まるのである。

引用文にあるとおり、ジェズアートたちの開祖はジョヴァンニ・コロンビーニ（一三〇〇頃―一三六七）である。彼は行政長官にも何度か選出された人物で、吝嗇と野心を伴った世俗的生活を送っていたが、一三五五年頃にとある伝記――悔悛して苦行生活を五〇年近くつづけ、四二二年に死んだエジプトの元娼婦の伝記――を読んで改心する。彼は妻や子供と別れて、友人と一緒に病人や貧者たちに慈善を施す道を選んだ。一三六三年に結成されたコロンビーニの集団は、一三六七年に教皇ウルバヌス五世により修道会として認可されたが、彼はその一週間後の七月三一日に亡くなる。その修道会で、彼らは同じ服装――白い服、フード、革のベルト、こげ茶色のマント、サンダル――をして、疫病患者など病人の世話と死者の埋葬を行ない、毎日自分を鞭で打つ生活を送る。また病人の治療のために薬用の香水などを製造している。なおジェズアートという名前は、お祈りの前後にジェズ（イエス）の名前を呼ぶことからついたという。

ジェズアート

十五世紀には、ヴェローナのサン・ジローラモ修道院をはじめ、ヴィチェンツァ、フェッラーラ、ヴェネツィアなどにジェズアートたちの修道院が建てられている。一行が訪れた頃には、「その数は三〇にのぼっている」というから、彼らの勢力がかなり大きくなっていたことがわかる。十六世紀には、この修道会は教皇から福音書や使徒書簡などを読む権利を与えられ（一五五九年）、托鉢修道会と同等に扱われ（一五六七年）、主の祈りの代わりに聖務日課の祈りを唱えることが許されている（一五八七年）。十七世紀初頭（一六〇六年）には、教皇パウルス五世によりジェズアートが聖職に就くことも許可されている。彼らは病人に無料分配するということで薬用の香水を製造し、その他の香水や蒸留酒の製造と販売を行なっていたが、世俗的になりすぎたという理由で、一六六八年に教皇クレメンス九世により修道会は解散させられた(4)。

なお先の引用文にあるように、一行が訪れた当時、ジェズアートたちの後援者であったのは、一五六三年にサンスの大司教、一五七〇年に枢機卿となったニコラ・ド・ペルヴェ（一五一八―九四）である。のちにモンテーニュとデスティサックはローマでこの人のところに招かれ、食事を共にしている。またモンテーニュは、ローマを離れる直前に枢機卿の馬車に乗ってサン・ジョヴァンニ・エ・パオロ教会を訪れている。枢機卿はこの教会の後援者でもあった。やがて（一五九二年）ランスの大司教となるが、旧教同盟の首領の一人である彼は、反旧教同盟の政治的パンフレット『サティール・メニッペ』（一五九四）のなかでは「無知蒙昧」と風刺される。

ところで一行がのちに訪れるフェッラーラのマダマ通りに〈ジェズアートたちのサン・ジローラモ〉というホテルがある(5)。その名前のとおり、そこはかつてジェズアートたちの修道院があったところである。その面影を残すホテル入口の門の右壁にプレートがあり、そこに『旅日記』の一節がイタリア語で書かれている。「さて我々は一日フェッラーラにとどまり、たくさんの立派な教会や私人の庭や邸や、一見の価値ありと言

ホテル〈ジェズアートたちのサン・ジローラモ〉
入口の門の右壁にあるプレート

われるものはみんな見た。なかでもジェズアートたちのところで、一年中毎月花をつける一株のバラの木を見た。そのときも一輪咲いていて、それはモンテーニュ殿に与えられた」。

旅中モンテーニュはアウクスブルクなどでもイエズス会士たちに関心を持ち、のちにローマではすぐれたイエズス会士たちやイエズス会の勢力の大きさに注目している。その彼がここでは、イエズス会士（[仏] ジェズイット、[伊] ジェズイタ）と名前は似ているが、彼らとは正反対に無学なジェズアートにもこのように関心を示していることは興味深い。というのも『エセー』の著者は、学問知識を愛し敬いながらも、一方でそのあり方を問い、アンチテーゼとして無知無学を取り上げ、ソクラテスの〈無知の知〉に範をとっているからである(6)。

想像がはずれたヴェネツィア

一一月五日、モンテーニュ一行はパドーヴァを出て、船着場のフジーナからゴンドラに乗ってヴェネツィアに着く。翌日と翌々日、モンテーニュはデスティサックと一緒にフランス王の大使デュ・フェリエと昼食を共にしているが、そのとき大使のつぎのような話を聞いて、モンテーニュは不思議に思ったという。それは大使が当市の誰とも交際していないこと、また人々がとても疑い深くて、誰かが大使と二度も言葉を交わそうものなら、たちまちその人を怪しいとにらむということであった。彼が不思議に思ったのは当然であろうが、しかしそれはこの人物の問題ではなく、おそらく共和国という政体を長くつづけてきたヴェネツィアの複雑な統治組織によるものであった。ヴェネツィア共和国は、国家元首であるドージェ一人に権力が集中するのを避けていくつかの委員会を設けていたが、その一つに国家の中枢をなす十人委員会があった。国家の安全と治安維持を担当するこの委員会が、警官と密告者の組織網をもち、人々の言動を監視していたのである。

ところで秘書によると、「殿は市中を詳しく細部にわたって見学されたが、政体、政情、海軍造船所、サン・マルコ広場、外国人の群れを最も注目すべきことと思われた」という。しかしモンテーニュが想像していたほどではなかったようだ。この町はいろいろな貴重で珍しいものでは相当有名であるが、「来てみて想像がはずれた、それほど感心するほどのこともない」と彼は言っている。この旅人が想像していたヴェネツィアとはどのような都市だったのだろうか。東方世界の「貴重で珍しいもの」にあふれ、多くの外国人が集まる国際色豊かな都市だろうか。あるいは婦人たちが美しいことで評判の都市だろうか。若い頃に『自発的隷従論』を書いたラ・ボエシは「サルラ〔ペリグーの小都市〕よりもヴェネツィアに生まれることを望んだであろう」（『エセー』一巻二八章）とモンテーニュが語る、自由な共和国だろうか（大使の話を聞くまではそのように思っていたにちがいない）。それはよくわからないが、この都市を訪れる前に、彼のなかに書物などを通して思い描いたヴェネツィアのイメージがあったことは確かであろう。マルセル・プルーストではないが、それだけに彼が実際にヴェネツィアを訪れたときに「来てみて想像がはずれた」のかもしれない。プルーストは『失われた時を求めて』のなかで書いている。「こうして名前は、一方でイメージを美化することになったが、また現実のノルマンディやトスカナの町の姿とは異なったものにする結果となり、さらに、私の想像の勝手気ままな喜びを増大して、未来の旅の幻滅を深刻なものとすることになったのである」（第一編「スワン家の方へ」〈土地の名〉）[7]。ちなみにモンテーニュは、後年『エセー』のなかでつぎのように述べている。「あの二つの美しい都市であるヴェネツィアとパリは、わたしが特別にいだいている好意を損なわせる。前者はその湿地から、後者はその泥濘から発散する鼻をつく匂いによって」（一巻五五章「匂いについて」）。

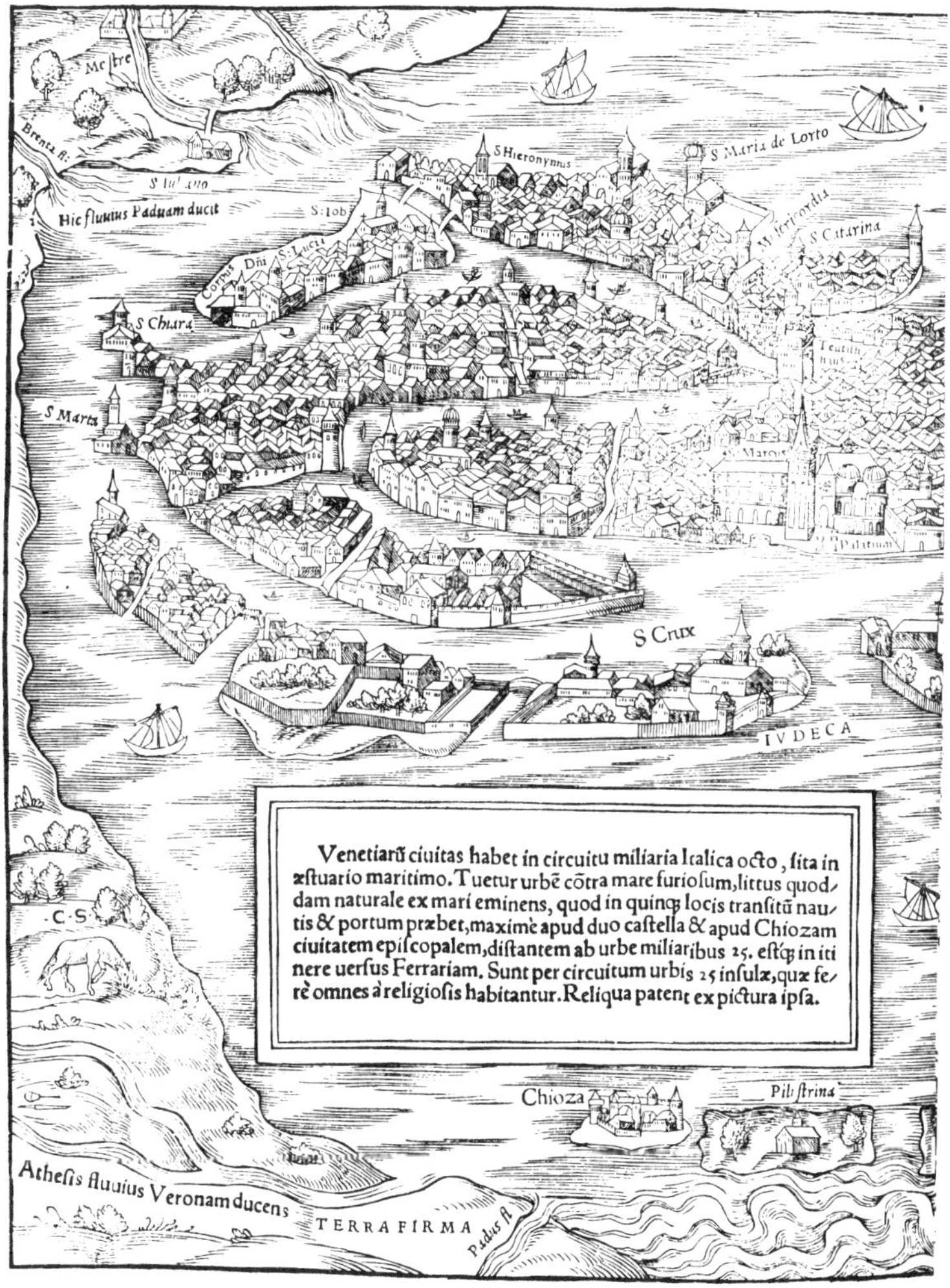

ヴェネツィア（S. Münster, 1558）

モンテーニュのヴェネツィア滞在は一週間と短かったが、それは彼がこの都市をもう一度訪れるつもりだったからである。ヴェネツィアを出たあと、秘書は書いている。

〔モンテーニュ殿は〕この地方一帯とりわけヴェネツィアは、あとでもう一度ゆっくり見なおさねばならぬとお考えになった。それで今度の見物はあまり重く考えられなかったのだ。殿にこのような寄り道をさせたのはこの都市を見たいという欲望がきわめて大きかったからである。殿はよく申された。「ヴェネツィアを見ておかないことには、ローマにもイタリアの他のどこにも、落ちついて足をとめることができないだろう。だから前もってこの寄り道をしたのだ」と。

実際モンテーニュは再びここに戻ってくるつもりであったようで、ヴェネツィアを出て再び訪れたパドヴァで、あるフランス人の先生の許にヴェネツィアで買い求めた書物（ニコラウス・クザーヌスの著作）を預けている。しかしヴェネツィア再訪という彼の予定が実現することはなかった。

ところでヴェネツィア滞在中に、モンテーニュはヴェネツィアの貴婦人ヴェロニカ・フランコ（一五四六—九一）から彼女が編んだ『書簡集』（一五八〇）を贈られている。この女性は高級娼婦、そして女流作家として有名であった。作品としては『書簡集』のほかに『韻文集』（一五七五）がある。彼女は一五七四年に娼婦業をやめているが、ちょうどその年、兄シャルル九世の病死によりフランス王（アンリ三世）となるアンリ（ポーランド王。在位一五七三—七四）がポーランドから帰国の途中、彼女のもとを訪れている。

フックスはその『風俗の歴史』のなかで、イタリアの娼婦、とくにヴェロニカ・フランコに言及した箇所で、「十六世紀の後半期のヨーロッパ各国の国王、将軍、政治家、富豪、芸術家、学者は一度この邸宅に泊まって、ヴェロニカ・フランコと知り合いになったことを誇りとした。〔…〕フランスのアンリ三世も、二十三歳のときベネチアに遊んで、やはりヴェロニカ・フランコの寝台で恋の一夜をすごした」と述べている。またモンテーニュについては、つぎのような記述がある。「ベネチアを訪れた文豪はすべて、彼女といっしょに文学や美術を論じた。モンテーニュも、一五八〇年にこの町に遊んだときに、ヴェロニカ・フランコに招待されて晩餐をともにしたが、

ヴェロニカ・フランコ
(Tintoretto)

食べたスープからすっかり胃をこわしたという。ルネサンスの文豪のうちで、彼女の招待を後悔したのは、モンテーニュぐらいのものであったろう[8]」。しかし『旅日記』に関する注などを参照しても、筆者の知るかぎり、この旅人にそのようなことがあったという記述は見当たらない。

ちなみにモンテーニュは、「ここで、ヴェネツィアの貴婦人たちに与えられているあの評判の美しさを見出さなかった」ようであるが、「それを売り物にしている女たちのなかで最も高雅な美女たち」に会い、そうした女性たちの数や生活ぶりに言及している。彼はのちにフィレンツェやローマなどでも彼女たちのことにふれているので、それらを含めて旅人モンテーニュの女性見学について、つぎに見ていこう。

モンテーニュの女性見学

『旅日記』には、それほど多くはないが、女性あるいは婦人の美しさに言及した箇所がある。このあと訪れるフィレンツェやローマを含めて、その主なものをここに列挙してみよう。

「女性は一般に背が高く、色白で、美人である」（バーデン）、「我々は美しい婦人にまるで会わなかった」

なかったが、それを売り物にしている女たちのなかで最も高雅な美女たちに会われた」（ヴェネツィア）、「モンテーニュ殿は、イタリアくらい美人の少ない国は今まで見たことがないと語られた」（フィレンツェ）、「婦人の美しさに関しては、世界に並ぶものなしと評判されるこの都市にふさわしい特別なものは少しもない、と殿には思われた。それに、パリでも同じことだが、水際立った美しさは、やはり美しさを売り物にしている女たちの手中にあるとも」（ローマ）、「この時期〔謝肉祭の期間〕、ローマのあらゆる美しい貴婦人たちを存分に眺めることができた。イタリアでは、フランスのようにベールを被ることなどせず、惜し気もなくお顔を見せてくれるからである。殿のお言葉では、申し分のない稀な美人となると、フランス以上にはないとのこと。三人か四人を除いて優れて美しい婦人は見出されなかったが、概して可愛らしく、フランスのように醜いのにも出会わなかった」（ローマ）。

いずれも具体性に欠けた記述であるが、モンテーニュが女性とその美しさにけっして無関心でなかったことが秘書の記述を通してわかる。しかしヴェネツィアやローマでは、評判の美しさを期待していたためか、彼は女性美に関して結構きびしい評価を下している。ただし当時「貴族や上流社会の娘たちは、特別の場合を除いては自由に家の外に出る風習がなかった」から、旅人である彼がそうした階層に属する美しい女性に出会うことは稀であったろう。ちなみにこの時代の一般的な美の基準であるが、「南国イタリアにおいては、色の濃いのはあまり好まれなかったらしく、髪はブロンド、肌の色は雪を欺く白というのが理想であった。〔…〕歯も、白く輝いていればいるほど望ましいものであった」という(9)。のちの一五八〇年一一月二三日、フィレンツェでトスカーナ大公に食事に招待されたとき、大公夫人について、「イタリア人の趣味から言うと美人である。お顔は愛嬌もあり気品もあり、胸は厚く、お乳は望みどおり盛り上がっている」という記述があるが、モンテーニュがどのような女性を美人と考えていたのかはよくわからない。彼のような旅人の場合は、ヴェネツィア、フィレンツェ、ローマといった都市では「美しさを売り物にしている女たち」を目にすることが多かったにちがいない。実際『旅日記』には、モンテーニュが娼婦たちを見学して、その感想を述べている箇所がいくつかある。

ヴェネツィアでモンテーニュが見学した「最も高雅な美女たち」すなわちコルティジャーナと呼ばれた高級娼婦について、彼が驚いたのは「その数が多く、一五〇〇人くらいはいて、いずれも、家具といい衣服といい、女王様のように贅沢をしていること、しかもその取引以外には何一つその身を支える元手は持っていないこと、そしてこの土地の貴族たちが、公然と人目もはばからず、自分の費用においてそれらの娼婦をかこっていることであった」。ちなみにヴェネツィアにいたとされる娼婦の数であるが、当時のいくつかの証言によると、一万一六五四人（一五〇九年）から二一五人（一五七四年）までかなりの開きがある。モンテーニュが挙げている数はおそらく高級娼婦についてであろうが、彼はどのようにしてその数を知ったのだろうか。

のちに長期滞在するローマでは、ローマ人の一番普通の仕事は馬車に乗って市街を散歩すること、そして「窓際に寄る女たち、とくに娼婦たちを眺めることである」とモンテーニュは言い、さらにつぎのように述べている。

彼女たちはわざと思わせぶりに鎧戸の陰でちらちらして見せるので、わたしもしばしば、彼女たちがそうやっていかに我々の目を刺激するかを知り驚いた。そしてしばしば、やにわに馬からおり、戸を開けてもらって入ってみて、いかに彼女たちが実際よりずっと美しく見せていたかを知り、感心したのであった。彼女たちはそのもっとも可愛らしいところによって自分を示すのにたけている。たとえば、顔の上半分だとか、あるいは下の方とか横顔とかいう風に、隠したり示したりするので、窓にはただ一人の醜女も見られない。

数ヶ月におよぶローマ滞在中、モンテーニュ自身も「彼女たちの話を聞き、その機知を味わうために」「ときには娼家の女たちなどと話をしに行くことも」あったようだ。しかし彼は、「彼女たちがただの会話でも同じように高く売りつけ、完全な取引と同じようにけちけちするのを見て、不愉快に思った」と語っている。

のちに(一五八一年六月二三日―七月二日)フィレンツェに滞在したときにも、モンテーニュは娼婦のところを訪れているが、その様子をローマやヴェネツィアの娼婦と比較して、二ヵ所で述べている。

この日〔六月二六日〕わたしは、単に気晴らしのつもりで、望めば誰とでも会ってくれる女たちのところに行った。もっとも有名な女たちに会ったが、何も珍しいところはなかった。彼女たちの住居は市の特別な区域内に集まっていた。その住居はわびしくみじめで、ローマやヴェネツィアの娼婦たちの家とは比べものにならないし、女たちそのものも、顔立ちにせよ愛嬌にせよ物腰にせよ、とても比べものにならない。

ローマやヴェネツィアの娼婦たちは窓に寄って男たちを引き寄せるが、フィレンツェの娼婦たちは、家の戸口に現われ、よい頃合いに人目を引いて客を待つ。

以上のように『旅日記』は、モンテーニュがヴェネツィアやローマやフィレンツェの娼婦たちを見学したときのことを比較的詳しく述べており、十六世紀イタリア社会の風俗の一端を伝える貴重な資料ともなっている。

パドーヴァからフェッラーラ、ボローニャへ

一一月一二日、ヴェネツィアを発った一行は、水路でパドーヴァに再びやって来て宿泊する。モンテーニュは舟の揺れが苦手であったが、舟が馬に曳かれるパドーヴァまでの水上の旅では気分が悪くならなかったようだ。モンテーニュの義弟カザリスは、おそらく法律の勉強と剣術修行のため、ここで彼らと別れてパドーヴァに残る。翌日パドーヴァを発った一行は、アバノやサン・ピエトロ、バッタリアといった温泉場を見物したあと、渡し舟でアディジェ川とポー川を渡り、バッタリアとロヴィゴにそれぞれ一泊した。バッタリアでは、温泉の水路をたどって、その源泉を見に行っている。

一行は一五日夕刻にフェッラーラに到着。十三世紀以来エステ家が支配していたこの都市は、一四七一年にフェッラーラ公国となる（一五九八年から教皇領となる）。十五世紀末から十六世紀にかけて、歴代のフェッラーラ公（エルコレ一世、アルフォンソ一世、エルコレ二世、アルフォンソ二世）は、学芸を擁護し、ティツィアーノ、アリオスト、タッソなど、芸術家や文人たちに助力を惜しまなかった。またエルコレ一世は、この都市を拡張・整備し、中世の城塞都市から近代都市へと変貌させた。「都市の大きさは（フランスの）トゥールくらいで、坦々たる平地にあり、宮殿が多い。街路は大部分が広くまっすぐで」「街路はどこもレンガで舗装されている」と秘書は記している。ブルクハルトはその著『イタリア・ルネサンスの文化』のなかで、フェッラーラは規則的に設計されたヨーロッパ最初の近代都市であると述べている(10)。今

日見られるようなフェッラーラの都市の形はフェッラーラ公が支配した時代に作られたのである。

翌日モンテーニュは、アンリ三世とカトリーヌ・ド・メディシスの二通の紹介状を持参していた若殿デスティサックとともにアルフォンソ二世（在位一五五九—九七）の館に挨拶に赴き、公爵から丁重に迎え入れられている。そのときモンテーニュは公爵とイタリア語で会話を交わしたようである（モンテーニュはイタリア語に堪能であった）。そのあと一行は「その日一日フェッラーラにとどまり、たくさんの立派な教会や私人の庭や邸や、一見の価値ありと言われるものはすべて」見物している。サン・ベネデット教会でアリオストの像を眺め、ジェズアートたちの修道院を見学し、また公爵が新妻のためにヴェネツィアのそれと張り合って造らせた御座船などを見ている。

ルドヴィーコ・アリオスト（一四七四—一五三三）は、文芸を擁護したエステ家（アルフォンソ一世）のもとで十六世紀前半に活躍した詩人である。『旅日記』には、「我々はある教会でアリオストの像を見たが、書物に出ているものよりもふっくらした顔をしている。この人は一五三三年六月（七月）六日、五十九歳で死んだ」と書かれている。モンテーニュは若い頃にこの詩人の代表作『狂えるオルランド』を愛読していた。美女と勇士との恋と冒険を歌ったこの物語詩（一五一六年。決定版は一五三二年）は、ルネサンス期のベストセラーであった。おそらく彼が所持していたのは肖像入りの版と思われる。アリオストの没年月日まで記しているのは、モンテーニュの生年が同じ一五三三年だったからだろうか。ちなみに現在アリオスト通りと名づけられている通りに面して、この詩人が晩年に余生を送った家が残っている。

ルドヴィーコ・アリオスト
(Vicenzo Catena, 1512)

トルクァート・タッソ

　十六世紀後半にエステ家（アルフォンソ二世）の庇護のもとで活躍したもう一人の詩人はトルクァート・タッソ（一五四四―九五）である。一五八二年刊行の『エセー』第二版（二巻一二章）には、フェッラーラ滞在中にモンテーニュがこの狂気に陥った詩人を見舞ったらしいことが書かれている。「わたしはフェッラーラで、あんなにあわれな状態で、生ける屍として、自己と自己の作品を忘れ、作品が目の前で訂正もされず形も整わないままに刊行されるのも知らずにいる彼を見て、同情よりも痛ましさを感じた」。タッソは、一五七五年に『エルサレム解放』を完成するが、この叙事詩の宗教性に対する不安や批判などが原因で迫害恐怖症になり、一五七九年からサン＝タンナ病院の地下牢に幽閉されていたのだ。実際に訪問がなされたとすれば、それはおそらく一六日のことと思われるが、不思議なことに『旅日記』にはそのような記述はない。この訪問の記述がないのは、秘書がモンテーニュに同行しなかったためであろうと推測する研究者もいるが、どうだろうか。この問題は、先にヴィトリ＝ル＝フランソワのところで取り上げたマリ・ジェルマンの話とともに未詳である[11]。

　一七日朝にフェッラーラを発った一行は、夕刻にボローニャに到着し、そこに三泊している。「フェッラーラより大きく、人口もずっと多い」都市で、「立派な広い柱廊や壮麗な宮殿がたくさんある」。「立派な広い柱廊」は、柱廊（ポルティコ）が連なるアーケードのある町として知られることになるボローニャの特徴的な風景である。一行が泊まった宿で、モンテーニュは親交があった故モンリュック元帥（一五〇〇頃―一五七七。カトリックの猛将で、一五九二年に出版された『回想録』は有名）の孫と出会う。祖父と同名のブレーズ・ド・モンリュックは十六歳か十七歳の青年で、剣術と馬術の修行のためにフランスから到着したばかりのところだった（のちに二人はローマで再会し、オスティア見物をする）。モンテーニュの弟ベルトランや義弟カザリスもそうであるように、一五八〇年頃になっても、フランスの貴族の青年たちは法律の勉強あるいは剣術や馬術の修行のためにイタリアに来ていたのである。

ボローニャ滞在中、一行はあるヴェネツィア人の剣術を見物し、また三メートル余り傾いて今にも倒れそうな方形の塔（ガリセンダの塔）や、ボローニャ大学の立派な建物などを見物している。この建物には、一八〇三年まで大学の本拠があったが、現在ではアルクジンナジオ宮殿となっている。また土曜日（一九日）の午後には、イタリアの劇団、おそらく「コンフィデンティ座」の芝居を見物して楽しんでいる。モンテーニュは芝居が好きであった。

二〇日、一行はボローニャを出るが、予定のコースを大きく変更してフィレンツェに向かう。当初モンテーニュはアドリア海沿岸に出て、アンコーナ、ロレートを経てローマに向かう予定だった。それを変更したのは、すでに述べたように、彼が「あるドイツ人からスポレート公爵領のあたりで山賊に襲われた」という話を聞いたからである。それがペトリーノとかいう「イタリアでもっとも有名なお尋ね者の山賊であった」らしいことはのちにわかる（ローマ滞在後にロレートに向かうとき、その途中のスポレートで、モンテーニュはその山賊のことを書いている）。こうして一行は、ボローニャからイーモラを経てアドリア海方面に向かわず、山間の道を通り、フィレンツェ、シエーナを経てローマへ向かうコースをとる。

フィレンツェは〈美しい〉か？

一行はロイアノとスカルペリアに宿泊してフィレンツェへ向かう。ローマへの表街道で人通りが多いスカルペリアで、モンテーニュは宿屋の亭主たちの競争を面白がっている。彼らは何リューも先まで宿引きを出し、言葉巧みに自分の宿屋に泊まるように勧誘する。しかし町の入口まで来ると、彼らは客の奪い合いや口げんかをやめ、共同で雇った案内人が客を宿まで案内するという。あらかじめそうした話を聞いていたモンテーニュは、一行の一人に「すべての宿屋を見て回らせ、食事や酒や、その他の条件を調べさせた上で、いちばん条件のよいところに」決めていた。それでも「全く彼らのペテンにかからぬように話をつけることは不可能である。薪でもローソクでも、敷布でも、秣《まぐさ》でも、何か言い忘れようものなら、しめたと彼らは知らん顔をしてしまうからである」。当時のイタリアの旅宿風景とともに、モンテーニュの旅中での倹約ぶりを見ることができて興味深い。彼は後年「空虚について」（『エセー』三巻九章）のなかで、主にこの長旅の経験を踏まえてのことと思われるが、旅とお金についてつぎのようなことを語っている。──旅には「必要なだけでなく体面を保つにふさわしいだけのお供を連れてゆく」から、かなりの費用がかかる。「旅中、わたしの財布を預かる者は、完全に財布を任されて、わたしの検査を受けない」。「旅に出れば、わたしはわたしとわたしのお金の使用のことしか考えない」。

＊

一一月二二日、宿の亭主を案内役としてスカルペリアを発った一行は、「人家が多く耕作の行き届いた幾多の丘陵の間の美しい道を通って」フィレンツェに向かう。その途中で寄り道をして、プラトリーノ（メディチ家の別荘。のちのデミドフ荘）を訪れ、その宮殿と庭園を見物したあとで、フィレンツェに到着する。フィレンツェ滞在は二泊と短かったが、大公招待の正餐を含め、市内見物やカステッロ（フィレンツェ近郊のメディチ家の別荘）見物など、モンテーニュは精力的に動き回っている。

フィレンツェ市内では、トスカーナ大公フランチェスコ一世（一五四一─八七／在位一五七四─八七）の

ジュリアーノ・デ・メディチ墓碑の
「夜」(左)と「昼」(右)

ロレンツォ・デ・メディチ墓碑の
「黄昏」(左)と「曙」(右)

厩舎を見物し、サン・マルコ修道院のすぐ近くにある大公の別邸を訪れている。そこは建築家ブオンタレンティによる建造で、現在は高等裁判所になっている。別邸では大公が「東洋の宝石の模造をしたり、水晶を切ったりして楽しんでいた」。彼は国事にあまり関心がなく、錬金術などに興味を持ち、別邸でこのような作業や実験を楽しむ人物であったのだ。またドゥオーモを訪れて、「世界でもっとも美しい豪奢なものの一つである」大聖堂のてっぺんに登っている。サン・ロレンツォ教会では、「わが軍がストロッツィ元帥の指揮下にトスカーナ〔マルチャーノの戦い、一五五四〕において失った軍旗が今もかかっている」のを目にし、また「いくつかの壁画やミケランジェロの手になる実に美しく優れた彫像」を鑑賞してもいる。それは、メディチ家礼拝堂の新聖具室にある、ジュリアーノとロレンツォ二世の墓を飾る有名な「昼」「夜」「曙」「黄昏」の四体の寓意像のことであり、この作品については、同時代人の美術史家ヴァザーリが取り上げている。[12] ヴェッキオ宮では、「先代コジモ〔一世〕がシエーナの奪取や我々の敗戦の図（マルチャーノの戦い）を描かせている」のを見ているが、宮殿の古い壁に掲げられているユリの花にも注目している。ユリの花はフィレンツェの紋章であるが、フランス王家の紋章でもある。ユリの花の紋章はモンテーニュに、メディチ家とフランス王家との結びつきを連想させたのではないだろうか。一行は皇太后カトリーヌ・ド・メディシスの生まれた宮殿（現メディチ・リッカルディ宮）も訪れている。

二三日、モンテーニュとデスティサックはトスカーナ大公の正餐に招かれている。『旅日記』には、大公夫妻のほか大公の弟たちが出席したそのときの様子が記されている。おそらく秘書はあとから話を聞いたのであろう。大公夫妻についてはつぎのように書かれている。

この公爵夫人は、イタリア人の趣味から言うと美人である。お顔は愛嬌もあり気品もあり、胸は厚く、お乳は望みどおり盛り上がっている。なるほどこれは公を惑わし、長くその崇拝を保っているだけのことはある、と殿はお思いになった。「公のほうは肥った色の黒い男で身長はわたしくらい、手足は太く、顔や態度はすこぶる慇懃、なかなか立派な御家来衆の間をつねに無帽でお通りになる。いかにも健康そうな、四〇男の恰幅をしている。[13]」

公爵夫人とは、大公の妻ジョヴァンナ（神聖ローマ皇帝フェルディナント一世の娘）が一五七八年に急死したあと、大公夫人となったビアンカ・カペッロ（一五四八―八七）である。ヴェネツィアの古い貴族

フランチェスコ一世

ビアンカ・カペッロ

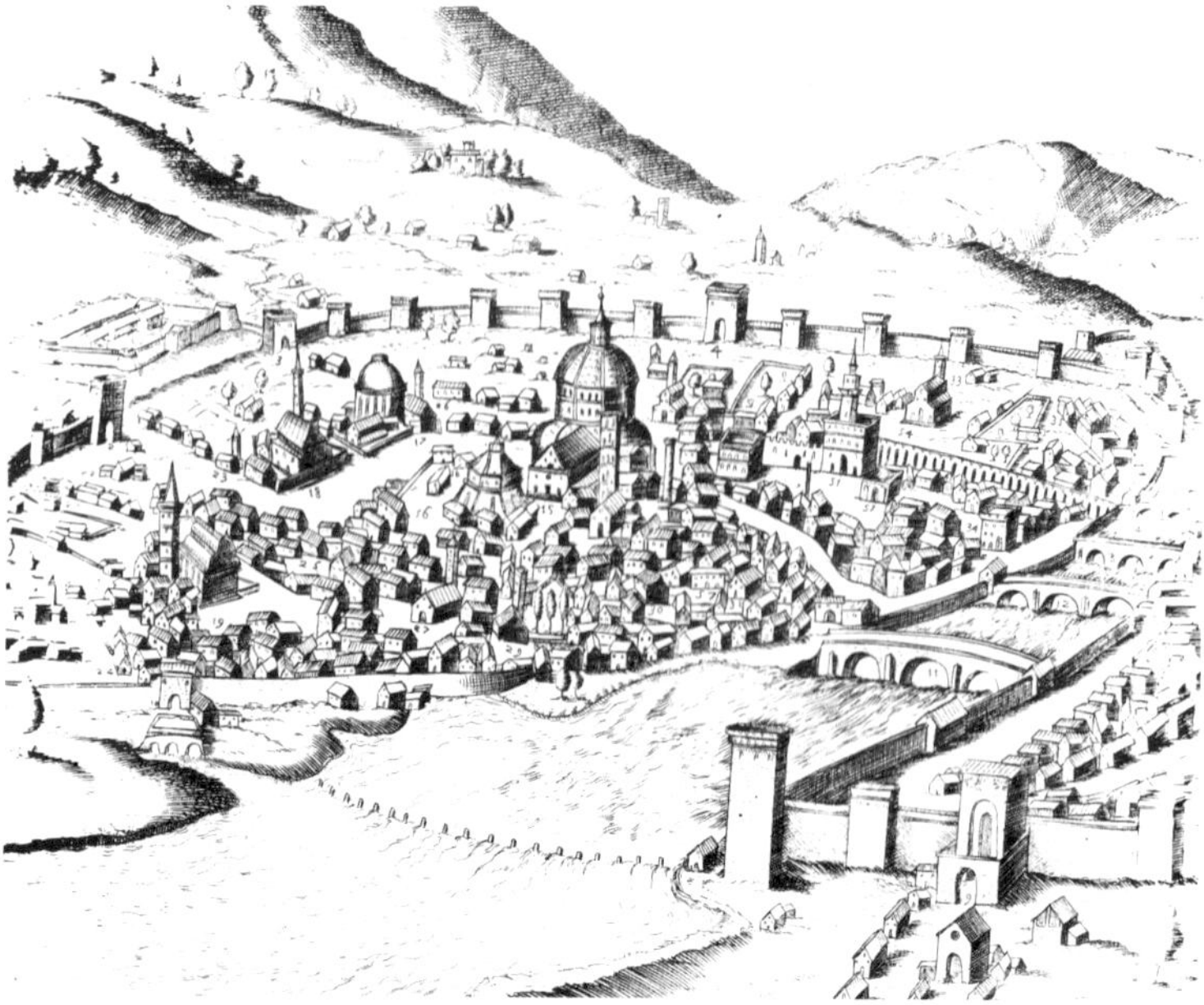

フィレンツェ（Orlandi, 1602）

の家柄に生まれたこの女性は、一青年と結婚して娘を産んだが、そのあと大公の愛人となっていた。一五七九年に大公夫人となるが、その数年後の一五八七年一〇月にメディチ家の別荘ポッジョ・ア・カイアーノで大公とともに急死する。二人の死は病死であったとも毒殺によるものとも言われている。(14) なおマルグリット・ド・ヴァロワと離婚したアンリ四世と一六〇〇年に結婚してフランス王妃となるマリ・ド・メディシス（一五七三―一六四二）は、大公と最初の妻ジョヴァンナとの間に生まれた六女マリーアである。

ところで『旅日記』には、フィレンツェについてつぎのような感想が書かれている。「どうして当市が特別に美しいと言いはやされるのか、わたしにはわからない。美しいには美しいが、ボローニャより優れたところは少しもないし、フェッラーラより優れたところもほとんどない。ヴェネツィアとは比べものにならぬほど劣っている。確かに、あの鐘楼の上から、周囲二、三リューに余る丘陵と、当市を囲む広さ二リューもあろうかと思われる平野の上に建てられた無数の家々を見渡す景色はすばらしい」。この「わたし」が誰なのか、つまり秘書自身の感想なのか、あるいはモンテーニュの感想を代弁したものなのか[15]、またどうしてそのような感想を持ったのか、よくわからない。モンテーニュが所有していたミュンスター『世界地誌』仏訳本（一五六五）には、〈肥沃なボローニャ〉〈古のラヴェンナ〉〈優しいナポリ〉〈聖なるローマ〉などイタリアの都市を形容した箇所では〈美しいフィレンツェ〉と書かれており、その箇所に下線が引かれているという。もし上記の感想がモンテーニュのそれであるならば、ヴェネツィアと同様、実際ここに来てみて想像がはずれたということなのだろうか。到着早々、彼は食物や宿屋の設備に対して不満を洩らしているが、そうしたことも関係しているのかもしれない。ところが数ヶ月後にフィレンツェを訪れた際――そのときは秘書はもういなくなっているが――モンテーニュはこの都市に対する感想を訂正している。そのとき彼はフィレンツェに一〇日ほど（一五八一年六月二三日から七月二日）滞在し、聖ヨハネ祭の見物などを楽しんでいる。それについてはあらためて後述しよう。

庭園見物――プラトリーノ、カステッロ

中世のいわゆる「閉じられた庭園」（小さな整形庭園）とは異なる「イタリア庭園」、すなわち見晴らしのよい丘陵の傾斜面といったイタリアの自然環境をうまく利用した貴族や富豪たちの別荘《ヴィッラ》の築造は、十五世紀後半にフィレンツェを中心とするトスカーナ地方に始まり、十六世紀に入るとローマ周辺、次いでイタリア各地に広まっていった。モンテーニュは、ドイツのアウクスブルクでフッガー家の夏の別荘を見物しているが、イタリアでは、フィレンツェ近郊のプラトリーノやカステッロ、ローマ近郊のエステ荘（ヴ

ィッラ・デステ）やバニャイア（のちのランテ荘）などを訪れ、それぞれ創意工夫を凝らした庭園を見物している。本書では、『旅日記』の記述（エステ荘以降は、秘書ではなくモンテーニュ自身の記述）を参照しながら、イタリア・ルネサンス期の庭園をいくつか見物していきたい。[16] すでにふれたように、モンテーニュ一行はフィレンツェに入る前にプラトリーノに立ち寄り、またフレンツェ滞在中にカステッロを訪れている。まずプラトリーノのメディチ荘から見物を始めよう。

プラトリーノの別荘はフィレンツェの北約一〇キロの丘陵にある。メディチ家のフランチェスコ一世が一五六八年にプラトリーノの地所を購入し、愛人ビアンカ・カペッロのために、その翌年から建築家ブオンタレンティを使って別荘を建造させた。完成は一五八一年であるから、一行はその直前にそこを見物している。最初に秘書は、プラトリーノ荘周辺の地形や大公の並々ならぬ努力のことにふれたあと、館について、「遠くから見ると取るに足らない建物であるが、近寄って見ると実に美しい」と述べているだけで、その内部についての詳しい説明はない。一方、庭園に関しては、人工の洞窟、階段や散歩道の欄干や大理石像に仕掛けられた噴水装置、氷室、養魚池や池、大鳥籠など、さまざまなものを取り上げている。また未完成の巨人像について、「現在は巨人像を作りつつある。眼の孔の大

Pratolinum Magni Ducis Hetruriæ.

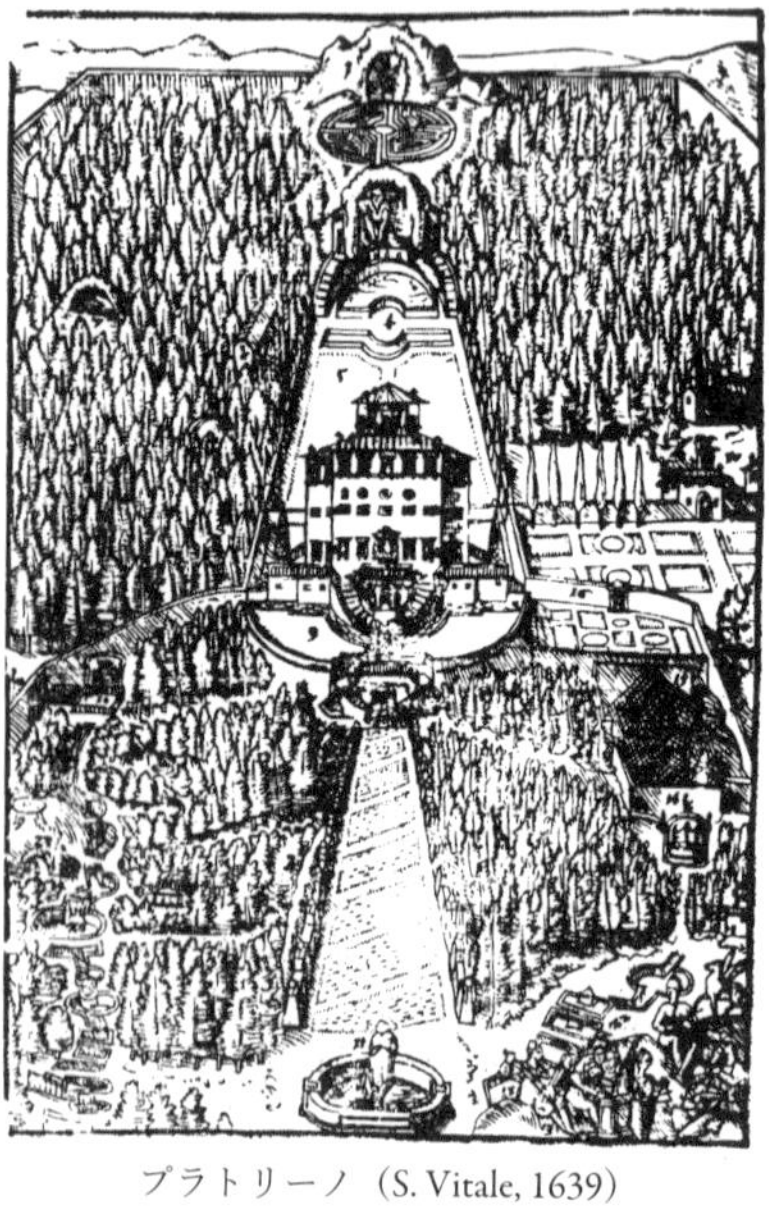

プラトリーノ（S. Vitale, 1639）

きさが三クデ〔一クデは肘から中指までの長さで約五〇センチ〕もあるから、全体は推して知られよう。やがてそこから泉があふれんばかりに流れ出ることだろう」と述べている。これらのなかで、モンテーニュ一行にとって珍しかったのは、水で動く仕掛けの人工の洞窟《グロッタ》であった。

珍しいのは、部屋がいくつもある洞窟である。〔…〕水の動きにつれて微妙な音楽が聞かれるだけでなく、たくさんの立像や扉が水にゆすられてさまざまに動き、またいろいろな動物が水を飲もうと水中にもぐったりするという風である。ただ一つの運動で洞窟全体が水にひたる。すべての腰掛けが皆のお尻に向かって水を吹き上げる。洞窟を逃げ出して館の階段をかけ登ると〔…〕無数の細かい水が噴き出して、館の上まで、皆を追いかけ、びしょぬれにする。この場所の美しく豪奢な様は筆舌に尽くし難い。

秘書は、腰掛けや階段から突然水が噴き出して見物人を驚かす「びっくり噴水」につづいて、散歩道の欄干や婦人が洗濯をしている大理石像から迸り出る噴水など、プラトリーノの水の饗宴を描出している。モンテーニュが庭園内を移動しながら、つぎつぎと目に入ってくる水力を利用したさまざまな仕掛けを楽しんでいる様子が、秘書の記述を通して窺える。

ところで未完成の巨人像（アペニンの巨人像）は、その後どうなったのだろうか。モンテーニュ一行の訪問から数年後の一五八五年三月、フィレンツェを訪問していた天正少年使節の一行もプラトリーノの別荘を見物している。その様子を伝えたルイス・フロイス原著『九州三侯遣欧使節行記』には、「又他の一泉に比類なく大なる巨人像あり。頭部の空洞のみに大人十二人を収容するに足る程なり。此の巨人は大なる池に落下する水を常時放出す」と説明されている。[17] 同じくこの日本使節の旅の事跡を記した『デ・サンデ

アペニンの巨人像(Giambologna, 1579-1580-)

天正遺欧使節記』にも、プラトリーノ荘の様子が述べられ、噴水の巧みな運動の仕組みが説明されている[18]。なおこの巨人像は「プラトリーノの驚嘆すべきもののなかでも驚嘆すべきもので」あったようで、「そのあと数々のヴァリエーションが作られた」という[19]。

今日、残念ながら、当時評判だったこの別荘はもうない。プラトリーノ荘は、十八世紀前半に所有者がメディチ家からロレーヌ公家へ移り、一八七二年からロシアの大富豪デミドフ家の所有となり、デミドフ荘と呼ばれる。その後一九八一年にフィレンツェ市がその広大な敷地を購入し、現在は有料公園として管理している。筆者がここを訪れたとき、残念ながら閉園していたので、公園に入ることはできなかった(さいわい、のちにユーチューブで園内の様子を見ることができた)。入口の管理室でもらった絵入りの案内図によると、樹林に囲まれ芝生のひろがる広い園内の数ヶ所にアペニンの巨人像などごくわずかなものが保存されているにすぎない。そのため『旅日記』と上記の二書は、今日残っている当時の版画とともに、プラトリーノ荘の当時の姿を知る上で数少ない貴重な参考資料となっている[20]。

つづいてカステッロ見物に移ろう。一一月二三日、トスカーナ大公招待の正餐のあと、一行四人(パドーヴァに残った義弟カザリスを除く)は、案内人を一人つれて駅馬を雇い、フィレンツェの北およそ五キロにあるカステッロを訪れている。カステッロは、一四七七年にメディチ家が購入し、ロレンツォ・イル・

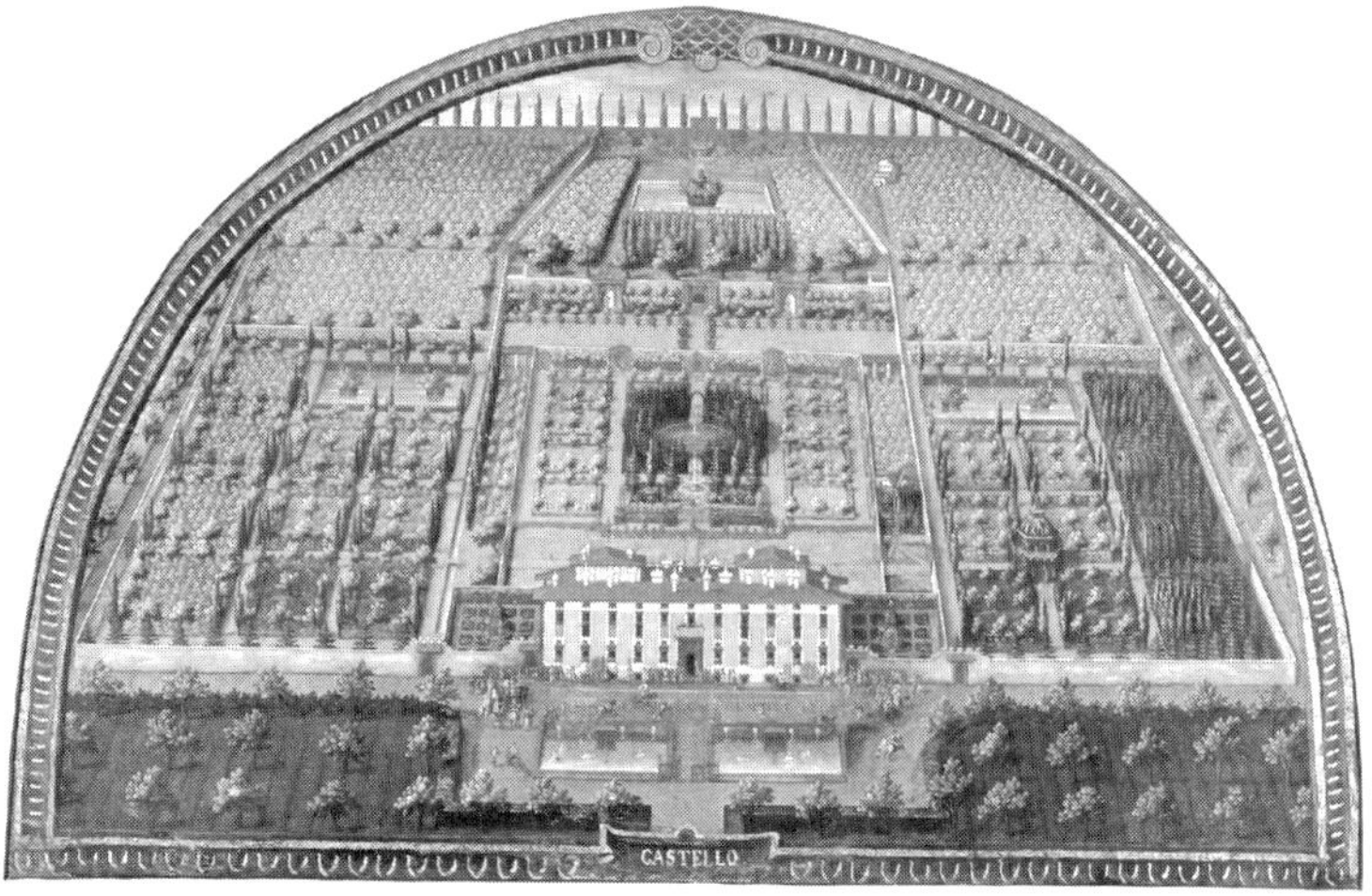

カステッロ（J. Utens, 1599）。今は館の前の二つの池はない

マニフィコ（一四四九―九二）が美の装いをこらした別荘である。一五二七年のカール五世軍によるローマ劫《ごう》掠《りゃく》に伴い、メディチ家が数年間フィレンツェを追われたため、別荘は荒廃するが、一五四一年にコジモ一世（フィレンツェ公、のち初代トスカーナ公）が建築家ニッコロ・トリボロを使ってカステッロを再建する。その後庭園は十八世紀に改修されているが、その全体図はいまも一行が訪れた当時と大きく変わっていないようである[21]。

この別荘は、なだらかな傾斜地に何段かテラスを切って、各段に植え込みや鉢植えを飾り、各所で噴水が上がるテラス式庭園である。秘書が取り上げているものを順に列挙すると、縦の道に植え込まれた樹林、大きな養魚地とそのなかの人工岩の上に置かれている年老いた白髪の男のブロンズ像（アンマナーティ作「一月の神」）、見物中の一行の足もとから細かな水が突然ふき出す仕掛けの「びっくり噴水」、ヘラクレスに締めつけられてもがくアンタイオスの喉から吹き上げる大噴水（「トリボロの噴水」、ヘラクレスとアンタイオスのブロンズ像はアンマナーティの作品）、水力で奏でる音楽、本物そっくりの動物たちが水を噴き出している人工の洞窟（動物のグロッタ）などである。モンテーニュ一行は、なだらかな坂を登って上部の樹林園や養魚池などを訪れ、それから下部の庭園にある趣向を凝らしたいろいろなものを見物して楽しんだことであろう。プラトリーノと同様、モンテーニュはグロッタや「びっくり噴水」など水力を利用した仕掛けに強い関心を示している。

なおモンテーニュはのちに、カステッロを二度訪れている。二度目（一五八一年五月三日）に訪れたときは大公の都合で見物することができなかったため、再び六月二二日に「大公のお庭を前よりもっと詳しく見に出かけ」ている。今回の見物は初冬であったが、初夏のカステッロはどうだったのだろうか。

「トリボロの噴水」ヘラクレスとアンタイオスのブロンズ像（アンマナーティ作）

シエーナからローマへ

一一月二四日、朝にフィレンツェを発ったモンテーニュ一行は、石だらけのでこぼこした長い道のりを一気に進み、その日遅くシエーナに到着する。中世から隣のフィレンツェと覇を競ったトスカーナ地方の古都シエーナについて、秘書はつぎのように書いている。

金曜日（二五日）、殿は市中をつぶさに見て回られた。とくに我々の合戦に関して。ここは起伏のある都市で丘の上に建てられており、市の中心部はその高い所にある。その両斜面は段々になっていくつもの道に分かれ、ある道はまた高くなって別の丘へとつながっている。〔…〕泉が豊富にあって、大部分の家がそこから水を引いて使っている。〔…〕ドゥオーモは、ほとんどフィレンツェのそれに匹敵するような立派なもので、内側も外側もほとんど至るところあの例の大理石で覆われている。〔…〕市中で一番美しい場所は、実に壮大な円形の広場〔カンポ広場〕で、どの部分も宮殿〔プッブリコ宮殿〕に向かっており、宮殿はその円形の一面をなしているが、ただこの部分は他の部分ほど湾曲していない。宮殿と向かい合って、広場の一番上の所に、とても美しい泉〔ガイアの噴水〕があり、たくさんの管によって大きな水槽を一杯にしており、誰でもそこで清水を汲むことができる。

今日のガイドブックに載せてもおかしくないような簡潔な説明である。ところで引用の最初に読まれる「我々の合戦」とは何だろうか。これはフランス

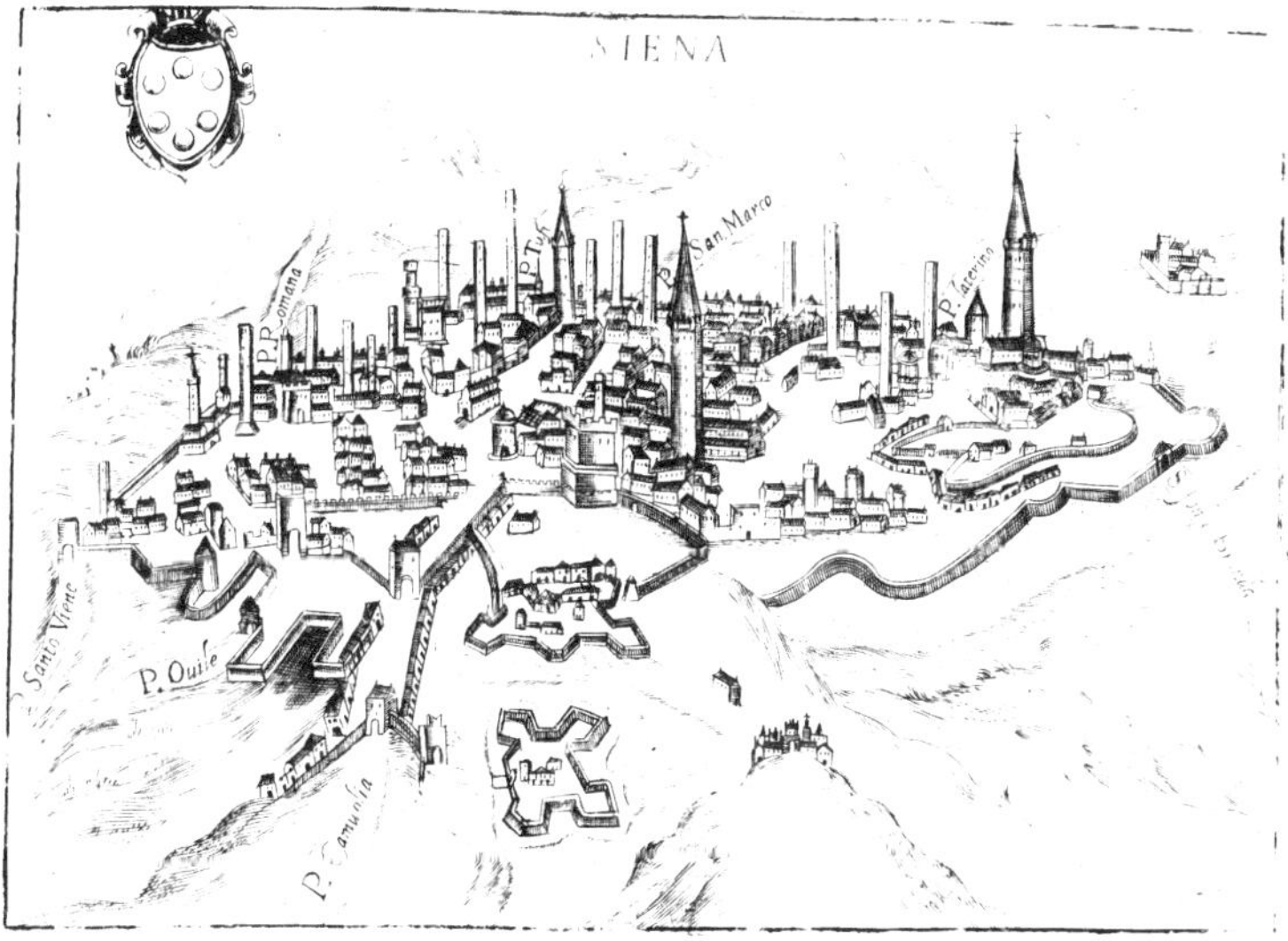

シエーナ（P. Bertelli, 1559）

王アンリ二世と神聖ローマ皇帝カール五世（スペイン王カルロス一世）との間で再開したいわゆるイタリア戦争のなかで、シエーナをめぐって行なわれた合戦のことである。一五五二年八月、スペイン総督支配下におかれたシエーナは、第一章でふれたピエーロ・ストロッツィ率いるフランス軍の援助を得てスペインの駐留部隊を追い払う。しかしフランス軍はマルチャーノの戦いに敗れ（一五五四年八月）、モンリュック元帥が防衛するシエーナは、スペイン側に立つフィレンツェ公コジモ一世によって一五五四年三月から五五年四月まで一年余り包囲され、飢餓に瀕して降伏する。その数年後、フランス・ドイツ・スペイン間で行なわれたカトー＝カンブレジ条約（一五五九年四月）により、半世紀以上も断続的につづいたイタリア戦争が終結する。そしてフィレンツェに対抗して二世紀もの間独立を保っていたシエーナはフィレンツェの支配下に入ったのである。シエーナを訪れたモンテーニュが「我々の合戦」に関して市中をつぶさに見てまわったのには、以上のような歴史的背景があった。おそらく彼はフランス人の墓を探そうとしたのであろう。秘書は、「ここで死んだフランス人の墓や碑銘は、教会の改築改修を理由に、そのもとあった場所から取り除かれ、市中のどこかに隠されている」と書いている。フィレンツェでも見たように、ここシエーナでもモンテーニュは、イタリア戦争がくりひろげられた土地あるいはそこで奮戦した武将やフランス兵を偲び、そのよすがとなるものに強い関心を寄せている。

シエーナでは、この地の名家の出でフィレンツェ公の側近シルヴィオ・ピッコローミニが「あらゆる種類の学問および剣術において当代で最もすぐれた貴族である」と紹介されている。フランドル地方やトランシルバニア（ルーマニアの北西部）などで戦って名を上げた人物である。のちにモンテーニュは、フィレンツェで彼の家の正餐に招かれる。それについては後述しよう。

二六日、昼食後にシエーナを発つ。一行は、シエーナからローマまで宿駅に備えてある駅馬つまり貸し馬を利用したようだ（貸し馬については第五章「貸し馬を利用する」を参照）。その日はブオンコンヴェントという村に宿泊する。翌日そこを出発するが、モンタルチーノがフランス人とはなじみの深い土地だというので、モンテーニュは道を右手にそれてデスティサック、マットクロン、デュ・オトワと一緒に、小高い山の上にあるモンタルチーノまで赴く。そこは、シエーナ降伏後に数百人のシエーナ市民がモンリュック元帥の軍隊とともに避難したところだった。彼らはそこに小共和国を樹立し、カトー＝カンブレジ条約のときまで抵抗したが、やむなくフィレンツェ公コジモ一世に降伏したのである。ここでもモンテーニュは、シエーナの自由と独立を守るために戦ったモンリュック元帥とフランス兵を偲ぶよすがとなるものを探している。「当地でモンテーニュ殿がフランス人の墓はないかと尋ねられたところ、聖アウグスティヌス教会には沢山あったが、公の命によって今では埋められてしまったとの答えであった」。フィレンツェ公は、公領となったこの土地の人々の間からフランス兵の記憶を消そうと考えたのであろう。

ブオンコンヴェントを経由して寒村ラ・パリアで宿泊した一行は、翌二八日にフィレンツェ公領から教皇領に入り、一路ローマへ向かう。モンテフィアスコーネで宿泊し、「市中の三ヶ所に美しい泉があった」ヴィテルボを通ってロンチリオーネに到着。翌朝、一行は「夜の明ける三時間前に宿を出た。それほど殿はローマの舗道を見たがっておられたのである」。こうして「一一月末日、聖アンドレの祝日、二〇時頃に、我々はポーポロ門からローマ（三〇マイル）に入った。ここでもよそと同じように、ジェーノヴァのペストのために入市に骨がおれた」。ちなみに一五七九年に流行したジェーノヴァのペストでは、三万人ちかくの犠牲者が出たという。

パリのモンテーニュ像（Paul Landowski, 1933-34）
パリ５区（rue des Ecoles）にある。

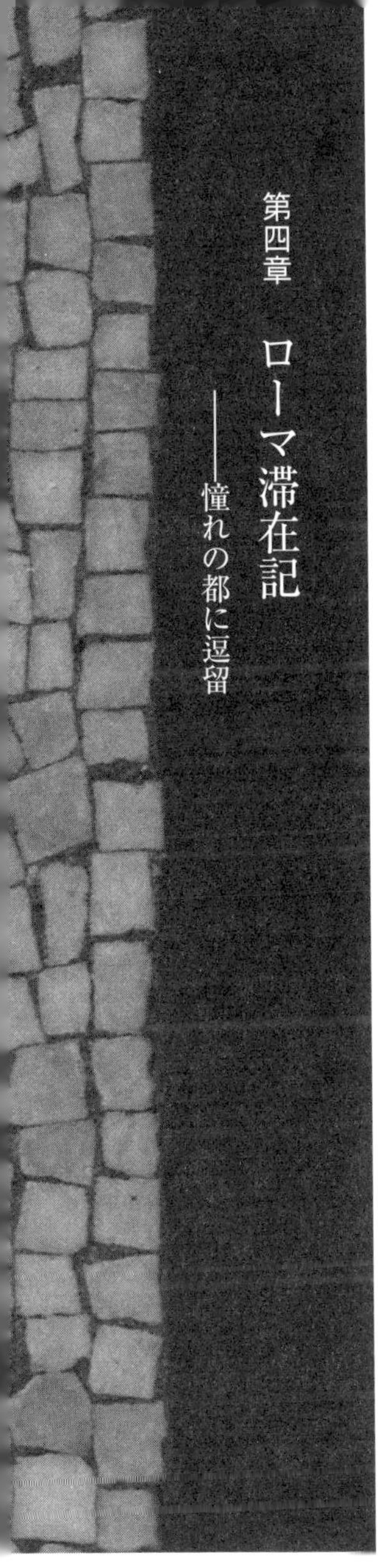

第四章　ローマ滞在記

――憧れの都に逗留

ローマ教皇に謁見

一二月末日、ローマに到着したモンテーニュ一行は、当時外国人がよく利用した「熊屋《ウルス》」に二泊したあと、「サンタ・ルチア・デッラ・チンタ教会の向かいの、あるスペイン人の家」に部屋を借りる。三つの寝室、食堂、食料貯蔵室、厩、台所のある貸し部屋で、一行はそこに一二月二日から翌年四月一九日まで長期滞在している。ちなみに「熊屋」（デッロルソ dell'Orso）は現存しているが、[1]一行が部屋を借りた家も教会も、今はもうなくなったようだ。

さっそくモンテーニュは、馬と徒歩でローマ市街の散策と見物をはじめる。秘書はモンテーニュが語った市街の様子とその印象を、つぎのように書きとめている。

　モンテーニュ殿は、当地で多数のフランス人に出会われ、通りに出れば殿にフランス語で挨拶をしない者はない有り様なので、ご機嫌が悪かった。こんなに大きな、そしてこれほど多くの高僧や聖職者たちが群がり集まっている光景をご覧になるのは初めてなので、ここには、今までに見たどんなところよりもはるかに多くの金持ちや馬車や馬が集まっているようにお思いになった。いろいろな点で、とくに人間がたくさんいる点で、この市街の様子は、今まで通ってきたどの市街よりもパリを思い出させると殿は語られた。

　現在の都はテーヴェレ川に沿い、その両岸にまたがって建っている。旧市街は山の手に位置し、殿は毎日そこを散策したり見物したりなさった。教会があり、枢機卿の立派な邸宅や庭園なども見られる。殿は、このあたりの丘や斜面が古代の有り様とは全く変わっていることは、廃墟の高さから言ってはっきりわかると申され、我々がそっくり埋もれている家々の棟の上をあちこち歩いていることは確実だと考えられた。

引用の冒頭を読むと、さきに訪れたパドーヴァのあちこちの塾でフランス人が一緒に固まっているのを目にしたときのモンテーニュの感想が思い出される。ローマ市街の印象につづいて、彼は秘書に、ローマはヴェネツィアよりも自由だと人々は言うが自分はそうは思わないと語り、その理由をいくつか挙げている。家屋さえも安全ではなく、余分なお金は市中の銀行に預けるように勧められること、夜間の外出がかなり危険であること、入市に際して税関で検閲のため『エセー』や他の書物を取り上げられたことなどである。なお没収された『エセー』は「教皇庁図書検閲官」の検閲を受けて、翌年三月二〇日に返却される。それについては後述しよう。

ローマまで急ぎ足の旅だったためか、冬の寒さのなか、毎日の市街散策と見物に疲れたのか、一一月中旬になってモンテーニュは体調を崩してしまう。二三日にはひどい疝痛をおこすが、その日の夕方に多量の砂と大きな石を一つ排出した。二五日(キリスト降誕祭の日)、モンテーニュは教皇のミサを聴きにサン・ピエトロ大聖堂に赴く。「殿はそこでゆっくりとすべての儀式を見物できるよい席につかれた。〔…〕このミサでも他のミサでも、教皇や枢機卿や高位聖職者たちが腰を掛けたまま、ほとんどミサの間じゅう、帽子もとらずに談話し合っていることが、殿には珍しく思われた。これらの儀式は、敬虔というよりはむしろ壮麗という感じがする」。秘書はこのように書いているが、モンテーニュは、先にヴェローナを訪れたとき、ドゥオーモで行なわれた祝日の盛儀ミサの最中に人々が示した敬虔とは言いがたい振舞いのことを思い出したのではないだろうか。

二九日、モンテーニュは、ローマ駐在のフランス大使で古くからの友人でもあるダバン殿（ルイ・シャテニェ、一五三五―九五）の勧めで、ローマ教皇グレゴリウス十三世（在位一五七二―八五）に謁見することになる。身分の高いデスティサックを先頭に、モンテーニュ、マットクロン、オトワの四人が教皇の座っている部屋に入り、謁見式の作法にのっとって教皇の足もとまで近づき、そのおみ足に接吻し退室するまでの様子を詳述したあとで、秘書はつぎのように書きとめている。

グレゴリウス十三世像（16世紀）

> 教皇のお言葉はイタリア語であるが、ボローニャ訛りが感ぜられる。これはイタリアの一番悪い方言である。それにお生まれのせいかお吃《ども》りになる。だがそれを除けば、とても美しい老人である。中背ながら姿勢は真っ直ぐで、お顔には威厳があり、お髭は白く長い。お年は八十歳を越しておられるが〔実際は七十九歳近く〕、お年のわりにきわめて健康かつ旺盛、痛風も疝痛もなく、胃もお達者だし、持病なんか一つもない。性質温和で、世事に心を乱されることなく、好んで建築を遊ばされる。この点にかけては、ローマその他の所に特にその名を永く残されるであろう。また、ほとんど無制限と申したいほどの慈善家である。

秘書はあとから謁見の様子を詳しく聞いて書いたのだろうか、あるいは実際に部屋の片隅にいて観察していたのだろうか。教皇グレゴリウス十三世の風貌を伝えるこの文章を読むと、秘書はモンテーニュの口述する内容を記述したように思われる。

『旅日記』前半を書いた秘書の自主性をどこまで見るのか、その判断は微妙でむずかしいところだが、ともかくグレゴリウス十三世について『旅日記』が描く人物像は具体的で生き生きとしている。ちなみにその数年後の一五八五年三月二三日、わが国の天正遣欧使節一行も「帝王の間」でグレゴリウス十三世に謁見している。彼らにとってローマ教皇に謁見することがイタリア訪問の最大の目的だっただけに、その謁見式の様子は、天正遣欧使節の使節記にかなり詳細に記されている。(2) しかしグレゴリウス十三世については、ローマ教皇の持つ威厳とか慈愛といった抽象的な言葉で形容しているだけで、その口調や健康状態や性質など、『旅日記』にあるような具体的な記述はない。『天正少年使節』の著者（松田毅一）は、「私たちは肖像画や銅版画でグレゴリオ教皇の風貌に接することができるが、使節より四年前に謁見の栄に浴したフランスの王臣モンテーニュは生き生きとそれを伝えている」と述べ、『旅日

ローマ教皇の謁見（Orlandi, 1602）

記』の上記引用文を援用している。(3)

ところでグレゴリウス十三世は、ユリウス暦をグレゴリオ暦すなわち現行の太陽暦に変えたことで知られる（一五八二年一〇月四日の翌日を一〇月一五日と定めて、一〇日間を削除した）。フランスでも一二月九日の翌日を一二月二〇日としたのであるが、この暦の改正について、モンテーニュは後年『エセー』のなかで語っている。自分は久しく別の数え方をしていた時代の人間であるから、たとえよいほうへの改新であろうとなじめない、と（三巻一〇章および一一章）。

カテナの処刑を見物

一二月末日、モンテーニュとデスティサックはサンスの枢機卿の邸で食事を共にしている。サンスの枢機卿とは、前述したジェズアートたちの後援者ニコラ・ド・ペルヴェであるが、彼は「他のどんなフランス人よりもローマの儀礼を重んじている」という。『旅日記』には、司祭による長々とした食前食後のお祈り、テーブルウエア（手を拭くナプキン、塩壺および四つに畳んだナプキンの上に置かれたパンとナイフとフォークとスプーン、その上に四つに畳んだもう一枚のナプキンを載せた四角い銀のお盆、銀か陶器の皿など）、給仕の様子（すべての料理を皿に取り分けてくれる肉切り役のことや、食事の間に出されるお酒の給仕のこと）などが詳述されており、「ローマの儀礼」にのっとった正餐がどのようなものかをうかがうことができる。

「一五八一年一月三日、教皇が我々の窓の前をお通りになった」。モンテーニュ一行が滞在していた家の窓から、教皇とお供の行列を見かけたのであろう。メディチ枢機卿が教皇を自分の家の正餐にお連れするところだという。『旅日記』には、いつものように赤い帽子と白い服、それに赤いビロードの頭巾をかぶり、白い雌馬に乗ったローマ教皇が十五歩ごとに祝福を与える姿と、その前後を三百人余りの人々が馬や徒歩で進む行列の様子が述べられている。

一月一一日、モンテーニュは「有名な大泥棒で、匪賊《ひぞく》の頭目としてイタリア全土を震え上がらせた」カテナが牢屋から引き出されるところに行き合い、その処刑の光景を見物している。秘書は、カテナによる恐ろしい殺害の話を紹介したあと、そのカテナがそれぞれ役目を持った男たちに付き添われて刑場まで連れて行かれる様子や、絞首台の上で足を払われたあと、「首を絞められてから、四つに切り裂かれた」ときの人々の反応を記している。モンテーニュは『エセー』第二版（一五八二）で、そのときの様子をつぎのように記している。「わたしはある日、ローマで、悪名高い盗賊のカテナが処刑されるところに行き合わせた。獄卒が彼の首を絞めても群集は何の感動も示さなかったが、死体を八つ裂きにするときになって、一太刀突き刺すごとに、哀泣と叫喚の声が上がり、まるで皆がこの死体に自分の感情を移したみたいだった」（二巻一一章「残酷について」）。

モンテーニュは、『エセー』初版の「残酷について」のなかで、人々の見せしめのために処刑を行なう場合は、罪人の死体の上に行なうことを勧めている。なぜなら「死体が埋葬をこばまれ、煮られ、細切りにされる」のは何ともないが、「これを見る俗衆にとっては生身の肉体に加えられる刑罰と同じようにつらいからである」と語っている。その実例として、彼はローマで見たカテナの処刑の様子を簡潔に書き加えたのである。ちなみに、『エセー』の著者は同じ章のなかで、「わたしは、わが国の宗教戦争の紊乱《びんらん》のために、この残酷という悪徳の信じがたい実例がふんだんにある時代に生きている」と述べ、「生きている人間を拷問にかけて苦しめる人々」のほうが「死者の屍《しかばね》を焼いて食べる」新大陸の「野蛮人」よりも残酷で耐えがたいと言っている。また彼は「食人種について」（一巻三一章）のなかで、新大陸の原住民とわれわれのどちらが野蛮なのか、と同時代のヨーロッパ人に問いかけている。

ローマの遺跡を前にして

一月二六日、モンテーニュはテーヴェレ川の向こうのジャニコロの丘に行き、その二日前に生じた古い壁の大崩壊の跡を見物する。それから丘を下ってヴァティカンを訪れて、ベルヴェデーレの壁龕《へきがん》に置かれている彫像や竣工に近づいていた「地図の画廊」を見学した。またその日、彼は財布とその中味一切を失くしてしまう。施しをしたとき、財布を懐中ではなくズボンのポケットに押し込んでおいたためらしい。

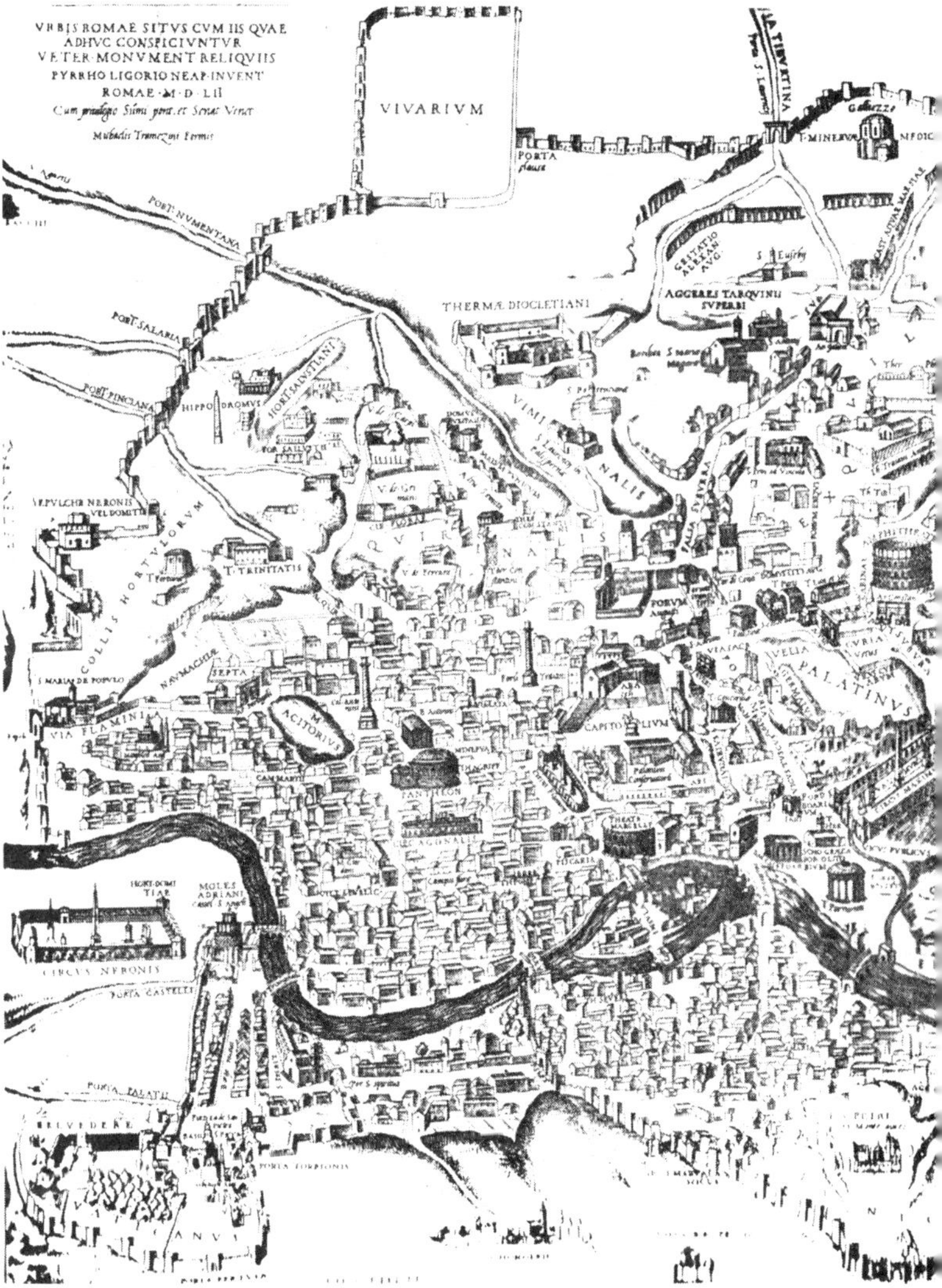

ローマ（Pirro Ligorio, 1552）
図の左が北になっている，左下にヴァティカンと離宮（ベルヴェデーレ）が見える

ローマが安全でないことをあらためて感じさせられたことだろう。

秘書によると、そのころモンテーニュはローマの研究にいそしんでいたようである。最初はフランス人の案内人を雇ったが、そのあと「殿はご自分でこの方面の勉強を徹底的になさろうとお思いになったのである。そのためいろいろな地図や書物を参考にされ、晩にはそれをお読ませになり、昼は現場に臨んでその学ばれたところを活用なさった」。おそらく彼は、地図や書物を参考にして、古代ローマの遺跡とその上に建っている今のローマについて調べながら、昼はローマの市中をあちこち見てまわったと思われる。(4)

のちにモンテーニュは、「わたしは市中の見物を幾度もしたが、山手方面はポーポロ門からサン・パウロ門まで、馬と徒歩でまわれば、三時間たっぷりか四時間もあればすむ。川向こうの方は、せいぜい一時間半もあればすむ」と述べている。ちなみに当時のローマの大きさであるが、城壁（市壁）はパリのそれよりもやや小さく、シャルル五世時代（十四世紀後半）のパリの城壁とほぼ同じくらいであったという。しかしパリの人口が二〇万人以上であったのに対して、ローマの人口は一〇万人に達していなかった。

ところで秘書は、モンテーニュが彼に長々と語ったローマについての感想をつぎのように書き記している。


ローマに来て我々の目に見えるものと言えば、かつてそこを覆っていた空と、その場所の輪郭だけである。わたしがローマについて持っていた知識は抽象的な机上の知識であって、一つとしてわたしの感覚に訴えるものはない。少なくともここにはローマの遺跡が見られると言う者もあるが、それは言いすぎている。あれほどまでに世を畏れさせた構造物の遺跡ならば、それを回想する者の心にもっと畏敬の念を生じせしめるはずであるのに、これはローマの墳墓以外の何ものでもないからである。〔…〕それにこの墓場が占めている空間を見ただけでは、かつての全体はとうてい想像し得ないのではあるまいか。墳墓そのものも大部分が地下に埋もれているのだということに、気づかないのではあるまいか。〔…〕古代ローマ人に見せたら、これが自分の都の跡だとは思えないことであろう。

モンテーニュがあれこれ具体例を挙げて語っている部分は省略したが、ローマの遺跡を前にした彼の感想は以上のようなものであった。幼年時代から古代ローマの人々や歴史に親しみ、「ルーヴルを知る前に、カピトリウム〔カピトリーノの丘〕とその位置を知っていたし、セーヌ川を知る前にティベリス〔テーヴェレ〕川を知っていた」(『エセー』三巻九章)このユマニストにとって、ローマは既知の都市、見る前に知っていた都市であった。しかし実際に古代ローマの遺跡を眺めても、彼が頭の中で思い描いていたイマジネールなローマ、あの偉大なローマの面影は今やほとんど残っていない。古代ローマはすでに墳墓になっているというのである。[5] さきにヴェネツィアのところで引用したプルーストの文章が思い出されよう。

ちなみにモンテーニュより四半世紀前、プレイヤッド派の詩人

パラティーノの遺跡(ローマ)(E. Duperac, 1567)

ジョワシャン・デュ・ベレーは、親戚のジャン・デュ・ベレー枢機卿の秘書としてローマに滞在した（一五五三年四月—五七年八月）。憧れのローマに到着した彼は、はじめて見る古都の遺跡を前にしてモンテーニュと同じような感慨にふける。この詩人は、詩集『ローマの古跡』では、古の「ローマはもうない……」（ソネ五）けれども、ペンによってこの都の栄枯盛衰を歌う。一方『哀惜詩集』では、ローマでの憂鬱な生活から望郷の念を歌い、また当代ローマの風俗の腐敗を嘆き、風刺している。(6) デュ・ベレーの場合は、秘書としての苦労もあって、ローマ滞在は楽しいものではなかったようだ。

ユダヤ教徒の儀式とローマの謝肉祭

一月三〇日、モンテーニュは大きな興味をもって「人類の間に残っている最も古い宗教上の儀式」を見物する。ユダヤ教徒の割礼の儀である。『旅日記』には、生後八日目の男の子が家のなかで割礼を施される様子がかなり詳細に記されている。彼はその前にもユダヤ教会堂《シナゴーグ》に行って、ユダヤ教徒たちの祈りの場を見物していた。ローマに来る以前には、ヴェローナでユダヤ教会堂に赴き、ユダヤ教徒たちと彼らの儀式について会話を交わしている。ユダヤ教に対するモンテーニュのこのような関心は、彼の母方の祖先がおそらくユダヤ系スペイン人であったこと、つまり彼がユダヤの血を引いていることと関係があるのだろうか。(7) それともユダヤ教も含めたさまざまな宗教あるいは割礼のような宗教的儀式に対する彼の好奇心によるものだろうか。ちなみに博物学者のピエール・ブロンも、イスラム教徒であるトルコ人の割礼に言及しており、「トルコ人は割礼を受けるが、ユダヤ人のように生後八日目ではなく、八歳か十二歳か十五歳、あるいはその前後の適当なとき〔ほとんどは男の子が七歳か八歳のとき〕に行なわれる」と記している。(8)

二月初め（五日—七日）には四旬節前のお祭りすなわち謝肉祭《カーニバル》があった。「この年ローマで行なわれた四旬節前のお祭りは、教皇のお許しで、ここ数年なかったような奔放なものであったと言うが、我々にはそれほど大したものには見えなかった」。秘書はこのように書いているが、それでもローマの謝肉祭の様子をあれこれ伝えている。ポーポロ広場からヴェネツィア広場までの約二キロにわたるコルソ通りで行なわれた子供たち、ユダヤ人、全裸の老人たちによる徒競走、小さな子供たちによる競馬、ラバや水牛の競争、貴族たちが駿馬にまたがって行なう槍的突き、競争の賞品として勝者に与えられる「エル・パロと呼ばれる、ビロードかラシャの布」のことなどである。(9) モンテーニュは通りのとてもよい場所に桟敷をしつらえさせて、これらの競争を見物し、またこの期間に顔を見せるローマのあらゆる美しい貴婦人たちを眺めている。「イタリアでは、フランスのようにベールをかぶることなどせず、惜しげもなくお顔を見せてくれるからである」と秘書は書いているが、実際、当時のフランスでは、婦人たちは外出するとき、日焼けを防ぐために黒いベールをかぶる習慣があった。この習慣は最初カトリーヌ・ド・メディシスの宮廷に始まり、やがて宮廷外にも広まり、ルイ十四世時代にもつづいたという。ちなみに十六世紀のフランスでは、フランソワ一世をはじめ国王の国内巡幸が行なわれ、宮廷人や宮廷で働く人々など数十人の男女が数ヶ月にわたって、ときには一年以上の長期間を旅していた。そのため宮廷の女性たちは日焼けした肌をしていたらしい。シャルル九世は王母カトリーヌ・ド・メディシスとともに二年三ヶ月余におよぶ国内巡幸の旅に出ている(一五六四年一月二四日—六六年五月一日)。その主な目的は、フランス王国各地に王家の存在を印象づけ、あわせて外交折衝を行なうことにあった。

閑話休題。四旬節前の最後の木曜日(二月九日)、モンテーニュは教皇の令息ヤーコポ・ボンコンパーニュ(サンタンジェロ城長官)の宴会に出て、騎馬槍試合と豪華な夜食を楽しんでおり、秘書は騎馬槍試合用にしつらえられた競技場や食事の様子を伝えている。また仮面をつけることについても言及している。

「彼らは、人を訪問するときには仮面をつけないが、公然と市中を散歩するとか、馬上で輪取りの試合を行なうときには、簡単な仮面をつける。謝肉祭の月曜日〔六日〕には、この種の豪華な集まりが二つあり、槍的突き試合があった」。

モンテーニュ自らが日記を書く

さて『旅日記』は、ローマの謝肉祭のところで秘書による記述が終わり、モンテーニュがつぎのように書きはじめる。「わたしに付き従い、立派にこの仕事をつづけてくれた男に暇を出してしまったので、しかもこんなにまで書き進められてきているのを見ては、どんなにそれが面倒でも、これからは自分でつづけてゆかなければならない」。これまで見てきたとおり、秘書役を務めてきた男は主人モンテーニュにほとんど付き従い、それができないときにはあとから話を聞くなどして、ここまで日記全体の半分近くを書き進めてきた。おそらく日記の詳細な記述に感心していたモンテーニュがどうしてこの男に暇をやったのか、その理由はよくわからない。そもそもこの男がどのような人物で、どのような目的があってモンテーニュの秘書役を務めてきたのかについても、日記の最初の部分が失われていることもあり、はっきりしたことは何もわからない。モンテーニュと同郷の貧しい青年で、ローマで勉学するために、ローマまでの道中、秘書役を務める約束をしたのだろうか。ともかく好奇心に満ちあふれた、なかなか頭のよい、しかも主人思いの青年であったように思われる。ローマ滞在の途中まで、旅先でのモンテーニュの行動や見聞、その印象や意見を書き記してきた秘書役の男の功績は大きい。

これから先はモンテーニュ自らが最後まで筆を執ることになる。(10) 彼はローマからルッカ近くのデッラ・ヴィッラ温泉滞在の途中までフランス語で、そのあとイタリアとフランスを結ぶモン・スニ峠まではイタリア語で（日記全体のおよそ三割を占める）、その先は再びフランス語で書いている。秘書が書いた部分とモンテーニュ自らの筆になる部分とでは、日記あるいは覚え書きという性格上、文体の上でそれほど著しい違いは感じられないが、記述内容の点ではやはりかなり違ってくる。たとえばつぎに取り上げるヴァティカン文庫の見学やローマ教皇庁による『エセー』検閲あるいはデッラ・ヴィッラ温泉での湯治などに関しては、モンテーニュでなければ書くことができない記述が随所に見出されるのである。

ヴァティカン文庫を見学

二月一六日、モンテーニュは教会から戻る途中、とある小さな礼拝堂で行なわれていた「悪魔祓い」を見物した。彼は日記に、聖職者が「悪魔に憑かれた男」を癒やそうと骨折っている様子を描き、その聖職者がそこに居合わせた人たちに悪魔祓いの学問について語った話を書きとめている。三月一日、サン・シスト教会に詣でたモンテーニュは、この教会に隣接する修道院から修道女を他に移らせ、そこに貧民たちを収容させたローマ教皇の結構な計らいとか、そこに見えたモスクワ帝〔ロシア皇帝イワン四世〕の大使のいささか風変わりな格好や言動とかを記している。大使の使命は、数年前から行なわれているポーランドとロシア帝国との戦争の仲裁をローマ教皇に依頼することであった。なお両国は一五八二年、教皇の仲介で休戦条約を結んでいる。

三月六日、モンテーニュは「五つか六つの大広間が一続きになっている」ヴァティカン文庫を見学し、数段の前下がりになった棚の上に並べられた、あるいは櫃《ひつ》に収められた多数の書物を見せてもらっている。(11)彼が愛読していたセネカやプルタルコスの手稿本をはじめ、中国の本、古代パピルスの断片、聖グレゴリウス自筆の祈禱書、聖トマス・アクィナスの手沢《しゅたく》本、印刷・出版業者プランタンによる多国語聖書、イングランド王ヘンリー八世がルターに対して論駁した書物の原本、ウェルギリウスの写本などである。モンテーニュはそれらについてそれぞれ短いコメントを書き記している。たとえば中国の本については、「異様な文字で、紙は我々のよりはずっと透けて見える。インクが裏までにじむので、片面にしか書かれていない」、聖トマス・アクィナスの手沢本については、「そこには著者自筆の訂正がいろいろ入っている。彼は字がへたで、わたしの字よりもいじけた拙い字である」、またウェルギリウスの写本については、「とても大きな字で、書体は皇帝時代、〔…〕この『アエネイス』の冒頭にある四行は後世加筆されたものだというわたしの持論を裏書きした。この本にはその四行がないのである」というように。いずれもモンテーニュでなければ書けないコメントである。

同じくユマニストらしい記述がつづく。それは、三月中旬のある日、彼がローマでフランスの大使やマルク＝アントワーヌ・ド・ミュレその他の学者と食事を共にしたときの話題についてである。ジャック・アミヨによるプルタルコスのフランス語訳をめぐる議論であったが、『対比列伝』も『倫理論集』もアミヨのフランス語訳で愛読していたモンテーニュは、自らの意見を述べて彼らと議論を戦わせている。(12) なおマルク＝アントワーヌ・ド・ミュレ（一五二六―八五）は、ユマニストで優れた教育者であり、かつてギュイエンヌ学院でモンテーニュの特別教師の一人であった。彼は一五六〇年からローマに来て、法律、哲学、修辞学を教授していたのである。

オスティア見物

三月一五日、モンテーニュはモンリュックとオスティア見物に出かける。モンリュックはボローニャで出会った若者で、モンテーニュと親交のあった故モンリュック元帥の孫である。彼らは馬に乗ってポルテーゼ門を出て、テーヴェレ川両岸の地域を眺めながら、古代ローマの外港であったオスティア（ローマの南西二四キロ）へと向かう。テーヴェレ川河口の都市オスティアは、ローマ帝政時代に最盛期を迎えた。しかし四世紀にはテーヴェレ川から運ばれる泥土で港が埋まり、マラリアの流行による人口減もあり、都市は荒廃し、次第に土砂に埋もれていった。この古代都市の発掘が本格的に始まるのは二十世紀初頭、全容がほぼ明らかになるのは二十世紀半ばである。そのオスティアとオスティア街道について、モンテーニュは『旅日記』につぎのように記している。

オスティア（一五マイル）はテーヴェレ川の旧水路に沿って在る。実際、テーヴェレ川は少々その流れを変え、日ごとに旧水路から遠ざかりつつある。〔…〕オスティアの周囲には塩田があり、そこから塩が全教会領に供給される。この辺一帯は、海水が流れ込む広々した沼地である。

このオスティアからローマに至る道は、

オスティア（F. Galle，版画）

いわゆるオスティア街道で、たくさんの土手道や水道橋の跡など、古の美しさを十分に残している。道筋のほとんどいたるところに大きな廃墟があり、このオスティア街道の三分の二以上は、今でも古人が道に敷いた、あの黒い大きな四角い石で舗装されている。テーヴェレ川の川岸を見ると、ローマからオスティアに至る街道は、全部両側に人家が立ち並んでいたという説も、容易に真実だと信ずることができる。

このオスティア見物の往復のときに眺めたローマの近郊について、モンテーニュは、「ほとんどいたるところが、大部分痩せ地で耕作されていないように見える」と述べ、それは耕地が不足しているというよりも、この都市には雑役夫や手仕事だけで生活する人たちがあまりいないためであろうと考えている。実際、彼は道の途中でサヴォワやスイスのグリゾン地方から来ている村人たちに会っている。彼らは、その季節が来るとブドウ園や菜園を耕しに来る季節労働者たちで、彼らの話では、その稼ぎが一年間の収入になるのだという。このような状態は十九世紀までつづいたようである。ローマの郊外に出てみて、モンテーニュはあらためて思うのであった。ここは「宮廷と貴族ばかりの都会で、各人それ相応に聖職者らしい閑暇をたのしんでいる。商業街というものがまるでなく、あるとしてもどこかの小都市にも及ばない。いたるところ宮殿と庭園ばかりなのだ」と。

教皇庁の『エセー』検閲

オスティアから戻って数日後の三月二〇日、ローマ入市の際に取り上げられた『エセー』が教皇庁図書検閲官による懲戒を受けて戻ってきた。それはあるフランス人修道士が検閲官に提出した報告にもとづくものであった。「運命《フォルテュヌ》」という言葉を多用したり、異端の詩人（テオドール・ド・ベーズやジョージ・ブカナン）の名を挙げたり、背教者と呼ばれたローマ皇帝ユリアヌスを弁護したり、祈りをする者はそのとき不徳の傾向から脱却していなければならないとか、単純な死刑以上のものは残酷行為であるとか述べていることなどの数項目と、そのほか不適当な箇所を指摘されたようである。そうした非難の各項について、モンテーニュは検閲官のドミニコ会士シスト・ファブリの前で率直に弁明したようである。検閲官はその弁明を寛大に受け止め、彼に対して、穏当でないと思う箇所を訂正するのは著者自身の良心に任せると言い、またフランス人修道士の修正意見には自分もあまり賛成でないことを婉曲に語ったという。それから約一ヶ月後、ローマを離れる数日前の四月一五日、モンテーニュが教皇庁図書検閲官とその同僚に暇乞いに行くと、『エセー』の検閲のことは深く意に介しないようにと言われる。そして「再版の場合には、あまりに大胆すぎると自ら思う箇所だけを、とりわけ「運命」という言葉を自分で削除するよう、万事わたしに任せてくれた」という。

教皇庁のこのような検閲あるいは意見を受けて、モンテーニュは『エセー』に何らかの訂正を加えたのだろうか。その答えは、実際にはほとんど否と言ってよい。彼はその後の版で、不適当だと指摘された点に訂正を加えていないのである。「神」の代替語としての「運命」という言葉についても、削除や訂正をしていない。[13] たしかにこの旅から帰った翌年に刊行した『エセー』第二版では、「祈りについて」（一巻五六章）の冒頭につぎのような文章を書き加えている。「ちょうど疑わしい問題を発表して学校で討論させるように、わたしはここに、形の整わない不定な考えを提出する。真理を確立するためではなく、探求するためである。そして、それらの考えを、わたしの行動や著作のみならず、思想までも匡正《きょうせい》することを仕事とする人々の判断に供する。この人々から受ける非難も、賛成も、わたしには同じように、願わしく、有益なのである。そこで、わたしの上に絶対の力をもつ彼ら〔ローマ・カトリック教会〕の譴責《けんせき》の権威に服しながらも、かくも大胆に、つぎにあるように、あらゆる種類の問題に首を突っ込むのである」。しかしこれは単に教皇庁に対する配慮あるいは弁明を思わせる文章であって、訂正でも部分的修正でもない。

イエズス会の勢力とモンテーニュ

「四旬節の折にわたしに与えてくれたさまざまな楽しみのなかで、最大のものは説教であった。そこには優れた説教者たちがいた」とモンテーニュは述べ、三人の説教者を挙げている。トリニタ教会で土曜日の午後にユダヤ人に説教しているキリスト教に改宗したユダヤ僧、教皇や枢機卿に向かって説教するトレド師（一五九三年にイエズス会士として初めて枢機卿になったフランチェスコ・トレド）、そして非常に雄弁で人気があり、イエズス会士たちを相手に説教している人物である。この三人のうち「後の二人は共にイエズス会士である」と述べたあと、モンテーニュはイエズス会について、つぎのように述べている。

この教団がキリスト教界にどんな勢力を持っているかは、実に驚くべきものがある。わたしは、これほど高い地位を占めた団体や組織はいまだかつて我々の間に存在しなかったと思う。もし彼らの企てが継続されるならば、それはさぞかし大きな影響を残すであろうと予想される。彼らはやがて、全キリスト教界を把握するであろう。それはあらゆる種類の偉大さにおいて偉大な人々を育てる苗床である。実に我々の仲間のこの一派こそ、今の時代の異端者を最も脅かすものである。

イエズス会は、一五三四年にイグナティウス・デ・ロヨラがフランシスコ・ザビエルら六人の同志とパリで結成し、一五四〇年にローマ教皇の認可を得たカトリック教会に属する男子修道会の一つである。(14) イエズス会の主な活動分野は教育と海外での布教であり、会士たちの精力的な活動によって、反宗教改革の動きのなかで十六世紀後半からその勢力は伸び広がっていった。ローマでは、司祭養成のためにイグナティウス・デ・ロヨラによって一五五一年にローマ学院《コレギウム・ロマヌム》、翌一五五二年にドイツ学院《コレギウム・ゲルマニクム》が設立されている。モンテーニュが優れた説教者として名前を挙げているトレド師はローマ学院で教えていた。またイエズス会本部の教会となるジェズ教会は、一五六八年に着工され、モンテーニュが滞在した三年後の一五八四年に完成し、その翌年には天正遣欧使節が教会に接したイエズス会修道院に二ヶ月余り宿泊している。(15) ところで先の引用文は、これが書かれた一五八一年頃には、キリスト教界におけるイエズス会の勢力がかなり大きくなっていることを示す一証言であろう。実際フランスでは、高等法院やパリ大学と対立するほど大きな勢力になっていた。モンテーニュが予想しているように、その後イエズス会はカトリック教会の最前線に立って急速に拡大発展をつづける。

『旅日記』には、この他にもイエズス会に言及している箇所がいくつかある。モンテーニュ一行はローマに滞在する前に、ランツベルクやアウクスブルクやインスブルックなどでイエズス会士たちの教会やコレージュを見学しており、また彼らが安楽な暮らしをしていることを実見している。ローマでは、エペルネで会った「神学と哲学に造詣の深いことでその名きわめて高いイエズス会士」のマルドナと再会し、この都の宗教上の習慣や人々の宗教心について意見を交わしている。なおこの点に関して二人の意見は同じで、フランス人の宗教心はイタリア人やスペイン人のそれよりも控えめであるが、おそらく彼らよりも深いということであった。モンテーニュは先にヴェローナやローマで敬虔とは言いがたい振舞いを目にしていたはずであるが、ここではそれについてとやかく言っていない。

しかし『旅日記』の記述を通して見るかぎり、彼とイエズス会との間に特別な関係を示すものは何もない。モンテーニュは、マルドナのようなすぐれたイエズス会士とも親しかったが、一方でイエズス会に対抗してパリ大学側に立って弁護を行なったエティエンヌ・パーキエ（一五二九―一六一五）とも親交があった。パーキエは、全一〇巻からなる歴史書『フランス考』（一五六〇―一六二一）を著した学者として知られる人物である。またこの旅から戻ってボルドー市長となったモンテーニュは、建物と修道院からの収入を与えられながら、孤児を集め育てる義務を怠ったイエズス会士たちをきっぱり非難し、彼らを市から追い出すことはしないまでも、彼らが経営する孤児院を市営にしている。イエズス会に対する彼の関心と態度は以上のようなものであった。ここにも、旅人モンテーニュが生来の飽くなき好奇心を持って、キリスト教のいかなる教派の人たちにもユダヤ教徒にも、偏見を持つことなく等しく接し、また宗教に関するあらゆることがらに関心を示したこととの実例がみられよう。

聖週間のローマ

謝肉祭が終わり、四旬節の期間である。「市中の様子は、仕事日も祭日もほとんど変わりがない。四旬節の間はずっと教会巡りで、人出は仕事日といえども祭日と変わりはない。その時期は、馬車と高位聖職者と貴婦人ばかりである」。四旬節期間中のローマにいるモンテーニュの目に映ったこの都市の姿である。ちなみに四旬節の期間は食事の節制が求められ、人々は鳥獣の肉を控え、魚などを食べる。古代ローマ人と同じく無類の魚好きであったモンテーニュは、ローマで目にした魚について日記に書きとめている。「ここにはフランスより魚が少ない。とくにカワカマスは何の値打ちもなく、庶民の食べ物になっている。舌ビラメや鱒は珍重される。鯉はとてもおいしく、ボルドーあたりのものよりずっと大きいが、値段も高い。鯛は非常に高価である。ボラはわが国のものよりずっと大きく、やや身がしまっている」。

さて四旬節の最終週となる聖週間には、ローマでは教会行事がつづく。『エセー』が検閲を受けて戻ってきた日（三月二〇日）、教皇がローマ七寺[16]を巡歴しているが、モンテーニュは教皇がサン・ピエトロ大聖堂から輿《こし》に乗って出発するときの様子を見物している。またサン・ジョヴァンニ・イン・ラテラーノ教会では、小罪の赦免の儀式があり、彼はその様子をつぎのように記している。「聴罪師の代わりに枢機卿リン・シスト猊下がその一隅に座っておられ、手に長い杖を持って通行の者たちの頭を叩いていた。ご婦人がたには、にこやかに、その身分と美しさに応じて、丁寧にお打ちになっていた」。モンテーニュも、聖週間の水曜日（二二日）、新しく赴任したローマ駐在のフランス大使ポール・ド・ソォワと一緒に、ほぼ五時間かけてローマ七寺巡りをしている。

聖木曜日と聖金曜日（二三―二四日）、モンテーニュはサン・ピエトロ大聖堂で見物したものを『旅日記』に書きとめている。大聖堂玄関で行なわれた、新教徒などいろいろな種類の人々に対するローマ教皇による破門宣告の儀式。大聖堂に保管されている「ヴェロニカの聖顔布」――ヴェロニカが十字架を負うキリストの汗をぬぐうと、キリストの顔が写ったという布――の展示とそこに集まった人々の様子。そして各地からやって来た多数の人々の群れ、とくに夜になって善男善女の団体が隊形を整え、手に手にロウソクを持って、サン・ピエトロ大聖堂に向かって進む大行列の様子である。モンテーニュは各団体にまじって金で雇われた苦行会員が自分を鞭打っている姿を目にして、このお勤めのために自分の身代わりにごく身分の低い者を雇っている金持ちや貴族たちに、そんなことをしていったい何になるのかと疑問を投げかけている。彼はまた、旅に出る前にもフランスで鞭打ちの光景をしばしば目にしているが、信仰心からではなくお金のために鞭打ちの苦痛に耐える者たちがいることを知ってあきれている（『エセー』一巻一四章）。復活祭前夜（二五日）には、モンテーニュはサン・ジョヴァンニ・イン・ラテラーノ教会で聖パウロと聖ペテロの頭部を見ている。それは特別の、高い場所に置かれており、それを展示するときは、頭部の前に垂れてある幕をわずかの間引き下ろして見せる。人々はそれを太い鉄格子を通して見るのである。彼は「髪の毛も、顔色も髭も、まるで生きているようであった」と述べ、さらにそれぞれの特徴まで書きとめている。なお今日、教皇専用の祭壇上の天蓋に、二人の聖人の頭などの遺物が納められているという。「ヴェロニカの聖顔布」も、聖パウロと聖ペテロの頭も、それらの信憑性とは別に、当時の人々には特別の崇拝の対象であった。今日でもキリストと聖人たちの聖遺物は、信者にとって信仰の対象であることは変わらない。

ローマ市民権允許状を授与される

モンテーニュがローマの遺跡を前にして抱いた感想については前述したが、ローマに滞在して四ヶ月たった今、彼はこの都にいることの楽しさを感じている。三月中旬と末日には疝痛発作と結石の排出もあったが、この旅人にはローマの気候がとても快適で健康的に思われた。彼は、「わたしの健康にとって退屈と無為くらい悪いものはないのであるが、ここには常に何かすることがあった」とも述べている。おそらく、退屈をまぎらすいろいろな気晴らしを求めて、彼はローマ市内のあちこちを歩きまわっていたのであろう。古跡やブドウ園を散歩したり、説教や神学上の問答を聞きに行ったり、娼家の女たちとの会話を楽しんだりして時を過ごしたようである。ブドウ園の散歩では、ローマ市内にある庭園をあちこち見物に行き、「いかに人が手を加えてでこぼこした起伏の多い平らでない土地でもうまく利用することができたか」を学び、彼らが「わが国の平坦な土地では真似できないような趣を引き出し、きわめて巧みにこれらの変化を活用している」ことに感心している。モンテーニュはローマ市内でも、イタリア庭園の特徴と魅力を見出している。

さらにモンテーニュは、ローマの最もよいところを強調する。それは、この都が世界で最も国際的な都市であり、国民の特殊性や相違などを問題にしないこと、ここはもともと諸々の外国人が寄り集まってできた都なので、誰でもここでは自国にいるような感じがすることである。一方ヴェネツィアにも、統治の自由と交易の有利なことから多数の外国人が集まっているが、そこに住み着いている人はずっと少なく、多くは外国人のままである。このように述べるモンテーニュ自身がまさしくコスモポリタンであった。彼は『エセー』のなかで述べている。「わたしはあらゆる人々をわたしの同胞だと思っている。そしてポーランド人もフランス人と同じように抱擁し、国民としての結びつきを人間としての普遍的で共通な結びつきよりも下位に置く」（三巻九章）と。

そこでモンテーニュは、ローマ市民の称号を得ようと努める。なかなか困難であったが、彼は誰の好意にもすがることなく、いかなるフランス人の縁故にも頼ることなく、教皇庁書記長であったアレッサンドロ・ムゾッティのとりなしで、三月一三日付のローマ市民権の允許《いんきょ》状を四月五日に受け取ったのであった。彼は『旅日記』に、「それは空なる称号ではあるが、わたしはそれを頂戴して、非常な喜びを受けた」と書いている。そして帰国して数年後に執筆した「空虚について」（三巻九章）と題するエセーの最後に、いささか誇らしげに、その允許状の全文（ラテン語）を書き写している。

ローマ市民権の允許状を受け取ってから二週間後にモンテーニュはローマを離れるのであるが、四ヶ月半にもおよぶローマ滞在は、住み慣れるに従って心地よさを増したようである。それだけに彼は旅人としての限界も感じるのであった。「もしローマをもっと私的に味わうことができたなら、どれほどローマが気に入ったことだろう。実際、わたしは随分と工夫と心遣いとを用いたのだが、結局ただ外面からローマを知ったにすぎなかった。ただこれだけなら、最もつまらぬ外国人にだって味わえることなのである」。

庭園見物――ヴィッラ・デステ

四月三日早朝、モンテーニュはサン・ロレンツォ門からティブルティナ街道に出て、ローマ近郊のティヴォリを訪れ、有名なヴィッラ・デステ（エステ荘）を見物している。古代ローマ時代に保養地として好まれたティヴォリは、ルネサンス期にローマの富裕層の保養地としてよみがえった。そこを代表するのがヴィッラ・デステである。

ここでは、フェッラーラの枢機卿の有名な館と庭園が見られる。それは実に美しいところであるが、いろいろな部分が未完成で、その工事は現枢機卿によってはもはや継続されていない。わたしはそこで、あらゆるものを入念に観察した。わたしはそれをここに描いてみたいが、このことについてはすでに幾多の書物や絵画が公刊されている。

ヴィッラ・デステは、一五五〇年にティヴォリの総督となった、エステ家出身のフェッラーラの枢機卿イッポーリト・デステ（一五〇九―七二）が丘の斜面の上に建つ旧ベネディクト修道院とその敷地に造園を計画し、建築家ピッロ・リゴーリオに設計・起工させた別荘《ヴィッラ》である。(17) 一五六五年頃には敷地の斜面が五層のテラスに作り変えられ、豊富な水を利用した噴水装置などのさまざまな庭園整備はイッポーリトが亡くなるまでつづけられた。彼の死後、ヴィッラは甥のルイージ・デステ枢機卿に引き継がれたが（一五七二年から八六年まで）、庭園整備は継続されなかったようであるから、おそらくイッポーリトが整備した状態に近い庭園をモンテーニュは見物している。

庭園に入って、「あらゆるものを入念に観察した」と語るモンテーニュは、ヴィッラ・デステをどのように描いているのだろうか。なお現在は南側の館から庭園に入るが、当時はその反対側、つまり庭園の北側が出入り口であった。アウクスブルクでのフッガー家の夏の別荘見物やフィレンツェ郊外にあるプラトリーノとカステッロの別荘見物のときと同様、彼はここでも館よりも庭園を詳しく見物しているようだ。ヴィッラ・デステの庭園にはいくつかの寓意（自然と人術、ティヴォリの地誌、施主イッポーリト・デステの徳など）がこめられているようであるが[18]、この旅人の関心をひいたのは、何よりも水の芸術であった。彼はフッガー家の別荘やプラトリーノやカステッロでも見た「びっくり噴水」にも言及しているが、ここでとくに詳しく書きとめているのは、水力を利用して

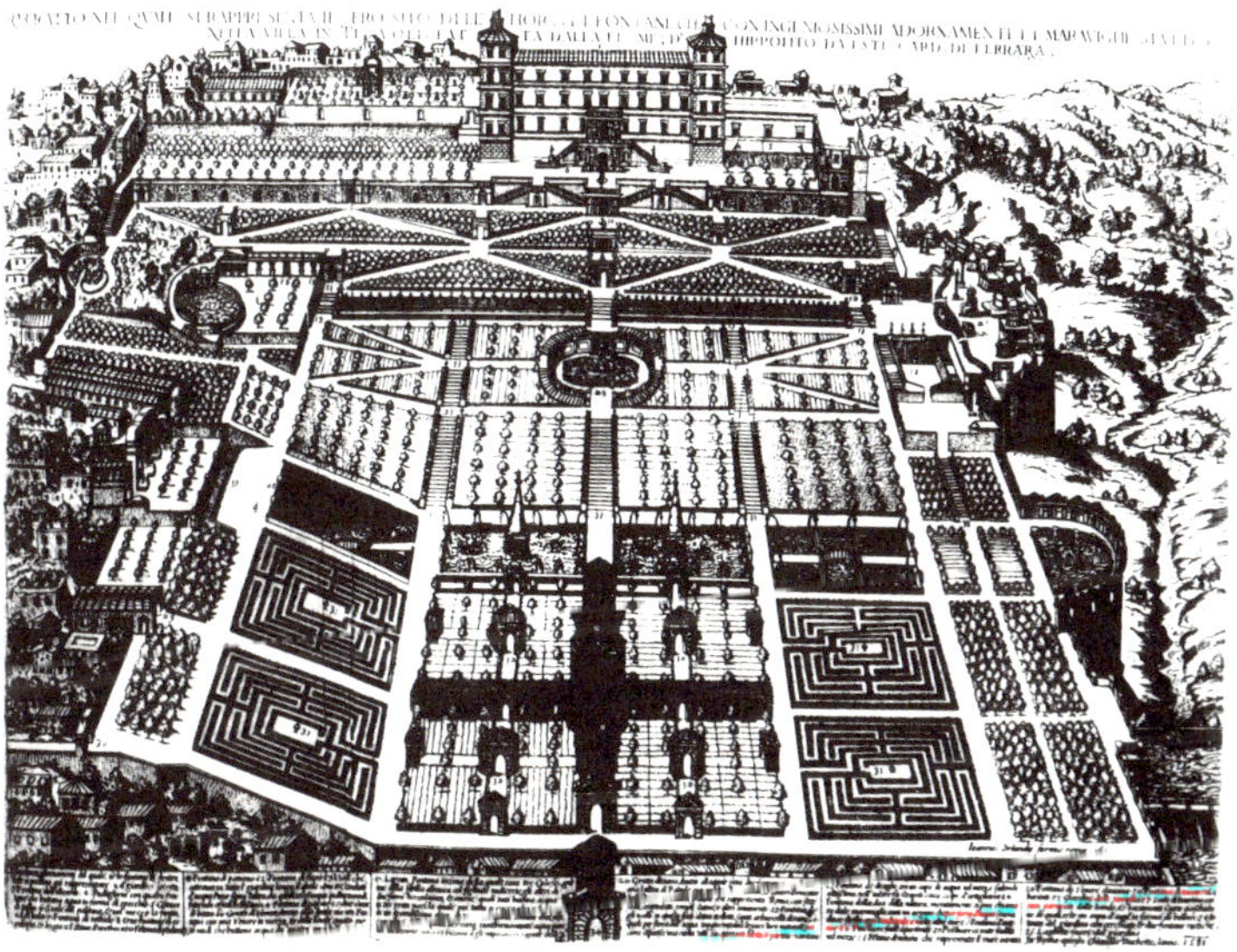

ヴィッラ・デステ（ティヴォリ）(Duchesse, 1581)

いろいろな音や声を出す自動音楽装置の「オルガンの噴水」と「フクロウの噴水」である。庭園の東側では「オルガンの噴水」の音楽を、西側では「フクロウの噴水」の仕掛けを彼は楽しんでいる。

オルガンの音楽は、本当に自然のオルガンから発する音楽であるが、いつも同じ譜を吹いている。これは、水が非常な勢いで丸天井の洞窟の中に落ち、その内部の空気をかきまわすと、空気が外に出ようとして、オルガンの管の中に入ってこれを吹き鳴らすからである。〔…〕フクロウが岩のてっぺんに姿を現わすと、小鳥たちはその姿にびっくりして、ぴたりとその美しいさえずりをやめる。それからまたフクロウに代わって小鳥たちが歌いだす。そのように代わる代わる、それは好みのままに操作される。

また、どの噴水を指すのか不明であるが、別の二つの噴水にも言及している。「ある場所では大砲を発射するような音をさせるし、また別の場所では小銃のようなもっと鋭く小さい音をさせる。これは水を急に水路に落とすことによって出される。空気がそれと同時に外に出ようとして、そういう音を出すのである」。前者は、一五七二年の教皇グレゴリウス十三世の訪問に際して製作された、庭園の中央上部にある「ドラゴンの噴水」かもしれない。この噴水は水圧の変化でものすごい音を立てていたという。そのほか、「溜池や養魚池」にめぐらされた縁石に間隔を置いてしつらえられた石柱の上部から池の内側に向かって水を噴き出し、周囲に虹を出現させる噴水の様子を描出し、「これはよそで見たことがなかった」と述べている。またハドリアヌスの別荘から持ってきた古代の彫像を鑑賞している。

つづいてモンテーニュは、「プラトリーノはまさにここと競争して作られたものである」と述べ、プラトリーノとヴィッラ・デステを比較し、それぞれの優れた点をいくつか指摘している。彼によると、水力

卵形噴水（A. Lafréry, 1575）

を利用した面白い設備や趣向にかけては両方同じであるが、人工の洞窟《グロッタ》や館ではプラトリーノのほうが優れており、水の豊富さや古代の彫像、位置や眺望の点ではヴィッラ・デステのほうが優れているという。最後に彼は水質の点を取り上げ、プラトリーノの水がすべて泉水であるのに対して、ヴィッラ・デステの水の大半はテヴェローネ川（＝アニエネ川）の濁って汚れた水を利用している点を指摘し、つぎのように述べている。「もしそれが濁って汚れた水ではなく澄んで飲めるようなよい水であったら、この場所はそれこそ比類なきものとなろう。とくにその大噴水〔ティヴォリの噴水を代表する卵形噴水〕は天下無類であろう。それは最も立派な作品で、それに付属しているものとともに実に美しく、この庭園中ではもちろんのこと、よそにもこれほどのものは見出されないであろう」と。

「ロメッタ（小ローマ）」やそれと卵形噴水とをつなぐ「百の噴水」についての言及がないのは残念であるが、水の豊富さや位置や眺望などの点でとても恵まれたテラス式庭園のヴィッラ・デステで、モンテーニュは北から南へ（下から上へ）、東から西へと場所を移動し、趣向を凝らしたさまざまな噴水を自分の目と耳で楽しんでいる。またプラトリーノとヴィッラ・デステとの比較では、彼が水力の利用だけではなく、水量や水質にこだわり、自然の澄んだ泉水を高く評価していることは注目してよいだろう。
翌日、モンテーニュは馬車に乗ってローマに戻るが、その途中で右手に見える大きな廃墟を目にした。皇帝ハドリアヌスが二世紀前半に建設した別荘である。その広大な別荘はやがて蛮族によって荒廃し、ルネサンス期にはエステ家の別荘の競技場として使われていたという。このハドリアヌス帝の別荘は、十九世紀後半から発掘作業が行なわれ、現在も修復作業がつづけられている。

モンテーニュとルネサンス美術

モンテーニュはヴィッラ・デステで、先に述べたように、噴水だけではなく古代の彫像も鑑賞している。彼は「ここで優れた彫像をいくつも見た。とくに眠れるニンフ、死せる女王、天上のパラス」と記したあと、一種の連想によるものか、さらに彼がローマで「最も気に入った」彫像を付け加えている。

アクィノの司教邸にある「アドニス」、カピトリーノの青銅の「雌狼」と「トゲを抜く少年」、ベルヴェデーレの「ラオコーン」と「アンティノウス」、カピトリーノの「コメディ」、枢機卿スフォルツァのブドウ園にある「サテュロス」。また新しい作品としては、サン・ピエトロ・イン・ヴィンコリ教会の墓〔教皇ユリウス二世の墓〕にある「モーゼ像」、サン・ピエトロ新教会の教皇パウルス三世の墓の下にいる美しい女性。いずれもローマでわたしが最も気に入った彫像である。

彼がここに挙げている古代彫像のなかで、「雌狼」と「トゲを抜く少年」はカピトリーニ美術館において、「ラオコーン」と「アンティノウス」はヴァチカン宮殿のピオ＝クレメンティーノ美術館において現在でも見ることができる有名なものである。新しい作品では、「モーゼ像」（ミケランジェロ作）も、パウルス三世の墓の下にいる美しい女性——グリエルモ・デッラ・ポルタ作、正義の寓意像で教皇の妹の肖像とされる——も、それぞれこの引用文に記されている教会で鑑賞することができる。[19]

これらはモンテーニュがローマで気に入ったという古今の彫像であるが、『旅日記』にはその他の都市で彼の目にとまった作品もいろいろ記されている。ローマ以前に訪れた都市では、つぎのような作品が挙げられる。インスブルックでは宮廷教会の「マクシミリアン皇帝の廟」を取り巻く多数のブロンズ像。トレントでは宗教会議が開かれたサンタ・マリア・マッジョーレ教会にあるオルガン演奏席の大理石に施された彫刻、とりわけ「歌を歌っている何人かの子供の姿が美しい」聖歌隊の彫刻（ヴィチェンツァのヴィチェンツォ・グランディ作）、およびブオン・コンシリオ城内の「天井のいろいろな絵のなかにある松明をかざした夜の凱旋図」（「カエサルの凱旋図」。おそらくマルチェッロ・フォゴリノ作）。パドーヴァではサンタントニオ教会にあるユマニストで詩人の枢機卿ピエトロ・ベンボの胸像、および裁判所（ラジオーネ宮）にある古代ローマの歴史家ティトゥス・リウィウスの胸像。フィレンツェではサン・ロレンツォ教会にある「ミケランジェロの手になる実に美しく優れた彫像」である。[20]

ところで『旅日記』を読んだスタンダール（一七八三—一八四二）やシャトーブリアン（一七六八—一八四八）は、モンテーニュが十六世紀後半のイタリアに旅しながら、ルネサンスを代表する芸術家たちとその作品に言及していないことを指摘している。スタンダールはその紀行文『ローマ散歩』（一八二九）のなかで、つぎのように書いている。「一五八〇年に、モンテーニュがフィレンツェを通ったとき、ミケランジェロが死んで一七年しか経っていなかったし、あらゆるものにかれの作品の反響が轟いていた。アンドレア・デル・サルトやラファエッロやコレッジョの崇高なフレスコ画もできたばかりであった。（……）

しかしコレッジョやミケランジェロ、レオナルド・ダ・ヴィンチやラファエッロのフレスコ画は、かれを少しも楽しませなかった」[21]（一八二八年一一月二〇日）。またシャトーブリアンも晩年に書いた『墓の彼方の回想』（一八四一、生前未刊）のなかで、「数多くの傑作を前にしても、いかなる名前もモンテーニュの思い出に浮かんでこない。ラファエッロについても、死後まだ一六年もたっていないミケランジェロについても、彼には思い出されないのである」（第三〇巻七章）と書いている。もっともシャトーブリアンは、当時はまだ芸術に対する観念が生まれていなかったし、ある程度時がたたないと作品はよくわからないとも述べている。[22] ちなみに美術批評は十八世紀の啓蒙主義によって誕生したと言われている。

ともあれスタンダールやシャトーブリアンのような指摘あるいは批判はロマン主義以降の人たちのそれであって、モンテーニュは当時の建築、彫刻、絵画といった美術作品に決して無関心であったわけではない。そのことは『旅日記』におけるモンテーニュとルネサンス美術に関して詳しい調査と考察を行なったリチャード・セイスの論文からもわかる。[23] 彼はその論文のなかで、『旅日記』に記されたイタリア・ルネサンス期の諸作品について、それらの作品を生み出した職人・芸術家——彫刻ならばその作者、ヴィッラや建築ならばその設計者など——の名前を挙げている。ローマまでに限っても、上記の作品のほかにも、ボローニャの広場にある「ネプチューンの噴水」（ジャンボローニャ作）、庭園見物をしたプラトリーノの「アペニンの巨人像」（ジャンボローニャ作）およびカステッロの二ヶ所にあるブロンズ像（アンマナーティ作）、建築では、フィレンツェのドゥオーモ（ブルネッレスキ設計）と鐘楼（ジョット設計）、ローマのサン・ピエトロ（ブラマンテ設計、以後ミケランジェロら）など、数多くの作品とルネサンス期に活躍した職人・芸術家たちの名前を挙げている。リチャード・セイスは、このような詳細な調査を通して、モンテーニュがルネサンス美術に決して無関心ではなかったこと、彼が絵画よりも彫刻を好んでいる、というよりも彫刻作品についての言及が多いこと、また趣向を凝らした噴水庭園および教会・修道院や宮殿などの建築にも強い関心を示していることを明らかにしている。

とはいえ『旅日記』のなかには、ミケランジェロの一例を除いて、レオナルド・ダ・ヴィンチやラファエッロなどルネサンスを代表する芸術家の名前も作品も出てこないのは確かである。それは、当時の人々のルネサンス美術に対する趣味や評価が、後世のそれと同じではなかったためかもしれない。あるいはシャトーブリアンが述べたような理由も挙げられるかもしれない。実際、たとえばローマに滞在したラブレーもデュ・ベレーも、ルネサンスの画家たちについて言及していない。当時も王侯貴族が収集した作品を鑑賞する機会が閉ざされていたわけではなかったが、(24)モンテーニュ一行のような旅人が鑑賞することができたのは、教会や公共建築、広場や庭園にある美術作品（主に彫刻）、つまり公共性のあるものに限られていたという時代の制約もあったと思われる。それに『旅日記』が公刊を意図しない私的な覚え書きであったこと、日記の前半すなわちローマ滞在の途中までをモンテーニュではなく秘書が記していることも関係しているかもしれない。いずれにしても美術とくにルネサンス美術に対するモンテーニュの関心については、肯定的な意見から否定的な見解までさまざまな評価がなされてきたことだけは指摘しておこう。(25)

ボルドーのモンテーニュ像（D. F. Maggesi, 1858）——ボルドー市のカンコンス広場に，モンテーニュと同じくボルドー近郊に生まれた啓蒙思想家のモンテスキュー像と向かい合うように立っている。

第五章　ロレート参詣と湯治日記

——ローマからロレートを経てルッカへ

ロレートの聖堂に詣でる

四月一九日、モンテーニュ一行はローマを発ってロレートへ向かう。ロレートまで四日半の道のりである。カステル・ヌオヴォ、ボルゲット、ナルニ、スポレート、フォリーニョ、ラ・ムッチャ、ヴァルチマーラ、マチェラータを通って、四月二三日にロレートに到着。ロレートには二六日昼まで滞在する。モンテーニュは、ボンコンパーニュ道と名づけられているこの道が、「かつては大部分難儀であったのだが、今ではロレートまで馬車が通うほどになっている」と述べ、この新街道を建造させたローマ教皇グレゴリウス十三世（ウーゴ・ボンコンパーニ）を称賛している。一行は、古代の廃墟を眺めたり銘文を読んだり、「町の広場に非常に美しい泉水がある」ナルニやその近くの小さな温泉場に立ち寄ったりしながら、耕作の行き届いた丘陵の間の道を進み、アペニン山脈の奥深く分け入る。スポレートでは健康証明書の提示を求められたが、それはペストのためではなく、すでにふれたように、ペトリーノというイタリアで有名な山賊の行方を追っているためであった。山間の平野にあるフォリーニョから再び山道に入ると、「あちこちの丘陵があらゆる種類の果樹の美しい木陰や見事な麦畑などに一面覆われている、実に美しい景色に接した」。一行が教皇特使の駐在するマチェラータまで来ると、ロレートの近いことを感じる。「どの道にも往来の人々が混雑していた。個人の巡礼者だけではなく、巡礼の服装をして徒歩の旅をつづける金持ちの団体もあり、旗や十字架を先に立てて行く者たちもいるが、みな同じ服装をしている」。

＊

アドリア海沿岸の小高い丘の上に位置するロレートは、「トルコ人の侵略に備えて周囲に城郭をめぐら

ロレートの聖堂（P. Bertelli, 1599）

した小さな村」であるが、ローマに次ぐ聖なる都とも言われる巡礼地である。[1] それは「サンタ・カーザ（聖なる家）」すなわち聖母マリアが生まれ、受胎告知を受けてキリストを身ごもったナザレの家が、天使たちによって、まずダルマティアに、つぎにそこからアンコーナに運ばれ、一二九四年に奇跡的にロレートに据えられたと言い伝えられているからである。この「サンタ・カーザ」を保存する聖堂の建立は、教皇パウルス二世の命により一四六八年から始まり、ジュリアーノ・ダ・サンガッロやブラマンテなどがその建築に携わっている（聖堂が最終的に完成するのは十八世紀である）。今日も、「サンタ・カーザ」の移転記念祭（一二月一〇日）には夥しい数の巡礼者がここにやって来るという。

すでにふれたように、モンテーニュ一行は当初ボローニャからイーモラを経てアドリア海沿岸に出て、アンコーナ、ロレートを経てローマに向かうコースを予定していたから、最初からロレート参詣を計画していたのであろう。彼はロレートに二日半滞在し、その聖堂に詣でている。聖堂内部の様子については、とくに礼拝の場所である「サンタ・カーザ」に関して詳しく記している。

礼拝の場所は、きわめて古くみすぼらしい、レンガ造りの細長い小屋である。いちばん手前に仕切りがあって、その両側は鉄の扉になっており、真ん中は鉄格子になっている。いずれもお粗末な造りで、古ぼけて何らきらびやかなところがない。その鉄格子は両方の扉の間だけの大きさで、それを透かしてこの小屋の突き当りが見える。その突き当りのところは、小屋全体の約五分の一ばかりで囲いがしてある。そこが礼拝の場所である。そこの壁の高いところに聖母のお姿が拝まれるが、それは木像だそうである。その他の壁面には、各地より、また王侯貴族より奉献された豪奢な額がぎっしり飾られていて、下の方まで一寸のすきまもなく、金片か銀片かで覆われていない部分はないほどである。

モンテーニュも「骨を折って、また特別の好意によって」壁面に額をかけてもらっている。それは「聖母の像と、わたしのと妻のと娘のと、つまり四つの像を銀で打ち出したもの」であった。彼は壁面に入念に釘づけさせたその額の場所まで記している。「サンタ・カーザ」で彼は、家族の健康とりわけ十歳ほどになる一人娘レオノールの健やかな成長を祈ったことであろう。持病となった腎臓結石の治癒も祈願したのだろうか。この額の奉献のことは、聖堂の奉納記録簿（一五七六―九九年）に記載されていたということであるが、その後消失した。他の額と同様、彼の額も後に熔かされたのであろう。現在は壁面にそのような額はひとつもない。なお一五三八年に置かれた木像の聖母子像は、一九二一年二月の火災によって消滅したため、新しい聖母子像に代えられた。教皇ピウス十一世の要望で、焼失した木像とまったく同じ形に彫られた黒色の像が置かれている。

「この小屋は四面ともその外側を、最も豪奢な建物によって覆われ、支えられている。それは最も工夫をこらした、世にも稀な美しい大理石で造られた建物で、これほど珍しく優れたものはなかなかない」と彼が書いているように、「サンタ・カーザ」はアンドレア・サンソヴィーノ（一四六〇—一五二九）らによる大理石の彫刻で飾られた建物で覆われている。聖像や浮き彫りの装飾を施した大理石のその建物は、モンテーニュだけではなく、彼の前後にここを訪れた画家・建築家・美術史家のジョルジョ・ヴァザーリ（一五六六年）や詩人トルクァート・タッソ（一五八七年）によっても称賛されている。ちなみに天正遣欧使節も一五八五年（天正一三年）六月一二日にロレートに到着し、この聖地に三日間滞在している。『デ・サンデ天正遣欧使節記』には、マリアの受胎告知の話、「サンタ・カーザ」がロレートに運ばれた話、「サンタ・カーザ」の様子などが簡潔に記されている。(2)

「サンタ・カーザ」を覆う大理石の彫刻で飾られた建物（ロレートの聖堂内）

ところでモンテーニュのロレート参詣については、これまでいろいろ論じられてきている。この旅人がロレートの聖堂を訪れたのは有名な巡礼地に対する好奇心によるものであるとか、彼が「サンタ・カーザ」で額を奉献したのは、キリスト教徒（カトリック）としての宗教的敬虔さのあらわれであるとか、あるいは彼はここでミサを聴き、復活祭の聖体も拝受しているが、それは単なる宗教的慣行に従った行為にすぎないとか、いくつか意見が出されてきた。しかしそれらの議論に対して、はっきりした答えはまだ出ていない。(3) それにはモンテーニュが信仰や奇跡といった宗教上の事柄に対して自らの意見を表明していないことがある。たとえば奇跡に対して、彼は「ここ〔ロレート〕では数えきれないほどの奇跡がある」と記していながら、「それは諸書にお任せする」と述べるだけである。またパリのある若殿がここに来て、パリの医者もイタリアの医者もお手上げであった脚の病気が治った事の次第を詳しく記している。(4) しかし彼はそれを信じるとも信じないとも言わず、「以上は、彼の口およびその周囲の人々の口から確かなこととして聞いた話である」と述べるだけである。つまり彼は、そうした神の超自然的な働きで起こる不思議な現象については、人間の能力を超えるものであり、その真偽を判断することができないので、判断を控えるのである。モンテーニュのこのような宗教的態度は、真理に対して人間の理性の限界を知り、「ク・セージュ？（わたしは何を知っているか？）」という疑問形の言葉（『エセー』二巻一二章「レーモンの弁護」）でいわば方法的懐疑を表明した、彼の知的態度にも通じるように思われる。

貸し馬を利用する

モンテーニュ一行は、ローマからロレートまで貸し馬を利用している。「ローマからロレートまでは四日半の道のりだが、それに六エキュかかった。つまり馬一頭につき五〇ソルで、馬を貸す者はそれだけの金で馬と我々とをまかなうのである。この取引は不都合である。金がかかることから自然と旅路を急ぐことになるばかりでなく、彼らは極力けちな扱いをするからである」。これは馬の貸し主と借り主との話し合いによる取引であるが、モンテーニュは今回の取引が借り主にとって不都合であることを実感したようだ。そこでロレート参詣のあとでルッカまで貸し馬を利用するとき、彼はそうした不都合を避けるような取引をしている。

四月二六日、昼食後にロレートを出た一行は、肥沃で広々した、そして変化の多い地方を通ってアンコーナに宿泊。翌日の昼過ぎまで市内見学をし、ドゥオーモ（サン・チリアコ教会）でたくさんの聖遺物を見ている。彼らはそこからルッカまで再び貸し馬を利用する。「わたしは三三ピストレ出して、ルッカまで八頭の馬を借りた。そこまで約八日の行程である。馬の飼料は馬方持ちとし、八日を四、五日越えた場合は、馬と小僧の費用を払うだけで、つづけて馬を使う約束にした」。つまり今回の取引では、自分たちにかかる費用は自らの負担とし、また予定の日数を越えた場合には追加料金を支払うことにしたのである。

この二つは馬の貸し主と借り主との話し合いによる取引であるが、貸し馬にはもう一つ別のシステムがある。交通路の便利な地点に設けられた宿駅に備えてある駅馬を利用するもので、一行はシエーノからローマまでこのシステムをすでに利用したようだ。(5) ローマまで三〇マイルのロンチリオーネで、秘書はこのシステムの便利さをつぎのように述べていた。


この道筋の宿は上等である。というのはここが宿駅《ポスト》の表街道となっているからである。早馬と貸し馬は一日につき五ジューリイ、一丁場《ポスト》につき二ジューリイである。またに二、三駅ずつ頼んでも、数日間として頼んでも、やはり同じ割合で、しかも馬の世話はまったく心配しないですむ。宿場ごとに、宿の主人が同業者の馬の面倒を見るからである。実際、借りてきた馬が駄目になれば、途中どこかの場所で他の馬と取り替えてもらえる。これはシエーナで目の当たりにしたことだが、我々と道連れとなったフランドル人、しかもローマまで行く見ず知らずのただ一人の外国人に貸し馬を貸していた。ただ出発の際に借り賃を前払いしさえすれば、あとは馬をまったく借り手に預けっぱなし。目的地に着いたらそこで貸し馬を返すという、客の約束を信頼するのである。

しかし『旅日記』を読むかぎり、一行が宿駅に備えてある駅馬を利用する機会はほとんどなかったようで、主に馬の貸し主との話し合いによる取引で馬を借りている。そのため、「馬丁どもの機嫌をとるために混ぜ物をして薄めた酒を飲んだり」（ウルビーノ）、「馬丁どもは、我々の旅が普通より長かったため、馬の費用を払う破目になったことを知り、今晩の費用は払わぬと言い出したり」（サン・ロレンツォ）、いろいろ面倒なことがあったようだ。この貸し馬の利用について、モンテーニュはピストイアでつぎのような感想を述べている。「貸し馬でしかイタリアを旅しない者はその不都合がよくわからない。実際、長い旅を通じて自らを馬丁どもの手に委ねるよりは、ところどころで馬を替える方がよいと、わたしには思われる」。

ところで貸し馬の費用はどれくらいだったのだろうか。上記のように、貨幣単位もエキュ、ソル、ピストレ、ジューリオ（複数はジューリイ）とさまざまであるし、利用条件も話し合いによって異なるので、貸し馬の費用を算出することはきわめてむずかしい。しかしドリュモーが示しているつぎの資料は、この点に関して参考になるだろう。駅馬を利用する場合、一五九〇年に各宿駅（宿駅間の行程は一二—一五キロ）につき一頭が五ジューリイ（純銀一四・七〇グラム）と定額になった。五ジューリイという額は、一五九〇年時点で、一人の労働者の三、四日分の賃金に相当するという。十六世紀に多くの人々が徒歩で旅をしたのは、このように馬の費用が高かったからであろう、とドリュモーは述べている。(6)

アンコーナからルッカまで

四月二七日、アンコーナを発ったモンテーニュ一行は、海沿いの道を進んでセニガリアに宿泊し、翌日はファーノに来て昼食をとる。ファーノでは、モンテーニュらしい記述が三つ読まれる。一つは、この旅人の〈水〉に対する関心が示されていることである（「当市がセニガリア、ペーザロ等この海岸に沿う他の都市に優れているところは、淡水が豊富であること、公共の泉と個人の井戸がたくさんあることで、他の都市では山まで水を取りにゆかねばならない」）。二つ目は、彼の女性への関心がユーモラスに述べられていることである（「当市は美人が多いことでイタリアのすべての都市を凌ぐという評判だが、そんな美女は一人も見かけず、醜女ばかりだった。それについてこの町のある紳士にたずねたところ、それは昔の話ですと彼は答えた」）。三つ目は、食事や人足や貸し馬などの費用について具体的な金額まできちんと記されていることである（「この街道筋では、食事は一食約一〇スーかかり、人足は一日二〇スー、馬は借り賃その他で約三〇スー、合わせて五〇スーになる」）。「旅中の収支の明細を記録した出納簿」とも言える『ネーデルラント旅日記』を残した画家デューラーほどではないが[7]、旅人モンテーニュも旅費ばかりでなく一般物価のことなども詳細に『旅日記』に記入しており、彼が案外金銭に細かいことがわかる。さきにフィレンツェへ向かう途中のスカルペリアで、宿屋を選ぶときのモンテーニュの節約の姿勢が思い出されよう。

一行は海岸を離れてウルビーノに向かい、途中のフォッソンブローネに宿泊する。ここはローマに通ずる昔の幹線道路である「フラミニア道」に当たる。翌二九日、彼らは古代の銘文や敷石の跡などを見ながら、「なだらかで肥沃な山々の裾を通って」「中くらいの高さの山頂にある」ウルビーノに到着する。ウルビーノでは大公宮殿（パラッツォ・ドゥカーレ。現在は国立マルケ美術館）を訪れ、その豪壮な建物から近くの山々を眺め、「一年の日数だけの部屋数があると言われている」内部を見学しているが、モンテーニュはそれほど驚嘆していない。「父子代々みな文学好きで、邸内にある立派な図書室」を見ることができたならば、彼の印象もちがっていたかもしれないが、あいにくそこの鍵が見つからなかった。しかし邸内でピーコ・デッラ・ミランドラの肖像を眺めて、その印象をつぎのように述べている。(8)「色白で、とても美しく、髭はなく十七、八歳くらいに見え、鼻が少々高く目もとは優しい。顔はやや痩せすぎで、ブロンドの髪の毛が肩まで垂れさがり、奇妙な装いをしている」。なおウルビーノにはラファエッロ(一四八三—一五二〇)が誕生から十四歳まで過ごした生家が残っている(その間に両親を失っている)。

一行は大公宮殿の見物を終えたあと、ウルビーノを発ち、フェルミニャーノ近くにある、昔から人々に「ハスドルバルの墓」と呼ばれている場所を訪れる。モンテーニュはその現場をくわしく見て、それが本当にハスドルバル(ハンニバルの弟で、メタウルス川〔メタウロ川〕の戦いでローマ軍に敗れて殺されたカルタゴの将軍)の墓であるかどうか非常に疑わしいとしながらも、「彼がこの近くで戦いに敗れ、殺されたことだけは確実である」と述べている。その日の夕方にメタウロ川に沿ったカステル・デュランテ(のちのウルバニア)に着いて宿泊する。三〇日、一行はカステル・デュランテを出て、ボルゴ・パーチェという山陰の小さな村で昼食をとり、そこからメタウロ川に沿ってその水源まで登る。「水源はその山〔ボッカ・トラバリア山。標高一〇九四メートル〕の頂にあった。セニガリアではこの川が海に注ぐところを見たから、我々はこの川の本と末をともに見たことになる」。そう言えば、モンテーニュは旅のはじめのころ、ロレーヌ公領のビュッサンではモーゼル川の水源を見せてもらっている。またパドーヴァからフェッラーラへ向かう途中のバッタリアでは、温泉の水路をたどってその源泉まで見に行っている。彼のこのような源泉に対する関心はどこから来るのだろうか。生来の飽くなき好奇心によると言ったら答えにならないだろうか。

「この山の頂上でウルビーノ公領は終わって、そこからフィレンツェ公領になる。左手は教皇領である」。彼らは、その日はボルゴ・サン・セポルクロに宿泊し、五月一日そこを出発。石の橋を渡って、「この辺では川の水がまだ澄んでいてきれいである」テーヴェレ川を越え、平野を横切り、丘を登り下りし、キアッサ川、次いでアルノ川を越えて、ポンテ・ブリアーノの小さな一軒家で昼食。アレッツォを左手に見て通り過ぎ、レヴァネッラ近くの宿に泊まる。そこは人がトスカーナ第一と評判する宿だけあって、錫の食器を出し、この一軒だけが専用の泉水を持っている。翌朝ここを発って、平野の真っ直ぐな道をたどり、インチーザなど四つの村里を通過して、アルノの谷にあるピアン・デッラ・フォンテで昼食をとる。しかしモンテーニュは朝から頭痛とめまいで体調が悪く、昼食を抜いてしまう。ここで彼は詩人ペトラルカ(一三〇四—七四)に言及して、「アルノの谷についてはペトラルカが語っているが、彼は前記インチーザで生まれたと言い伝えられている。少なくとも、そこから一マイルばかりの近在の家で生まれたと言われるが、そこには荒れ果てた跡が残っているだけである。でもその場所はすぐにわかるようになっている」と述べている。これは誤りであるが、(9) さきに訪れた「ハスドルバルの墓」の話題とともに、歴史好きのユマニストとしての一面がよく出ているように思われる。その日、一行は「フィレンツェにいろいろな食料を運んで行く土地の人たちで一杯の」道を通り、「アルノ川にかかった四つの石橋の一つを渡って」フィレンツェに到着する。

翌日(五月三日)、一行はミサを聴いてからフィレンツェを発ち、少々わき道にそれて再びカステッロを見に行くが、大公の家族の都合でしばらく待たされるとのことで見学をあきらめる(のちにモンテーニュはカステッロをもう一度見学に訪れ、フィレンツェにもゆっくり滞在することになる)。プラートに向かう途中でモンテーニュは、フィレンツェとその周辺について、「オルレアンもトゥールも、またパリさえも、その周辺はフィレンツェほどにたくさんの人家や村落で、しかもこれほど遠くまでとりまかれていない。立派な邸宅や宮殿の多いことはまったく疑いをいれない」と述べている。オスティア見物のとき、ローマの近郊は「ほとんどいたるところが、大部分痩せ地で耕作されていないように見える」と彼が述べていたのとは対照的である。

一行は美しく広い平野を進んでプラートまで行って昼食をとり、そこから横道にそれてフィレンツェの北西一七キロほどのポッジョ・ア・カイアーノを見物している。一四八五年にメディチ家のロレンツォ・イル・マニフィーコがジュリアーノ・ダ・サンガッロに建てさせた別邸で、当時フィレンツェの知識人たちが集まっていたヴィッラである。トスカーナ大公フランチェスコ一世はプラトリーノに行って不在であったが、彼らは「建物の様式がプラトリーノのモデルとなった」という評判の高いその邸宅で、きれいな織物でできたたくさんの寝台、狩猟の様子を表わしたタピスリー、大公の「蒸留装置、ろくろ工房、その他いろいろな器具」などを見ている。その大公と大公夫人ビアンカ・カペッロは、すでにふれたように、一五八七年にここで不可解な死を迎えている[10]。そのあと一行は、肥沃な地方を進み、オンブローネ川に臨む大きな都市ピストイアに至る。翌日（五月四日）、彼らはローマのある高官からモンテーニュの紹介状を受け取っていた人物の正餐に招かれる。その人物は市の行政長官であった。おそらくそれに関連して、モンテーニュはこの都市の政体に言及している。今もピストイアでは、昔の政体――中世・ルネサンス期のイタリア都市国家の政体――に倣って、二ヶ月ごとに九人の行政官《プリオーレ》が選出され、そのなかから一人の行政長官《ゴンファロニエーレ》が選ばれるのだが、それは形だけのもので、政治の実権はフィレンツェから派遣された執政長官《ポデスタ》に握られているというのである（これはピストイアが一五三〇年にメディチ家によってフィレンツェに併合されたためである）。彼はそうした形だけの政体に生きている人々を見て哀れを催している。さて一行は、正餐のあとピストイアを発ち、麦畑の間に整然と樹木が植えられた平野のなかを進み、オリーヴや栗や桑の木に覆われた山々を眺めながら、ルッカに到着する。

ボルドーの三分の一くらいの小さな自由都市だが、ただ力が弱いので皇帝およびオーストリア家の庇護を仰いでいる。防壁でしっかり囲われ、稜堡もつけている、堀は深くなく、そのなかの細い溝を水が流れ、青草が生い茂り、底は平らで広い。防壁の周囲、内側の土手の上には、二、三列に木が植え込まれ日陰を作っている。〔…〕ここはわたしが今までに見た最も景色のよい都市の一つで、周囲には二リューに余る平野がひろがる。

今日もルッカは周囲に平野が広がり、十六世紀に作られた四キロほどの城壁が今は緑の遊歩道となって旧市街を囲んでいる。おそらくその眺めは、四世紀以上も前のモンテーニュの記述とそれほど変わらない。ルッカに二泊した一行は、五月七日、日曜日の昼食後にそこを出発して、セルキオ川に沿って北郊のデッラ・ヴィッラ温泉に向かう。温泉に着いたのは午後二時頃であった。

デッラ・ヴィッラ温泉に長期滞在

デッラ・ヴィッラ温泉（正しくはラ・ヴィッラ温泉）は、ルッカの北北東約二五キロ、今日バーニ・ディ・ルッカ（ルッカ温泉）という人口数千人のコムーネにある。(11) この温泉は二十世紀半ばに閉鎖されたのだが、旧温泉施設（バーニョ・アッラ・ヴィッラ）の玄関ホール――十五世紀後半に建設。十七世紀に修復――には、温泉の効能を記したラテン語の碑文のレプリカがあり、そのすぐ近くの建物の壁にはモンテーニュが長期滞在したことを示すプレートもある。

「ラ・ヴィッラ温泉の奇跡の湯水の効能は以下のとおり」という一文に始まるラテン語の碑文（一四七一年五月一日）には、胃腸、肝臓、脾臓、肺、腎臓、腰など、体のあらゆる部分の病気に対する効能が記

旧温泉施設の玄関ホールと温泉の効能を記したラテン語の碑文（1471年）のレプリカ

されている。モンテーニュの持病については、「腎臓をきれいにし、結石を小さくする」「結石の砂ができないようにする」と、また湯治法については、「入浴は三〇日間、飲泉は八日間か一〇日間（下剤をかけてから）とする」と書かれている。また彼が長期滞在したことを示すプレートには、一五八一年の夏、七四日間ここに滞在したことがイタリア語で書かれている。

このデッラ・ヴィッラ温泉やそこから半マイルほど離れたコルセーナ、その近くにあるサン・ジョヴァンニやベルナボなどの温泉場は、古代ローマ時代から知られていたようであるが、十一世紀頃に有名になり、以後ヨーロッパの主要な保養地の一つになっていく。十六世紀後半には、モンテーニュ以前にローマ教皇ピウス四世やピウス五世がここを訪れているし、十七世紀以降も多くの貴族がここに滞在している。また十九世紀には多くの文人、芸術家などがここに保養に来ている——バイロン、ハイネ、デュマ父《ペール》、パガニーニ、リスト、ヨハン・シュトラウス、ナポレオン三世、等々[12]。

さてデッラ・ヴィッラ温泉に到着したモンテーニュ一行は、ある薬剤師の家を借りて、そこに長期滞在する。その目的は彼の持病となった腎臓結石あるいは尿路結石症のための療養である。当時は「石の病気」と呼ばれていたこの病気と彼のユニークな湯治については、先にプロンビエール温泉のところで述べた。この旅の最初の頃に彼が湯治を行なったプロンビエール温泉もスイスのバーデン温泉も短い滞在であった。しかし今回は、湯治前期（五月七日から六月二〇日まで）と湯治後期（八月一四日から九月一一日まで）を合わせて二ヵ月半ほどこの温泉に滞在し、集中的に飲泉と入浴とシャワーによる温泉治療を試みている（前期と後期の間にフィレンツェ、ピサ、ルッカなどを巡遊している）。デッラ・ヴィッラ温泉滞在中のモンテーニュは、この土地の景色の美しさ、周辺の村への散歩や山中での源泉探し、土地の人々の暮らしや彼らとの交際、とくに温泉開きを引き受けて主催した舞踏会（五月二一日）、いくつかの面白い逸話や見聞、そしてボルドー市長選任の知らせ（九月七日）などを、『旅日記』にあれこれ書きとめている。しかし彼が何よりも詳しく具体的に記したのは、彼自身の行なった湯治についてである。そこで前期と後期に分けて、彼がここで試みた温泉治療の様子を見ていこう（なお彼は湯治前期の途中からイタリア語で日記を書いている[13]）。

湯治前期——飲泉と入浴とシャワー

温泉に到着した翌日（五月八日）、モンテーニュは薬剤師である宿の主人の勧めでセンナを飲むと、ひどい腹痛

旧温泉施設（写真中央奥）の左に見える建物とその壁（一階中央部分）にあるプレート。プレートには，「1581年の夏，ミシェル・ド・モンテーニュは74日間ここに滞在し，それを旅日記に詳述している」と記されている。

を起こし、三、四回も便所に行く。翌朝（九日）、湯元まで温泉を飲みに行き、「たてつづけに七杯、すなわち三リーヴル半」（約一・三リットル）飲泉するが、尿意を催さず何の作用も現われない。「ある人は飲み方が少なすぎたのだという」が、彼自身は、「薬のせいでお腹が空っぽだったので、温泉が食餌となって吸収されてしまったのだろう」と推測する。その翌朝（一〇日）にも同じ温泉を七リーヴル飲むが、「湯は後ろの方に多くまわって、何回かゆるい澄んだ水のようなもの」しか出ない。そこで彼は、「センナの下剤をかけることはわたしの体にはよくない」と判断し、以後センナを飲むまいと決める。「わたしは腎臓が悪いのだから、むしろ前の方にまわるように願わねばなるまい。したがってわたしは、どんな湯に入るにしても、ただ前の日に何らかの形で断食をすれば足りる、という説にくみする」。

デッラ・ヴィッラ温泉は飲泉に効能があるとされ（ただし「飲泉以外の点では何らの効能も認められていない」）、コルセーナ温泉は「入湯とシャワーで有名である」。しかしコルセーナ温泉は山の向こう側にあり、そこまで往復するのは大変だったためか、モンテーニュは飲泉だけではなく入浴もシャワーも、デッラ・ヴィッラ温泉で行なっている。それは彼が、「この湯はきわめて弱く効能があまりない代わり、安全で少しも危険のないものだ」と判断したからであろう。彼は、下剤などの薬は一切使用せず、温泉のみによる治療を始める。さきにプロンビエール温泉のところでも述べたが、彼はここデッラ・ヴィッラ温泉で多量の飲泉と入浴とシャワーによる、すなわち鉱泉のもつ自然の力による温泉療法を集中的に試みるのである。

さて彼が行なった温泉治療であるが、「土地の習慣に従う」かのように、五月九日から一五日の間に六日間飲泉をつづけている（ただし二日間入浴し、一日休んだ）。「土地の習慣」というのは、温泉の効能を記した碑文にも記されているように、「飲泉は飲泉だけつづけ、入浴は入浴だけつづける」「八日飲んで三〇日入る」というものである。五月一五日には、彼は「ここの湯が尿道をかなりあけてくれた」と判断して

旧温泉施設からの眺め（リマ渓流と対岸）

いる。ところが「五月一六日、火曜日には、それが土地の習慣であり、またわが意にも適ったので、飲泉をやめに」している。その日は下腹部や腸の中にガスがたまっているのを感じ、八日前からつづけてきた飲泉がその原因ではないかと考えてそれを中止したのだ。その代わりその日から一時間以上の入浴を始め、水曜日も木曜日もそれをつづけると、「温泉を飲んだときと同じように、いくらかの砂とかなりの粘液を出した」。そこで彼は、「ここの湯が、入浴しても飲泉しても、同じように効果があることがわかった」と述べ、おそらくその判断と「八日飲んで三〇日入る」「土地の習慣」にもとづいて、五月一六日から六月一日までほぼ毎日（一五日間）入浴をつづけた（ただし二日間入浴を休み、一日飲泉を行なっている）。

このようにモンテーニュは、「土地の習慣」に従いながらも、常に自分の判断によって湯治を行なっている。実際、彼が五月一六日に飲泉を中止したのはガスがたまっているという理由からであるし、そのあとも入浴だけつづけることをしていない。五月二二日には、

「土地の習慣に反して」入浴をつづけると同時にシャワーも始めている。しかも大抵の人は向こうの湯〔コルセーナ温泉〕に行ってシャワーをするのだが、彼はここの湯〔デッラ・ヴィッラ温泉〕で頭部にシャワーをあびている。ところがシャワーをするようになってから頭痛が起こるので、六月一日にはシャワーも入浴も中止してしまう。一方、三週間ほど中止していた飲泉を六月五日から再開すると、その一週間後に小さな石が一つ出て、その翌日にも小さな石のかけらが一つ出た。そこで彼はつぎのような判断を下す。「だからわたしはこう断言してもよい。ここの湯には石を粉砕する力があることがこれでわかると。というのは、石がいくつか下がってくるときに、その大きさを感じていたのであるが、それらが小さなかけらとなって出たからである」。そのときの彼は、ここの湯の効力と自らの湯治のやり方を信じたかもしれない。おそらく彼は、飲泉に効能があるというデッラ・ヴィッラの温泉を大量に飲むことによって、腎臓にできた結石が細かくなって尿管に下がり、そこから尿道を通って尿と一緒に排出されることを期待していたのではないだろうか。彼は「尿の量をはかるのは愚かな習慣である」と言いながら、温泉に滞在中、飲んだ湯の量と出した尿の量を絶えず気にしている。

また六月一四日には、それまで行なってきたユニークな湯治について、彼はつぎのように述べている。「ところでこの季節になると、大勢の人々が湯治場に集まる。実際に人々がするのを見ていても、また当温泉について書いているドナートをはじめ多くの医者たちの意見によっても、わたしがこの温泉で頭部にシャワーをしたのはあながち誤ってはいなかった。〔…〕わたしがシャワーと入浴を同時に行なったからといって、あるいはまた管によらずに湧き口から直接に湯を浴びたからといって、大して大きな間違いをやったわけではない。ただそれを継続しなかっただけが失敗であったろうか。〔…〕この医者〔ドナート〕も、同じ日に飲みかつ入浴するのをよしとしている。だからわたしは、むしろ自分の思い通りに大胆にやらなかったことを、少々考えすぎて朝入浴中に飲泉しなかったことを、後悔している」。

以上、デッラ・ヴィッラ温泉に到着してから約一ヶ月の間にモンテーニュが試みた温泉治療の様子を見てきた。「わたしはふつうの規則に反することをいろいろやった」（五月二四日）と述べているように、彼は飲泉と入浴とシャワーを別々に行なうのではなく、飲泉と入浴あるいは入浴とシャワーを同時に行なっているし、それぞれに勧められている一定期間の継続も励行していない。しかし彼が行なった温泉療養は決してでたらめなやり方ではないように思われる。彼は医学や医者に対して親ゆずりの反感と不信感をもっているが（『エセー』二巻三七章）、ここでは「土地の習慣」にも、医者たちのしばしば相反する意見にも注意を払いながら、しかしそれらに盲従することなく、自分が考えるやり方で温泉治療を試みているのだ。〈自分の病気は自分で治せ〉と言わんばかりに、彼はあくまで自らの判断で飲泉や入浴やシャワーをあれこれ試し、体の症状の変化を注意深く観察し、腎臓結石に対する温泉の効能を調べている。

その一週間後（六月二一日）、モンテーニュは湯治を中断して、デッラ・ヴィッラ温泉を離れ、二ヶ月近くにおよぶトスカーナ巡遊に出かける。それについては次章で見ることにしよう。

湯治後期――体調不良と市長選出の知らせ

フィレンツェ、ピサ、ルッカなどに滞在してトスカーナ地方の一部を巡遊したモンテーニュは、八月一四日にデッラ・ヴィッラ温泉に戻ってくる。ときおり体調不良の日や石を排出した日もあったが、元気にこの温泉に到着した彼は、前と同じ宿を借りて、一五日から再び湯治を始める。ところがそれまでの疲れが出たのか、翌日は入浴後に濁った尿が出て、夕方の散歩のあとには尿が血の色になり、腎臓に何かしら異常を感じる。その翌日からも入浴をつづけるが、やはり尿は濁り、一八日にはガスがたまった感じになる。一九日、前日と同じく湯に二時間つかると、腎臓に何かしら動揺するものを感じる。「尿はやはり濁っていたが、その状態はいろいろであった。そして砂をたくさん出した。また腎臓に何かしら動揺するものを感じた。わたしの感じが誤りでないなら、これはこの温泉の主要な効能の一つであると思う。この温泉は通路と尿道を開き広げるばかりでなく、そのなかの物をも押し動かし、それらを散らしたり消したりするのである。わたしは砂を排出したが、それは最近細かく砕かれた石のかけらみたいに見えた」。このような記述を読むと、彼が温泉の効能を信じようとする思いが伝わってくるようだ。

二〇日も湯に二時間つかるが、ガスが下腹部に溜って一日中不愉快な状態がつづいた。その翌日には、入浴後に腎臓がひどく痛み、激しい疝痛と歯痛などに苦しめられ、「これは石のせいというよりガスのせいだと感じて」薬剤師に浣腸を頼む。二二日には、「ガスはもっぱら入浴のせいだと確信したので」一週間つづけた入浴を中断する。その夜は一晩中よく眠ったが、翌日も体調はすぐれず、尿もひどく濁っている。二四日、彼は朝から石を押し出そうと苦労し、ようやく午後に苦痛と出血を伴って、小さな松の実くらいの大きさと長さの石を出した。「わたしは今まで、こんなに大きいのを出したことがなかった。わたしはかねて、尿の具合から、きっとこんなのが出るだろうと予測してきたのであるが、さて、これから先はどうなるのだろうか」。モンテーニュはこのような死の危険に直面する毎日に不安を感じたのか、つぎのようなことまで書いている。「ところで人間を四方八方から絶えず脅かしているあらゆる病苦から免れるためには、それがどんなものであろうとも、唯一の特効薬、唯一の規則、唯一の学問は、あくまでも人間らしくそれに耐え抜くか、それとも勇敢かつ迅速に自らの結末をつけることだ」。

二五日、尿は元の色に戻るが、二七日には、昼食後に激しい歯痛に悩まされ、医者嫌いの彼もとうとう医者を呼ぶ。ガスがこの苦痛の原因である、というのが医者の見立てであった。また最初の湯治以来、頭がすっきりしたことは一度もなかったのであるが、二九日にいつもの温泉を九杯飲むと、さっそく頭痛が始まる。そこで彼はつぎのような判断を下す。「ここの温泉の湯気は、飲んだ場合でも入浴した場合でも（飲んだ場合の方が余計そうだが）、頭に非常に悪い。そして胃にはもっと悪いと断言できる」。三一日には、飲泉をやめることにする。「湯を飲んだ日には、飲んだ量と出した量とどうも勘定が合わないからである」。彼は愚かな習慣だと言いながら、尿の量をはかりつづけている。おそらくモンテーニュは自問したことであろう。はたしてここの湯は結石を小さくして排出してくれるのだろうか、それとも湯が体内に残って逆に結石の動きを妨げるのだろうか、と。

そろそろ「ここの温泉に飽きてき始めた」モンテーニュは、プロンビエール温泉滞在のときと同じように、自分の紋章をカンヴァスに描かせ、それを宿の部屋の壁に残している。彼の体調は九月に入ってもすぐれず、ひどい歯痛と頭痛に七転八倒し、五日には「当温泉に逗留中のすべての貴族が見舞いに来てくれた」ほどの状態であった。

九月七日、彼のもとにボルドー市長選出の知らせが届いた。「ローマ経由でトーザン殿の手紙数通が届けられた。いずれも八月二日ボルドーでしたためられたもので、その前日、満場一致でわたしがボルドー市長に選ばれた旨を述べ、郷土への愛のために受諾せられたいとすすめている」。それは突然の知らせだったのだろうか。彼はこの知らせをどのような気持ちで受け取ったのだろうか。のちに彼は『エセー』のなかでつぎのように書いている。「ボルドー市の参事諸君は、わたしがフランスからも、またそれ以上にそんな考えからも遠く離れているときに、わたしを市長に選んだ。わたしは辞退したが、これには国王のご命令も加わっているのだから、ことわるのは正しくないとさとされた」（三巻一〇章）。

その数日後の九月一二日、モンテーニュ一行はデッラ・ヴィッラ温泉を発ってローマへ向かうのである。

モンテーニュの知恵

モンテーニュがデッラ・ヴィッラ温泉で集中して行なった温泉治療は、結果的には期待はずれに終わったようである。これまで見てきたような彼の湯治法について、ジャン・スタロバンスキーは、「それは「盲目の」経験主義の原理であって、真の「実験科学」の原理ではない」と評している。[14]確かに彼の言うように、モンテーニュの湯治法は真の「実験科学」の原理にもとづくものではないかもしれない。しかし当時はそうした原理がまだ確立していなかった。経験を重視し、帰納的方法を提唱したフランシス・ベーコン（一五六一―一六二六）がその一歩を踏み出す少し前の時代である。「医術の推論が多種多様で薄弱なことは、他のいかなる学問におけるよりも明らかである」（『エセー』二巻三七章）時代にあって、彼は自らの判断で飲泉や入浴やシャワーをあれこれ試してみて、体の症状の変化を注意深く観察している。したがって彼がプロンビエール、バーデンそしてデッラ・ヴィッラの各温泉で行なった温泉治療は、試行錯誤を重ねながら、持病に対する処方を模索した〈エセー（試行）〉と言ってもよいのではなかろうか。[15]

帰国後もしばしば結石疝痛の発作に脅かされる彼は、のちに『エセー』のなかで「避けることができない事柄は、これに耐えることを学ばなければならない」（三巻一三章）と述べる。この病苦から免れるために、「勇敢かつ迅速に自らの結末をつける」のではなく、「あくまで人間らしくそれに耐え抜く」ためである。それではこのように述べるモンテーニュ自身は、持病となった腎臓結石の苦しみに人間らしくどのように耐えたのだろうか。『エセー』の著者はそのやり方を、「経験について」（三巻一三章）のなかでつぎのように語っている。

病気には通路を開けてやらなければならない。わたしは、病気に好きなようにさせるから、わたしのところにはあまり長く留まらないと思っている。また、皆がしつこくて頑固なものと考えている病気をも、病気自身の衰弱によって、医学の助けを借りずに、医学の規則に逆らって治してきた。少し自然のなすがままに任せておこうではないか。自然のほうが我々よりもその仕事を知っている。

ところで、わたしは、わたしの想像をできるだけおだやかに取り扱う。そして、できることなら、あらゆる苦労と紛争から解放してやりたい。できることなら、想像を助け、嬉しがらせ、だますことも必要である。わたしの精神はそれに長じていて、いたるところにもっともらしい理由を見つけるのに不自由しない。もしもわたしの精神が説教するとおりに想像を説得することができたら、わたしには大いに助かるだろう。

最初の引用文については、のちに見るように、この長旅も終わる頃につぎのような経験があった。帰国途中のモンテーニュは、シエーナからルッカの間（一〇月一九日から二一日）に、たてつづけに石を三つ排出している。シエーナでは「股の付け根や陰茎や肛門に激しい痛みを感じながら」石を排出したが、その翌日は、大した骨を折らずに、もう一つ石を排出している。そしてルッカでは、そこに宿泊した翌朝、あまり骨をおらず、痛みもなく、いつもよりずっと大きな石を一つ排出したモンテーニュは、つぎのように述べる。「これで自然はしばしば自分で体を掃除することがわかる。自然の一つの流れのように感じたからである」。彼はまた、のちに『エセー』のなかでつぎのように述べている。「他の人々は、結石が容易に流れ出すようにと、アスクレピオス〔医術の神〕にどっさりと願をかけ、お医者さんにも同じようにたくさんのお金を払わなければならないのに、おまえはしばしば自然の恵みでそれがかなえられる」(『エセー』三巻一三章)。

二つ目の引用文は、想像力をうまく利用するやり方であるが、モンテーニュはこの引用文のあとにつづけて、「お望みとあれば一つ実例をお目にかけようか」と述べて、彼自身に対して試みた「自分のやり方」について語っている。たとえば、老人になれば誰でもこうした病気になるのは仕方ないが、同病に苦しむ人たちと比べると自分の症状は軽いほうだと考える。あるいは、過去の経験を記したノート(旅の「日記」など)をひもとけば、かならず何かしら希望が持てる良い兆候を見つけることができる。あるいは、この病気は薬が不要で、我慢しさえすればよく、しかも激しい痛みを感じても、石を排出したあとはさっぱりして、回復の快い喜びさえも感じる、等々。

つまり一つは、「医学の助けを借りずに、医学の規則に逆らって」少し自然のなすがままに任せて、病気自身が衰弱するのを待つことである。もう一つは、想像の力を借りて、持病の苦痛をまぎらすうまい逃げ道を考え出して生きていくことである。それはいかなる医学にも頼らないやり方、医者の規則ではなく「自分のやり方で」病気の苦痛を和らげる試み《エセー》であり、治るということがほとんど期待できず、ともに生きていかなければならない病気にどのように向き合うのかを自ら実践する、モンテーニュ流の生きる術あるいは知恵と言えよう。

第六章　トスカーナ巡遊、そして旅の終わり

――ルッカからローマ、一路帰国の途に

カステッロ再訪と聖ヨハネ祭（フィレンツェ）

前章に記したように、デッラ・ヴィッラ温泉での湯治前期と後期の間（六月二一日から八月一四日）に、モンテーニュ一行はトスカーナ地方を巡遊し、フィレンツェ、ピサ、ルッカに滞在している。六月二一日、朝早くデッラ・ヴィッラ温泉を出発した一行は、「有名なトレッビアーノ酒の産地で、ブドウ畑がよく茂ったオリーヴ畑の真ん中にある」ペーシアで昼食し、美しい平野を通ってピストイア市外に宿泊する。翌日、ピストイアからプラートを通ってカステッロを訪れている。前年（一五八〇年一一月二三日）に見物に訪れたメディチ家のヴィッラである。デッラ・ヴィッラ温泉に向かう途中（五月三日）に再びそこを訪れたときは、大公の家族の都合で見学を見合わせた。それだけにモンテーニュは初夏のカステッロ見物を一層楽しみにしていたにちがいない。ところがそれはどうやら期待はずれであったようだ。「他の多くの場合もそうであるが、想像は現実よりさらに遠くゆくということを、そこで今さらのように感じさせられた。わたしは先にこのお庭を、冬、裸でむきだしになっているときに見た。そのときはもっとよい季節になって見たらさぞ美しかろうと思ったのであるが、実際に来てみると、さほどのものではなかった」。旅における〈想像と現実〉――前年一一月にヴェネツィアを訪れたとき、あるいはローマの遺跡を前にしたときのモンテーニュの感想が思い出される。

＊

六月二二日、カステッロ見学のあと、フィレンツェに到着した一行は、七月二日まで一〇日余りこの都市に滞在している。フィレンツェに来たのは三回目であるが、最初の滞在は二泊（前年の一一月二二日と二三日）、二度目は宿泊のためだけの一泊（五月二日）という短いものであった。今回の日程は、おそらくフィレンツェの守護聖人である洗礼者ヨハネの誕生日を盛大に祝う聖ヨハネ祭(1)に合わせたのであろう。モンテーニュはこの伝統祝祭の前日（二三日）と当日（二四日）の催しを見物し、その様子を『旅日記』に詳しく述べている。聖ヨハネ祭の前日には、公衆の行列や車上の大公フランチェスコ一世やアッシジのフランチェスコに扮した人間を乗せた仮装山車などを見ている。またサンタ・マリア・ノヴェッラ教会前の広場で行なわれた馬車の競争も見物した。これは一五六三年にコジモ一世が始めたパーリオ（競馬レース）であり、フィレンツェで互いに反目し合ってきたメディチ家とストロッツィ家との競争であった。モンテーニュは、大公の車とストロッツィ——前記ストロッツィ元帥(2)の甥ジャン・バッティスタ——の車との競争、その手に汗を握る様子に「大公の御前にいることも忘れ、精一杯の声をふりしぼってストロッツィに声援を送る」群衆の様子を生き生きと描出し、その光景を「いかにも古代の競技によく似ていて、わたしがイタリアで見た何よりも面白かった」と述べている。なお「この日はちょうど聖ヨハネ祭の前夜であったので、ドゥオーモの屋根にはかがり火が二段三段にめぐらされ、そこからは火矢が空にはじけ飛んでいた」。

聖ヨハネ祭の当日、モンテーニュは大公宮殿前の広場すなわちヴェッキオ宮殿前のシニョーリア広場で毎年行なわれる大公に対する臣従の誓いの儀式を見物し、その様子を詳述している。また天使や聖人の姿をした子供たちと聖ヨハネに扮した男が乗った車などの仮装山車行列の様子も記している。またその日（土曜日）は大公宮殿が公開されて、宮殿内は田舎の人たちで賑わい、人々は大広間のあちらこちらで踊っていた。フィレンツェでは、共和政の時代には人々が通りや広場で踊って聖ヨハネ祭を祝っていた。しかしメディチ家が支配する時代になると、その習慣はこのような形で行なわれるようになった。その光景を目にして、彼はつぎのように述べている。「これはこの種の人々にとっては失われた自由の回想なので、こうして毎年、この都市の主なる祭日には、その回想を新たにするのであろうと思う」。

翌日の日曜日（二五日）、彼はピッティ宮殿を見物し、「この宮殿造営に必要な資材の運搬のために長年奉仕した功を称えた」騾馬の大理石像や、「両肩の間に頭が出て、角と耳を持ち、体は小さな獅子の形をした」キマイラを見た。[3] 月曜日にはシルヴィオ・ピッコローミニの許でお歴々と一緒に昼食をした。ピッコローミニは、シエーナで秘書が「あらゆる種類の学問および剣術において当代で最もすぐれた貴族」と記した人物である。モンテーニュはその席上で話題になった剣術や砲術や築城術のことにふれ、戦争での砲術を蔑視しているピッコローミニに賛同している。彼は鉄砲が手にもつ剣よりも意のままにならない武器であり、そのうち使われなくなるだろうと考えていた（『エセー』一巻四八章）。マキャヴェリも同じように考えていたらしい。またその日には、「気晴らしのつもりで、望めば誰とでも会ってくれる女たちの許に行った」が、それについては前述した。[4]

キマイラ（ブロンズ，紀元前5世紀末～4世紀初）

水曜日（二八日）、モンテーニュは大公の別邸（サン・マルコの別邸）を再び見学し、大公が「あらゆる種類の自然の鉱石を一つ一つつなぎ合わせて作り上げたピラミッド型の岩」に感心している。「この岩は水を吹いていて、そのなかのいろいろなもの、水車や風車、小さな教会の鐘、歩哨の兵隊、動物や猟師などを動かしている」からで、例のごとく彼は水力を利用した装置に興味を示している。

金曜日（三〇日）には、有名な印刷工房のジュンティ書店に行って、喜劇一一編と若干の書物を購入している。またここでボッカッチョ（一三一三―七五）の遺言が『デカメロン』に関する論説[5]とともに印刷されたものを見て、「この偉人がいかに驚くべき貧窮と薄幸のうちにあったかがよくわかる」と書いている。実際、この作家の晩年は悲惨であったようだ。ペトラルカ（一三〇四―七四）は、ボッカッチコ宛ての最後の書簡（一三七三年四月二八日）のなかで友の不幸と貧窮に言及し、また遺言書には友に多額の送金をする旨を記している。なおペトラルカはこの書簡を書いた一年後に亡くなり、ボッカッチョも師の一年後に亡くなっている。[6]ボッカッチョの代表作『デカメロン』については、モンテーニュは『エセー』のなかで、ラブレーの『ガルガンチュアとパンタグリュエル』とともに「暇をかけるだけの値打ちがあると思う」と語っている（二巻一〇章「書物について」）。

ところで一行が最初にフィレンツェを訪れたとき、「どうしてこの都市が美しいと言いはやされるのか、わたしにはわからない」という感想が書かれていた。前述したように、それが秘書の感想なのか、モンテーニュの感想なのか、はっきりしなかった。しかし今回の滞在では、モンテーニュは「とにかくわたしは、フィレンツェが〈美しい〉都と呼ばれることを当然であると認めた」と述べるのである。

ピサおよびルッカ滞在

七月二日、一行は昼食後にフィレンツェを発ち、エンポリという美しい土地を通って、スカーラに宿泊。その翌日にピサに到着し、七月二七日まで三週間半ほどそこに滞在している。アルノ川下流に位置するこの都市は、かつて海洋都市国家として経済的繁栄を誇っていた。しかし上流から運ばれてくる土砂によって地形が変わり、次第に水運の便が悪くなる。運河や水路の管理も滞り、沼地が増大してマラリアが蔓延し、人口が激減するなど、十五世紀前後からピサは衰退し、十六世紀初頭にはフィレンツェの支配下に入っている。[7] 実際、モンテーニュはピサ滞在中（七日）にアルノ川の河口まで行ったときに、「そこまで船舶が入り込むのはきわめて困難である。いろいろな小川が一斉にアルノ川に流れ込み、そこに土砂を運んで来ては河口をふさぎ浅くしているからである」と書いている。また沼地の干拓について、「ピサの空気はついこの間までは健康に悪いと言われていたが、コジモ公〔トスカーナ大公コジモ一世〕が付近の沼地を干拓させてからよくなった」とも述べている。

五日、モンテーニュはドゥオーモのほか、鐘楼（有名な斜塔）や洗礼堂や納骨堂《カンポサント》を見物している。ピサの経済的繁栄期に建てられたこれら四つの建築物について、彼はそれぞれメモを残しているが、これといって興味深い説明はない。第二次大戦中、一九四四年の砲撃による火災のため多くのフレスコ画が破壊されたというカンポサントについても、「それは長さ三百歩、幅百歩の四角の並外れて大きな建物である。四方をめぐる内廊下は幅四〇歩もあって、天井は鉛で覆われ、床には大理石が敷かれて、壁は古画で覆われている」と記しているだけで、フレスコ画についての詳しい言及はない。しかし好奇心あふれるこの旅人は、カンポサントについて土地の人々から聞いた話を詳しく書きとめている。

この建物の中央には屋根のない部分があり、そこには今なお死者が埋葬される。土地の人々が口をそろえて確言するところによると、ここに葬られた遺体は、八時間のうちに上の土が盛り上がるほどに膨張し、それから八時間すると今度はしぼんで小さくなる。そしてさらに八時間すると、肉はすっかり消えてなくなり、けっきょく二四時間たたないうちに白骨だけになってしまうそうだ。〔…〕その土は、ピサの人たちが大軍に混じってエルサレムに遠征したときに持ち帰ったものだという。人は司教の許可を得て、その土塊を少しいただいて帰り、よその墓地にそれをまく。そうするとそこの死骸は早く土に帰ると信じているからである。

今日のガイドブックにも記されているが、その土は、神聖ローマ皇帝フリードリッヒ一世（赤髭王）の十字軍遠征の際、ピサの大司教ウルバルドの命により、ピサの人々が船でゴルゴダの丘から運んできたものだと言い伝えられている。モンテーニュはこのように、旅の途中で土地の人から聞いた珍しい話を『旅日記』によく書きとめている。

翌日にも彼は人から聞いた話を詳しく記している。聖ペテロの祝日に行なわれていたという「海との結婚」の話である。「木曜日（七月六日）、聖ペテロの祝日、人の話では、昔ピサの司教は、市外四マイルのところにあるサン・ピエロ教会まで行列をしてゆき、そこから海岸に行って指輪を海中に投げ入れ、荘厳に海と結婚したものであるという。当時ピサは強大な海軍を持っていたからであろう。今ではそこにいくのは学校の先生ひとりだけである。一方、聖職者たちは列をつくって教会に行く。そこで贖宥《しょくゆう》の分与が盛大に行なわれるのである」。サン・ピエロ教会すなわちサン・ピエロ・ア・グラード聖堂は、聖ペテロがアンティオキアから来て上陸したという場所に、十世紀後半に建てられた聖堂である。ペテロの上陸は伝説にすぎないであろうが、「この時代、この場所はすでに聖地として多くの巡礼者を集めている」(8)。なお聖ペテロの祝日は六月二九日であるから、モンテーニュは八日間の祝祭を指して聖ペテロの祝日と言っているのであろう。ちなみに「海との結婚」と言えば、ヴェネツィアの儀式が有名であるが、『旅日記』にはふれられていない。

七日、彼は馬に乗って、市から二マイル離れたピエートロ・ディ・メディチ（コジモ一世の末子）の広大な酪農場を訪れ、「大勢の人間がクリームやバターやチーズの生産にいそしんでいる」ところを見物している。現在、そこはイタリア共和国大統領の夏の住居になっているという。そのあと彼は、ティレニア海岸まで行ってリヴォルノやコルシカ島などを眺め、アルノ川の河口付近では、前述したように、その付近の状態に言及している。なおリヴォルノは、土砂で埋まったピサの港の代わりにコジモ一世によって再建された港であるが、今日イタリアの重要な商業港となっている。また彼はここで魚を買ってピサの女優たち——一行がピサで会った劇団「デジオージ座」の女優たち——に届けさせている。この劇団は、彼がボローニャで観劇した一座——おそらく「コンフィデンティ座」——とともにイタリアで最も古い劇団の一つである。ちなみにイタリア人劇団は、十六世紀後半からカトリーヌ・ド・メディシスやアンリ三世などに呼ばれてフランスを訪れるようになり、イタリア喜劇がフランスに広く受け入れられていく。

ところでモンテーニュはピサ滞在中に、大学で教えている学者や医者とも会っている。興味深いのは、医者嫌いの彼がピサ大学で医学を講じている有名な医者トンマーゾ・コルナッキーニの家を訪問していることである。モンテーニュは、その人の「専門とする学問の掟とは正反対の」勝手気ままな生活と話を愉快げに書きとめている。「食事がすむとすぐに眠るし、一日に一〇〇回も飲む」ような生活とか、「刺胳は別として、医術は温泉に比べたらまるで効かない」といった話である。彼はこの医者のことをどのようにして知ったのだろうか。

そのほか『旅日記』には、二一人のトルコの奴隷が遁走した話とかミサをめぐってドゥオーモの司祭たちと修道士たちとの間に起こった大喧嘩など、いくつかの見聞談が語られているが、ここでは省略して、最後にピサに対する彼の感想を記しておこう。「アルノ川およびそれが市中を貫流する運河の美しさや、教会や古代の遺跡や、個人の造作などを別にすれば、ピサには優美なもの愉快なものが乏しい。ある意味で寂しいところである。その点でも、建物の形や街路のだだっ広い点でも、ここはピストイアによく似ている。その最大の欠点の一つは水質の悪いことで、ここの水は沼地の味がする」。先に庭園見物、とくにヴィッラ・デステとプラトリーノの比較などでも見てきたが、ここでも彼は水の問題（水質や味）に言及している。

＊

七月二七日、一行はピサを発ってルッカに向かう。途中の丘の麓でピサ温泉と呼ばれているところ（現サン・ジュリアーノ温泉）があり、モンテーニュはその温泉を試飲している。そのあと「この山（ピサ山）を登りきったら、すばらしい景観に接した。広い野原、海、島々、リヴォルノ、ピサが眼下に見えた」。山を下りて平野を進んでルッカに到着。ルッカではある名士の家の階下（寝室五つと食堂と台所）を借りて八月一三日まで滞在している。今回はゆったりとした滞在だったようで、彼は好きなときに眠り、調べものをし、また外に出て知り合いになった人たちとおしゃべりを楽しんだ。「それに店も教会も広場もあり、場所の変化がある。そうしたことがわたしの好奇心を十分満たしてくれた」と彼は日記に書いている。八月一四日、一行はデッラ・ヴィッラ温泉に戻り、そこに九月一一日まで滞在する。湯治後期の様子については、第五章ですでに述べたとおりである。

サンタ・クローチェ祭（ルッカ）

九月一二日、一行は二回に分けて湯治を行なったデッラ・ヴィッラ温泉を離れ、ローマに向かうのであるが、その途中で再びルッカに一週間ほど滞在している。

一三日と一四日は、ヴォルト・サント（聖なる顔）に捧げられるサンタ・クローチェ祭（聖十字架祭）である。モンテーニュはすでにルッカを二回訪れているが、おそらく今回の滞在はサンタ・クローチェ祭に合わせたのだろう。この祭りについて、彼はつぎのように書いている。

サンタ・クローチェ祭は当市の主な祭りの一つで、この八日間は、負債のために追放されている人たちも、この信心を全うするために、自由に、自宅に帰ることを許される。〔…〕水曜日〔一三日〕の夕方、我々はドゥオーモ〔サン・マルティーノ教会〕に晩課を聴きに行った。そこには町中の人々や行列の人々が集まっていた。ヴォルト・サントは覆いがとられていた。この聖遺物が人々の間でこんなに崇められているのは、それがきわめて古く、数々の奇跡によって有名だからである。〔…〕木曜日〔一四日〕、ドゥオーモの合唱隊席でミサを聴いたが、そこにはこの国の市会のすべての役人が控えていた。〔…〕人々はとくにこの日のために、木と紙とで非常に高い祭壇を作ったが、それは画像や大きな銀の燭台やたくさんの銀の器物で、真ん中には受け鉢、四隅には四つの皿というふうに、上から下まで飾りたてられ、なかなか立派に見えた。

言い伝えによれば、ヴォルト・サントとは、「ヨハネによる福音書」に記されているキリストの隠れた弟子のニコデモが彫ったと言われる、キリストの顔を表現した十字架像である。その後、この十字架像は、船に乗せられ、地中海を渡って、最終的に七四二年にルッカにたどり着いたという。前章でふれたロレートへのサンタ・カーザの移転とよく似た言い伝えである。オリジナルのヴォルト・サントはすでに失われたのであろう。現在ヴォルト・サントと呼ばれているものは、おそらくオリジナルを模倣して彫刻された大きな木製のキリスト像（十二世紀）であり、モンテーニュがドゥオーモで見たものはおそらくこの像であったろう。また十五世紀末にルッカの芸術家マッテオ・チヴィターリがヴォルト・サントを納めるために小聖堂《テンピエット》を建てている。今日、ドゥオーモに入ると、この小聖堂とキリストの十字架像を見ることができる。

この祭は、現在も毎年九月一三日と一四日に開催されているルッカの伝統的な宗教行事で、とくに一三日の夜に行なわれる「ルミナーリア・ディ・サンタ・クローチェ（サンタ・クローチェの光祭り）」は有名である。筆者は見物したことはないが、地元観光局が発行しているパンフレットによると、九月一三日夜には、サンタ・クローチェの行列行進とセルキオ川の花火の打上げが盛大に行なわれる。サンタ・クローチェの行列行進では、聖職者や信者や歴史的衣装を着た人々がキャンドルとイルミネーションに輝く市中を、サン・フレディアーノ教会からドゥオーモ（サン・マルティーノ教会）まで練り歩くという。

ルッカ滞在中、モンテーニュは市の行政長官《ゴンファロニエーレ》の更迭式も見物した。「九月一七日、日曜日、市の行政長官の更迭が行なわれたので、わたしはその儀式を見に宮殿に行った。ここルッカでは皆が、ほとんど日曜日も何もおかまいなしに働いている。また多くの家が店を開いている」。行政長官の選挙は二ヶ月ごとに

ヴォルト・サント（サン・マルティーノ教会，右）と
サンタ・クローチェ祭のパンフレット（左）

行なわれた。市は三つの区画に分けられ、この職が交互に回ってきたという。ルッカは自由都市であったから、この選挙も政体もフィレンツェに併合されたピストイアのような形式だけのものではなかったであろう。なおここで日曜日の労働に言及しているのは、日曜が休日と決まっていたフランスの習慣と異なっていたからと思われる。

奇跡の教会（ヴィテルボ）

九月二〇日、身の回りのものを二箱荷造りしてフランスに向け発送させてから、モンテーニュはルッカを出発する。スカーラに宿泊し、翌日「ボッカッチョの生地チェルタルド」（晩年を過ごしたところ。生地は不明）の麓を通ってシエーナに到着する。シエーナは二度目であったためか、『旅日記』にはカンポ広場のことが簡略に書かれているだけである。

二四日、シエーナを発つが、途中で「我々の荷物を背負った駄馬が、我々が歩いて渡った小さな流れで転んだために、わたしの持ち物全部、とくに書物を台無しにした。それらを乾かすためにひまがかかった」。やむなくサン・キリコという寒村に二泊し、その近くにある温泉を見に行っている。二六日、サン・キリコを発ってラ・パリアで昼食、サン・ロレンツォに宿泊する。翌朝、従者たちとシエーナの馬丁たちとの間に喧嘩が起こった。「馬丁たちは、我々の旅が普通より長かったため、馬の費用を払う破目になったことを知り、今晩の費用は払わぬと言い出した」のである。「旅が遅れたのは馬が水の中で転んだためで、おかげでこちらは持ち物の大部分を水にひたした」とモンテーニュが村長に訴えると、村長はこちらを勝訴とし、馬丁たちの一人を牢に入れたという。当時、モンテーニュ一行のような貸し馬の旅には、このようなアクシデントの危険と貸し馬の利用に際しての面倒な問題が常に伴っていたのであろう。

旅中、彼が貸し馬の不都合をもらしていたのも無理はない。

それから一行は、モンテフィアスコーネから約六マイルのところにある温泉を見物して、かなり遅くヴィテルボに到着する。二八日、モンテーニュはヴィテルボの近くにある温泉をいくつか見物に出かけた。彼はここで三日間飲泉するつもりであったようだが、実際にはその日に訪れた二、三の温泉で試飲した程度で、日記にそれぞれの湯の特徴や効能や用法などを書きとめている。

二九日、聖ミカエルの祝日、昼食後にモンテーニュは、町から一マイル離れたマドンナ・デッラ・クエルチャ教会（かしの木の聖母教会）を訪れる。彼は『旅日記』のなかで、そこで起こったという奇跡の話を淡々と語っている。


教会は美しく、たくさんの宗教記念物があり、無数の献額がかかっている。そこのラテン語の銘文のなかにはこんなことが記してあった。今から百年ばかり前、一人の男が盗賊に追われて、半死半生の体で一本のかしの木に身を隠したところ、そこにこの聖母の像があったので、これに祈りを捧げると、不思議にも彼の身は盗賊から見えなくなり、明らかな災難を免れた、と。こ

LA MADONNA della QUERCIA

TRIMESTRALE - Spediz. in A.P. - Art. 2 Comma 20/C - L. 662/96
ANNO XV - N. 3 Settembre 2007

9 settembre 2007

Commemorazione dei benefici di Santa Maria della Quercia

L'INIZIO DELLA STORIA

Acquerello di Vincenzo Penicale (1619)

季刊紙 *La Madonna della Quercia*（2007 年 9 月）の第一頁。右下は「かしの木の聖母」を描いた水彩画（1619）

の奇跡によって、この聖母に対する特別の信仰が生まれ、かしの木のそばにこの非常に立派な教会が建てられたのである。

この教区と教会の活動を知らせる季刊紙（二〇〇七年九月号）には、奇跡の教会の由来と歴史が詳しく述べられている(9)。それによると、話は一四一七年に遡るという。その年、ある農夫が豊作を祈り、ブドウ畑が被害を蒙らないようにと、ある画工に頼んで瓦に美しい聖母子像を描いてもらい、それをかしの木の上に置いた。やがてこの街道を通る者たちがそれを「かしの木の聖母」と呼ぶようになったが、一四六七年に奇跡が起こる。その一つが先の話であるが、その年に奇跡がもう一つ起こる。ヴィテルボの町にペストが発生したため、住民が「かしの木の聖母」に祈りを捧げると、ペストが突然終息したという。これらの奇跡によって、マドンナ・デッラ・クエルチャ教会が一四七〇年から一五二五年にかけて建造されたのである。建物正面の三つの入口はそれぞれ半月窓で飾られた。彫刻家・陶工のアンドレア・デッラ・ロッビア（一四三五―一五二五）による釉薬をかけたテラコッタで、中央入口の半月窓には聖ドメニコと聖ロレンツォの間に聖母子がいる。左の半月窓は聖ペテロ、右の半月窓は聖トマス・アクィナスである。その後、この教会には多くのローマ教皇も訪れており、最近では一九八四年五月にヨハネ・パウロ二世がここで祈りを捧げている。

バニャイアとカプラローラ見物

九月三〇日、モンテーニュ一行はヴィテルボを発って、ヴィテルボの東約五キロにあるバニャイアに向かい、ガンバラ枢機卿が建造をつづけているヴィッラを見物する。そのあとカプラローラ（ヴィテルボの

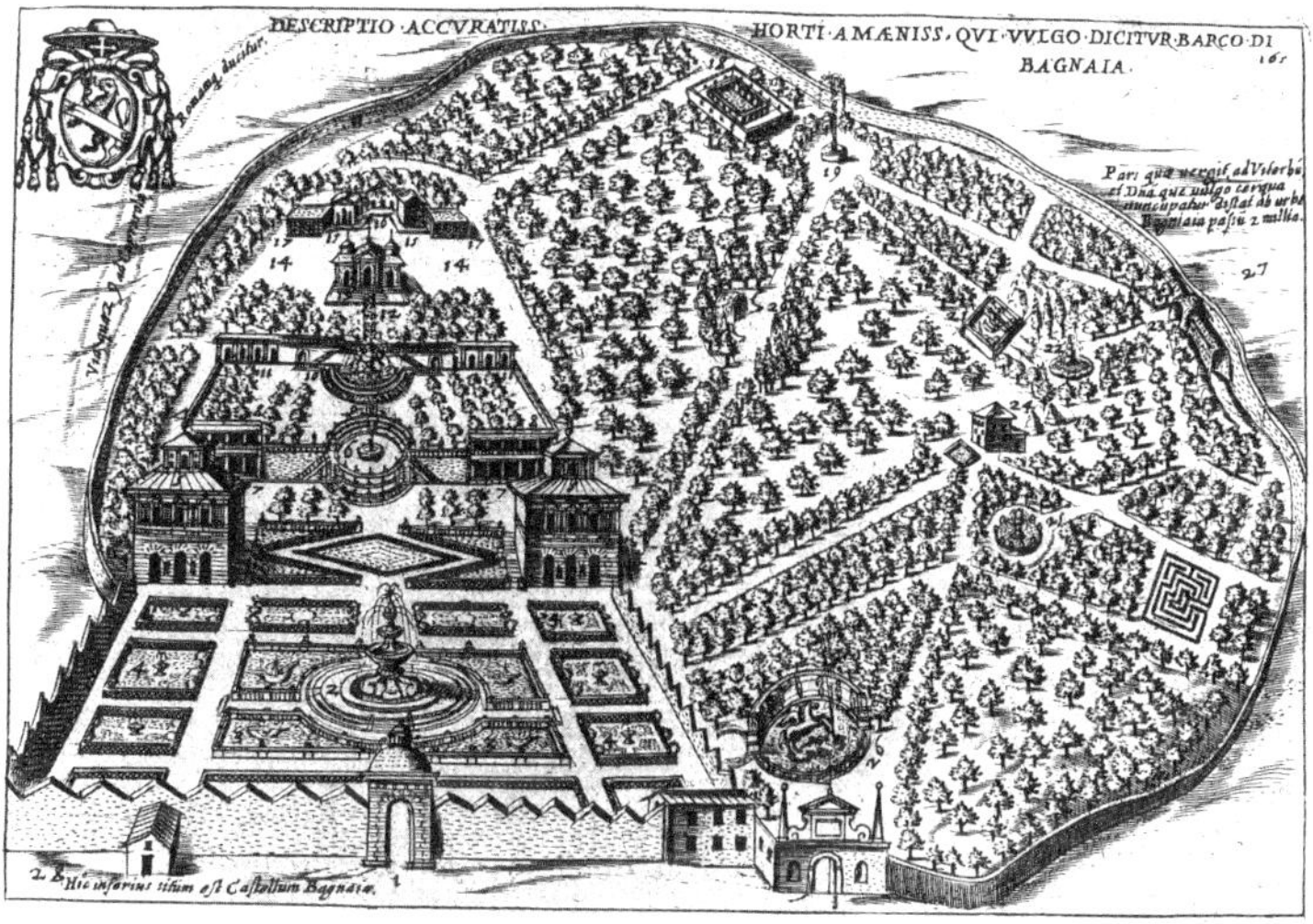

バニャイア（1612-1614）

南東約一九キロ）に向かい、ファルネーゼ宮殿も見物している。

まずバニャイアのヴィッラ見物の様子から見ていこう。

> 九月末日、土曜日、朝早くヴィテルボを発って、バニャイアに向かった。そこは枢機卿ガンバラの所領で、美しく飾られ、とくに噴水がよくできている。その点ではプラトリーノやティヴォリ〔ヴィッラ・デステ〕に匹敵するばかりか、かえってそれらを凌駕しているように見える。第一ここには自然の泉がある。これはティヴォリにはないことだ。また水がとても豊富なので（これはプラトリーノではないことだ）、いろいろ趣向をこらすことができる。ティヴォリの仕事の主要部分を監督したトマゾ・ダ・シエーナがここの工事も監督しているが、まだ完成には至っていない。このように彼は、常に前の創意の上の新しい創意を加えて、この最近の仕事になお一層の技巧と美しさと魅力を傾注している。

バニャイアのヴィッラ（のちのランテ荘）の建造は、十五世紀末からラッファエーレ・リアーリオ枢機卿やニッコロ・リドルフ枢機卿など、歴代のヴィテルボ司教によって継続されてきたが、その本格的な建造と整備は、一五六六年から八三年までヴィテルボ司教であったジャン・フランチェスコ・ガンバラ枢機卿（一五三三—八七）によってなされた。[10] ガンバラ枢機卿はその設計を、カプラローラのファルネーゼ宮殿で仕事をしていたヴィニョーラ（ジャコモ・ダ・バロッツィ、一五〇七—七三）に依頼する。ヴィニョーラは配水技術などにすぐれた技師トンマーゾ・ギヌッチ・ダ・シエーナ（引用文中のトマゾ・ダ・シエーナと同一人物であろう）とともにヴィッラ建造に着手する。ところがヴィニョーラが一五七三年に亡くなったために、以後トンマーゾ・ギヌッチが工事を監督していたのである。一行がここを訪れたとき、枢機卿は不在だったというから、彼が見物に付き添っていろいろ説明したのかもしれない。ちなみにガンバラ枢機卿は上記マドンナ・デッラ・クエルチャ教会に埋葬されている。

このヴィッラは主庭となる整形庭園とその東側にある樹林園（狩猟場であった）からなるが、モンテーニュは樹林園には言及していない。また現在の出入り口を入った先にある「ペガサスの噴水」についても述べていない。主庭は一六メートルの高低差のある斜面に作られた四つの段状テラスからなる。上段のテラス（洪水の噴水、イルカの噴水など）、中段のテラス（巨人の噴水など）、下段のテラス（灯火の噴水）、そして最下段のテラス（区画花壇）である。ヴィッラ・デステやカプラローラにも見られる連鎖水路——バニャイアではガンバラ枢機卿の紋章であるザリガニ形の連鎖水路——が上段のテラスと中段のテラスをつないでいる。また下段のテラスと最下段のテラスをつなぐところには小館が建っている。モンテーニュが訪れたときはガンバラ枢機卿の小館だけであったが、のちにモンタルト枢機卿の小館が建てられたのだ。モンテーニュはガンバラの小館を「小さいが、手入れが行き届いて気持ちがよい」と評している。

最下段にある区画花壇のテラス（バニャイア）

先の引用文に読まれるように、彼は主庭園を見学して、「とくに噴水がよくできている」と述べ、ここでも水力を利用した仕掛けに強い関心を示している。また水質と水量にも注意を向け、その点でティヴォリやプラトリーノよりも優れていると述べている。彼は主庭園の上段・中段・下段のテラスも鑑賞したであろうが、『旅日記』のなかで詳述しているのは、最下段のテラスの中央で「いろいろ様々に、あるいは高くあるいは低く、水を噴き出している」ひときわ高い尖塔（ピラミッド）の噴水である。「このピラミッドの周囲には四つの、美しく清らかな水をたっぷりたたえた小さな池があり、それぞれの池の中央には石の小舟があり、二人の銃士が乗っていて、水を吸い上げピラミッドめがけて発射している。またもう一人ラッパ手が乗っていて、同じように水を吹き上げている」。当時は庭園の出入り口が最下段のテラスにあったから、モンテーニュは最初にこのピラミッドの噴水を目の前にして、そのすばらしさに驚嘆したのであろう。ただしこのピラミッドの噴水は、のちに「ムーア人の噴水」に取って代わられた。ガンバラ枢機卿のあとを受け継いだモンタルト枢機卿が、モンタルト家の紋章「星を戴いた山」を片手で持ち上げる四人の「ムーア人の噴水」を設置したからである。その後、一六五六年にイッポリート・ランテ公爵がこのヴィッラを取得し、以後三〇〇年間ヴィッラ・ランテ（ランテ荘）として知られることになるが、現在は国有となっている。

つぎにカプラローラのファルネーゼ宮殿について見てみよう。

そこから一路まっすぐにカプラローラに行った。そこには枢機卿ファルネーゼの宮殿があり、イタリアで評判の名所である。実際、イタリアに来て、これに比べられるほどのものは見たことがなかった。そこは凝灰岩をくりぬいた大きな堀に取り囲まれ、建物の上部はテラス状をなしているので、屋根はどうなっているのか全然わからない。実際は五角形だが、見た目には正四角形の建物のように見える。ところが内側は完全な円形をなし、まわりには幅広い回廊をめぐらしており、回廊はすべて丸天井で、どの壁にも絵が書かれている。

丘陵地帯の斜面の上にそびえるこの宮殿は、アレッサンドロ・ファルネーゼ枢機卿（一五二〇―八九、教皇パウルス三世の甥）によって一五四七年

カプラローラの宮殿と庭園（G. Braun, 1574）

から五九年にかけて建造された[11]。宮殿の建築と庭園の設計を担当したのは、すでにふれたように、バーヤイアのヴィッラの建造も担当したヴィニョーラである。宮殿の珍しい外観と内側の様子を伝える文につづいて、モンテーニュは建物の内部を見物して彼の目にとまったものを書きとめている。彼がすばらしいと形容している広間は「世界地図の部屋」である。天井には黄道帯と神話の人物などからなる空想図、壁面には当時の世界地図やイタリアの地図などが描かれている。彼はその他の部屋も見物して、そこに描かれているフランス王家の人々（アンリ二世とカトリーヌ・ド・メディシスおよびその子供たち）や二人の元帥（アンヌ・ド・モンモランシーとピエーロ・ストロッツィ）などを眺めている。また彼は同じ部屋の両端にある二つの肖像に注目している。一方はフランス王アンリ二世の像で、その下に「ファルネーゼ家の擁護者」と記され、もう一方はスペイン王フェリペ二世（カール五世の子）の像で、その下に「彼より受けた多くの恩恵のために」と記されている、と彼は日記に書きとめている。この二つの肖像は、ファルネーゼ家のパルマ公国領有を支持したアンリ二世、そのアンリ二世とフェリペ二世との間に結ばれたカトー＝カンブレジ条約（一五五九）、その後のスペイン・ハプスブルク家によるイタリア支配という歴史の流れを端的に示しているようだ。

宮殿の背後にある庭園については、「戸外にもなお注目に価する立派なものがたくさんあった」と述べ、水が小さな池の水面に落ちるようになっている人工の洞窟《グロッタ》を例に取り上げているだけである。ちなみに二〇〇七年一一月中旬、筆者はガイドの案内で庭園を少し歩き、女身像柱《カリアティード》や男身像柱《テラモン》、人工の洞窟、小館、連鎖水路などを見物した。しかし庭園のほうはあまり手入れがされていないようで、しかも晩秋ということもあって、寂しい感じであった。なお現在、ファルネーゼ宮殿も国有となっており、イタリア共和国人統領の夏の別荘を兼ねているという。

ローマ到着

バニャイアのヴィッラとファルネーゼ宮殿の見物を終えてカプラローラを発った一行は、その日はモンテロッシに宿泊。翌日（一〇月一日）ローマに到着したが、寒気はなはだしく、北風が身を切るように冷たかった。その日、モンテーニュはボルドー市参事たちの手紙を受け取る。「彼らはきわめて丁寧にわたしを市長に選んだいきさつを述べ、言葉をつくしてわたしの帰還をうながしていた」。ローマには一〇月一五日まで二週間ほど滞在するが、最初の数日間、彼は胃の調子が悪く、一人だけ別に食事をとっている。八日、ディオクレティアヌスの浴場跡に行き、あるイタリア人の馬の曲乗りを見て、その見事な演技を詳述している（のちに彼は『エセー』一巻四八章「軍馬について」のなかでもその演技に言及している）。一〇日、フランス大使ポール・ド・フォワに誘われて、夏に亡くなった枢機卿オルシーニ——シャルル九世の許で教皇特派使節であった——の、売りに出た家具類を見に行き、美しく彩色したダチョウの卵とか宝石箱とか、いろいろ珍しいものを目にしている。一二日には、サンス枢機卿の馬車に乗って、サン・ジョヴァンニ・エ・パオロ教会を訪れた。サンス枢機卿とは、あのジェズアートたちの後援者ニコラ・ド・ペルヴェである。またその日、モンテーニュは貴重な品々を詰めた荷箱を一個、ミラーノ宛に発送している。ふつうそこまで荷馬車で二〇日かかるという。その三日後、彼はローマを離れ、いよいよ帰国の途につくのである。

ローマからモン・スニ峠へ

一〇月一五日の日曜日早朝、モンテーニュはローマを出発する。デスティサックをはじめ、多くの貴族たちが最初の宿駅まで見送ってくれた。なお出発に先立ち、モンテーニュはローマで五ヶ月間剣術の修行をする予定の弟マットクロンに金貨四三スクードを与え、弟は月二〇ジューリオで部屋を借りている。前述したように、モンテーニュの義弟カザリスはパドーヴァに残り、秘書とは最初のローマ滞在中に別れている。デュ・オトワはおそらくローマに残る主人のデスティサックと一緒であったろう。そうだとすると、帰国するのは、主人側ではモンテーニュ一人ということになる。それに関して『旅日記』には何の言及もない。しかしこのあとの記述も「我々は……」となっているので、帰国の途についたのはモンテーニュとおそらく彼が雇ったであろう従僕など数名ではなかったろうか。さてローマを発ったその日はロンチリオーネに宿泊する。なお彼はあらかじめ「ルッカまで一頭二〇ジューリオの割で馬を借りていた。馬の飼料は馬方が持つことにしてある」。翌日、厳しい寒さのなか、昼食をとったヴィテルボで毛皮などすべて冬物に着替えて、その日はサン・ロレンツォに宿泊する。一七日、そこからサン・キリコまで行く。彼は、「この辺の道路はすべて、トスカーナ公の命によって今年修復されたばかりである。まことに立派な工事で、公共のために非常に有益なことである。〔…〕ローマに向かう人々の数の多いのには、ただ驚くばかりである。そのためにローマに行く貸し馬は法外の高値を呼んでいる。だが帰りの馬はほとんどただに近い値段で借りられる」と記している。

一八日、サン・キリコを発ち、その日の夕方、シエーナに到着。その晩、結石疝痛の発作が始まる。翌日シエーナを出ると疝痛が再発し、石を排出する。一九日、ポンテ・ア・エルザに来て夕食。翌朝そこを出ると、途中で多量の砂とともに石を排出する。そしてルッカに宿泊した翌二一日の朝、苦労も痛みもなく、いつもよりずっと大きな石が一つ出たのである。「これで、自然はしばしば自分で体を掃除するということがわかる」と彼は述べ、神様に感謝している。[12]

「ぜひ見送りたいという幾人かの貴族たちを待たずにルッカを発った」モンテーニュは、ピエトラサンタを通ってフィレンツェ公に属するマッサ・ディ・カッラーラに投宿。翌日にはティレニア海を左手に見て、ジェーノヴァ共和国のサルザーナからパルマ方面に向かい、ポントレモリに宿泊。サルザーナからミラーノに行くにはジェーノヴァを経由して行くこともできるのだが、悪路や山賊の危険などの理由から、また「フランスに帰れればよい」と彼は考え、ジェーノヴァに寄ることは断念する。市長就任のことも頭にあったにちがいない。二三日、ポントレモリを発ち、フォルノーヴォに宿泊。そこからパルマまで行っても二駅の遠回りにすぎないのであるが、彼は「道草を食って少しでもわたしの帰りを遅らせまい」と思い、ボルゴ・サン・ドンニノ（現フィデンツァ）を通ってピアチェンツァに泊まる。ローマを発ってからのモンテーニュは、気の向くままに知らない土地を歩きまわって、その変化と多様性を楽しむ〈ツーリスト〉ではなく、目的地に向かってひたすら道を急ぐ当時の旅人のようである。

とはいえ、翌日彼はピアチェンツァからミラーノに直行せず、遠回りをしてパヴィーアを訪れている。この都市の見物とあわせて、その近くにある「フランソワ王が負けたと言われる古戦場」や「カルトゥージオ会の修道院」を見たかったのであろう。パヴィーアでは、ドゥオーモなど主な建造物を急いで見物している。また枢機卿ボッロメーオ（一五三八―八四）が学生のために建て始めている学寮を見ている。[13] そのとき彼は一年近く前にバール＝ル＝デュックで見たジル・ド・トレーヴのコレージュのことを思い出したにちがいない。翌二六日、モンテーニュはパヴィーアを発ち、街道から半マイルばかり右にそれて、古戦場を見に行く。ミラーノ奪回を目指したフランソワ一世軍がパヴィーアの戦いで（一五二五年二月二四―二五日）スペインとドイツ皇帝軍に大敗したところであるが、行ってみると、そこは「茫々たる原っぱだった」。彼は歴史的な思い出が何ひとつ残っていない光景を前にして何を思っただろうか。そのあとカルトゥージオ会の修道院を訪れる。一三九六年にヴィスコンティ家のジャン・ガレアッツォにより一族の霊廟として建造され、十五世紀半ばにスフォルツァ家によって仕上げられた壮大な建造物で、今日「パヴィーアの僧院」として知られている修道院である。彼は大理石の彫刻が一面に施されたファサードや内部の象牙の祭壇や回廊などを見て歩き、「なるほどこれは聞きしにまさる立派な教会であった」と述べている。またいろいろな建物が付属している修道院全体についても、「どこかの偉大な王侯の宮廷でも見るような感じがする」と記している。

モンテーニュはそこからミラーノに行って宿泊する。「ここはイタリアで最も人口が多い大都市で、あらゆる種類の職人と商品とが集まっている。〔…〕外国人の多く集まっていることではヴェネツィアにも負けない」。当時、ローマが宮廷と貴族ばかりの都会であったのに対して、ミラーノは人口においても商業活動においてもイタリア第一の都市であった。そのミラーノは、一五三五年から十八世紀初頭までスペインの統治下に置かれている。前述したように、フランソワ一世がパヴィーアの戦いに敗れたのち、神聖ローマ皇帝カール五世は王子フェリペ、のちのスペイン王フェリペ二世にミラーノ公国を与えたからである。翌日モンテーニュはスフォルツァ城を見物に行く。かつてヴィスコンティ家の居城であったが、十五世紀半ばにスフォルツァ家が再建したカステッロである。その外郭を一周した彼は、つぎのように書いている。「それはきわめて大きな、驚くほど防備の施された建築である。守備隊は少なくとも七百人のスペイン兵から成り、大砲も十分に備えてある。しかもそのまわりが隈なく防備されている」。その日は急に大雨に見舞われたため、ミラーノに延泊する。「それまでは天気と言い道路と言い、万事好都合であった」という。ところで『旅日記』には、ジャン・ガレアッツォが建造を始めたドゥオーモすなわちミラーノの大聖堂についての記述がない。モンテーニュの関心はもっぱらスペイン兵が守っているスフォルツァ城にあったのだろうか。急な大雨でドゥオーモを見物しなかったのだろうか。

二八日にミラーノを発ち、ブッファローラで昼食をとり、ノヴァーラに宿泊。翌日、サヴォア公領のヴェルチェッリを通ってリヴォルノ（現リヴォルノ・フェッラーリス）に投宿。三〇日、キヴァッソで昼食をとり、トリーノに宿泊する。ここはまだイタリアであるが、ふつうにフランス語が話され、発音がイタリア風というだけである。一〇月末日にそこを発って、サン・タンブロージョで昼食をとり、スーザに来て泊まる。

一一月一日、諸聖人の祝日、ミサを聴いてからスーザを発ち、ノヴァレーザに着く。「ここで駕籠《かご》かき八人を雇い、モン・スニ峠の頂上まで担ぎ上げてもらい、それから向こう側は橇《そり》で下ろしてもらうことにした」。標高二〇八三メートルのモン・スニ峠はイタリアとフランスを結ぶ交通の要衝であった。モンテーニュのイタリアの旅はここで終わり、彼が途中から書きつづけてきたイタリア語の記述もここまでで、以後フランス語の記述となる。

道の長さがもどかしい

モンテーニュはモン・スニ峠越えの様子をつぎのように書いている。「わたしはモン・スニ峠を、半分は馬で、半分は四人の男のかつぐ駕籠に乗って越えた。残る四人は肩代わりである。彼らは代わる代わるわたしの駕籠を肩にのせて行った。登りは二時間、石だらけで慣れない馬には骨が折れるが、慣れた馬なら危険も困難もない。まったく、山が深くなればなるほど断崖はなくなり、つまずく以外には危険もなくなるのである。頂上から見下ろすと、二リューばかりの平野があり、多くの小さな家々、湖や泉、宿駅などが見える。樹木は全然ないが、草や牧場はもちろんあって、よい季節には役立っている。このときはすべてが雪に埋もれていた。下りは一リューばかりで、急で真っ直ぐである。わたしはそこを同じ駕籠かきたちに橇で運んでもらった」。駕籠や橇を使って旅人を運ぶこの仕事は、この峠の道路が開通した一八一〇年頃までつづいたという。ところで筆者は二〇〇七年一〇月中旬に車でイタリア側からモン・スニ峠を越えた。山間のくねくねした道路をのぼって行く途中に見える景色は、樹木はないがすばらしく、ブレンナー峠のそれに勝るとも劣らないものであった。頂上付近（二〇〇三メートル）は野原のようになっていて、エメラルドグリーンの湖と遠くに見える雪をかぶった山々が美しい。モンテーニュが記した頂上の様子がよくわかるような気がした。

さてモン・スニ峠を越えたモンテーニュは、ランルブールで昼食をとり、二リューばかり先の小村（「レーデ写本」によるとブラマン）に宿泊する。翌二日から七日までの行程は以下のとおりである。宿駅のある小村サン・ミシェル（現サン＝ミシェル＝ド＝モーリエンヌ）で昼食をとり、ラ・シャンブルに宿泊。エーグベルで昼食をとり、モンメリアンに宿泊。サヴォア公国の首都シャンベリで昼食をとり、小村のイエンヌに宿泊。そこから山間の谷あいを進んでサン＝ランベールに泊まる。そしてサヴォア公領最後の都市モンリュエルを通って、七日午後にリヨンに到着。リヨンには一五日午前まで滞在している。モンテーニュは「都市の様子が非常に気に入った」と書いているが、この都市については何も述べていない。体調不良の日もあり、ほとんど市中見物をしなかったようである。ただし、ここでは買った馬とその値段を詳しく書きとめている。「金曜日（一〇日）、わたしはジョゼフ・ド・ラ・ソーヌから、まだ使っていない二頭のクルトー（尾を切られた背の低い馬）を一つなぎ二〇〇エキュで買ったが、つい前の日にもマルジュから駿馬一頭を五〇エキュで、それからクルトー一頭を三三エキュで買った」。

一五日、昼食後にリヨンを発ち、小村ラ・ブルドゥリエールとロピタルにそれぞれ一泊する。一七日、雪が降り、寒風肌をさす厳しい天気のなかを、起伏の多い道をたどって、ティエールに着く。「主として紙の取引が盛んで、小刀やカルタの製造によって有名である。我が家に近づけば近づくほど、道の長さがもどかしく思われる。本当に日数を勘定してみると、シャンベリに来て、やっとローマと我が家との中間なのである」。このように述べたモンテーニュであるが、店に行ってカルタ職人の手間ひまをかけた仕事も見物している。この小都市はかつて刃物やカルタの製造によって有名であったが、今日でも刃物産業が盛んである。

一八日、リマーニュ（中央山塊中のアリエ川流域の平野）を進んで、ポン・デュ・シャトーに宿泊。ここはひどくペストの害を蒙ったところなので、それに関していろいろ珍しい話を聞く。「領主の館、すなわちカニヤック子爵の住んでいた邸は、火でこれを清めるつもりが、とうとう本当に焼いてしまった」という。一九日、クレルモンに宿泊し、翌日ピュイ・ド・ドームの麓では石を排出している。ポンジボーに立ち寄り、ポンジボー領主の寡婦ラ・ファイエット夫人に挨拶をし、ポントミュールに宿泊する。

二一日、そこから六リューのポンシャローに泊まる。「ここからリモージュまでは、沿道に安宿が散在するばかりだが、結構並みの酒は飲める。ここを通るのはリヨンへと急ぐ騾馬曳きや飛脚ばかりである」。そのあとシャテン（二二日）、ソヴィア（二三日）という小村に泊まり、リモージュに来て二泊する。ここでも彼は馬の購入と駄賃について詳しく書きとめている。「騾馬を一頭九〇エキュ・ソルで買い、リヨンからここまでの駄賃五エキュを払った。それで四リーヴルだまされた勘定になる。他の荷物は全部で三エキュと三分の二しかかからなかったからである。リモージュからボルドーまで、一〇〇リーヴルに対し一エキュを払う」。

二六日、昼食後リモージュを発ち、カール（二六日）、ティヴィエ（二七日）、ペリグー（二八日）、モーリヤック（二九日）の各地に宿泊。そしてモンテーニュは日記の最後に記している。「一一月末日、木曜日、聖アンドレの日、モンテーニュ（七リュー）に帰って休む。一五八〇年六月二二日、ラ・フェールに赴くためにここを出発した。かくしてわたしの旅は、一七ヶ月と八日におよんだわけである[14]」。

モンテーニュの城館（1817 年）

第七章　帰国後のモンテーニュ

——『エセー』出版と市長選任をめぐって

長途の旅を終えて一五八一年一一月末日に自邸に戻ったモンテーニュは、その一ヶ月後の一二月三〇日にボルドー市長として着任する（任期は一五八三年七月三一日まで）。そして翌一五八二年には『エセー』第二版を刊行している。この二つは別に問題にすることではないように思われる。ところが彼が旅に出る以前に遡ると、『エセー』の出版と市長の選任とは無関係ではないようなのだ。それはどういうことなのだろうか。

従来『エセー』第二版は、イタリア旅行に関する増補が多少見られる程度の、いわば『エセー』初版の一種の再版にすぎないと見なされ、あまり重要視されてこなかった。しかし早くから第二版に注目したマルセル・フランソンは、この版が初版の多くの誤りを訂正していること、初版から第二版までの二年間にモンテーニュに起こった出来事（長旅とボルドー市長選任）の影響を受けていることを指摘している。[1] その後『エセー』初版における誤りと第二版における訂正の問題を検討したクロード・ブルムは、この二つの版の刊行に関して、当時の政治情勢とモンテーニュの政治的意図に言及している。[2] また最近『エセー』第二版の写真複製版を出版したフィリップ・ドゥサンも、その長い序文のなかで、この版のテキストは長期旅行の直後にモンテーニュが関わる政治的出来事の文脈のなかで理解されるべきだと述べている。[3]

そこで本章では、主にこの三人の研究者の論を参照しながら、『エセー』出版と市長選出の問題を中心に帰国後のモンテーニュの活動について見ていきたい。まず『エセー』第二版における増補と訂正について、そのあと『エセー』初版および第二版の刊行とその背景にある市長選出をめぐる政治的文脈について見ていこう。

『エセー』第二版における増補

フランソンは、「『エセー』の一五八二年版」と題する論文のなかで、一五八二年版（第二版）における増補について具体的に調査検討している。[4] それによると、モンテーニュに初版の増訂版を準備する期間がほとんどなかったにもかかわらず、第二版には初版のテキストになかった新しい引用文や増補の文章が少なからず見出されるという。まず新しく書き加えられた引用文として、イタリア語の引用文およびラテン語の引用文がそれぞれ八つ、イタリア語に訳されたラテン語の引用文が一つある。その細かな内訳は省略するが、ダンテとペトラルカからの引用文およびプロペルティウスのイタリア語訳引用文は、モンテーニュが旅の途中で購入したらしい二つの書物からの引用と思われる点で興味深い。

新しく書き加えられた増補の文章に関しては、二行以上の文章が全部で三四あるという。そのなかで興味深い例を三つ挙げておこう。まず詩人トルクァート・タッソについて、モンテーニュが旅先のフェッラーラで狂気に陥ったこの詩人を見舞ったことを『エセー』（二巻一二章）に書き加えている。つぎに父親譲りの腎臓結石や医学と医者に対する不信や反感などを綴ったエセー（二巻三七章「子供が父親に似ることについて」）のなかで、「わたしは旅のついでに、キリスト教国の有名な温泉はほとんど全部見て回った。そして数年前から湯治を始めるようになった」と述べ、旅中に訪れたいくつかの温泉やそれぞれの湯治法の違いなどを要約して紹介している。そして第四章「教皇庁の『エセー』検閲」のなかで引用したので、ここでは省略するが、「祈りについて」（一巻五六章）の冒頭部分に、「ちょうど疑わしい問題を発表して学校で討論させるように、わたしはここに、形の整わない不定な考えを提出する」で始まる文章を書き加えていることである。

『エセー』第二版における増補に関するフランソンの調査は実証的かつ正確であり、以後それに対する修正は出されていない。ある研究者（アラン・ルグロ）は、フランソンの調査と検討を踏まえて、『エセー』第二版は初版よりもイタリア色が濃くなり、カトリック色が強くなっていると指摘している。[5] ただし第二版のテキスト全体（八つ折版、一頁三〇行で八〇六頁）から見ると、増補の数も量もきわめて少ないし、またフランス東部、スイス、ドイツに関する記述がほとんどない。この第二版が『エセー』初版の一種の再版にすぎないと見なされてきたのも当然かもしれない。

ところでフランソンは同論文のなかで、モンテーニュのボルドー市長職に関して、以下の二点を指摘している。一つは、モンテーニュの市長就任についてである。それは国王アンリ三世がモンテーニュ宛の書簡で市長職を受諾するように命じたことにもよるが、それよりもモンテーニュ自身がボルドー市長職に関心があったと推測されることである。もう一つは、一五八一年一一月末日に帰国して一ヶ月後に市長に就任したモンテーニュであるが、自邸からボルドー市参事各位に宛てた一五八二年五月二一日付の書簡で、彼が「今しばらく私の不在をお許し下さい。緊急の仕事が片付けば、必ず滞在を短縮するつもりです。もうそう久しいことではないと思いますゆえ、どうか今しばらく私を寛大にお取り扱い下さい。もし公用のために事態が私を必要とするようでありましたら、お申し越し下さい」と書いていることである。どうやら一五八一年一二月から八二年五月までのおよそ六ヶ月間、彼は市長の実務にあまり携わらなかったようなのだ。[6] 市長職が「手当ても利益も伴わない」名誉職である（『エセー』三巻一〇章）とはいえ、これはどのようなことだろうか。彼の言う「緊急の仕事」とは何だろうか。この点については後で取り上げよう。

『エセー』第二版における訂正

ブルムは、「ミランジュの印刷工房で……」と題する論文のなかで、ボルドーのシモン・ミランジュ書店から出版された『エセー』初版に見られる多くの誤りとそれに対する第二版の訂正について検討し、以下のような点を指摘している。[7]『エセー』初版は第一巻（五七章）と第二巻（三七章）からなるが、この二つの巻はそれぞれ独立した形で編集されたようで、レイアウトも活字のフォントも異なっているし、第二巻では前半部と後半部の行数も異なっている。またページ付けの誤りが、第一巻では八〇頁あり、第二巻では二〇〇頁以上もある。さらに両者ともに数多くの誤りがある。『エセー』初版のテキストに見られるこのような編集の杜撰さは、モンテーニュが政治情勢の変化から『エセー』の出版を予定よりも早めたこと、また『エセー』初版の出版社として、パリではなくボルドーのシモン・ミランジュ書店を選んだことによるという。モンテーニュ自身も部分的に校正作業を行なったかもしれないが、編集作業期間を四ヶ月半から三ヶ月に短縮したため、テキストの校正も印刷も不十分になる。その結果『エセー』初版は、当初の予定よりも早く、一五八〇年春に出版されたが、その代わりに第一巻と第二巻のテキストの体裁が異なり、しかも誤りの多い杜撰なエディションとなった。一方『エセー』第二版では、書名を記した本扉がひとつに統一されて、全八〇六頁（第一巻は一頁―三〇五頁、第二巻は三〇七頁―八〇六頁）にまとめられる。こうして第二版は初版に見られる数多くの誤りを訂正した、誤植の少ない、しかもテキストとしての体裁が整ったエディションとなる。

またブルムによれば、政治情勢の変化から『エセー』初版の出版が予定よりも早まったということであるが、それは具体的にどういうことだろうか。つまりモンテーニュが『エセー』の出版を急いだ理由は何だろうか。さらに長途の旅から帰国してボルドー市長に就任したモンテーニュが、慌しく『エセー』第二版を刊行した理由は何だろうか。

『エセー』初版刊行の背景

前述したように、ブルムは『エセー』初版が誤りの多い杜撰なエディションとなった理由として、政治情勢の変化からモンテーニュが『エセー』の出版を予定よりも早めたこと、出版社としてボルドーの書店を選んだことを挙げている。本書の序章および第一章のはじめで述べた内容と重複する部分が少なくないが、ブルムはそのへんの事情を以下のように説明している[8]。

一五七〇年にボルドー高等法院評定官の職を辞して、自邸に戻って主に読書と思索と執筆の生活を送っていたモンテーニュであるが、一方でかねてから自分の特質を発揮してフランス王国のために役に立つ政治的活動をするポストを得たいという気持ちもあったようである。その実現のためにも、彼は自著をボルドーのシモン・ミランジュ書店から出版し、国王アンリ三世にそれを献上し、国王に拝謁するつもりで準備していた。ところが『エセー』の出版許可も得て（一五七九年五月）、おそらくシモン・ミランジュ書店で出版準備を始めたころ、王国の政治情勢が変化する。ユグノーの大将アンリ・ド・コンデ公が、「ネラック協定」の不履行を理由にラ・フェールを急襲し、その城にたてこもる事件が起こったのだった（一五七九年一一月二九日。第七次宗教戦争が始まる）。アンリ三世はその挑戦に応じて行動を起こすはずである。ぐずぐずしていると、自著を献呈することも国王に拝謁することも困難になってしまうかもしれない。そこでモンテーニュはシモン・ミランジュ書店を急《せ》かせて、自著の出版を予定より早めることにする。こうして『エセー』初版は一五八〇年春（序文の日付は三月一日）に出版された。

一五八〇年六月五日、アンリ三世はマティニョン元帥の指揮によりラ・フェールを包囲することを宣言する。六月二二日に自邸を出発したモンテーニュは、ラ・フェールに赴く前に、パリ郊外のサン＝モール＝レ＝フォッセの大修道院に立ち寄ってアンリ三世に拝謁している。それ以降のことになるが、王国上層部の間でモンテーニュを次期のボルドー市長候補とする話がひそかに進められ、一一月二六日の「ル・フレクスの和議」（一五七七年の「ベルジュラックの和議」の確認。第七次宗教戦争が終結）の際、その方針が内定したようである。

当のモンテーニュは、そうしたことを知ることなく、九月初めにボーモンから長旅に出発している。そして翌一五八一年九月七日、デッラ・ヴィッラ温泉滞在中に彼は、八月一日に満場一致でボルドー市長に選出されたことを知らせる手紙を受け取り、そのあと帰国を急ぐことになる。自邸に戻った彼は、一ヶ月後にボルドー市長に着任する。そして翌一五八二年には『エセー』第二版を出版するが、それはボルドー市長に就任したことによって早められた出版であり、自分を市長に選んだ都市に対する敬意を示す出版でもあるというのだ。

市長職と『エセー』第二版

ブルムと同じくドゥサンも、モンテーニュの『エセー』出版には政治的な意図が含まれていると考える。『エセー』初版はいわばモンテーニュの履歴書であり、彼は自著を出版し、それを国王アンリ三世に献上することによって、国王に自分を知ってもらうことができ、王国のために自分の特質を発揮して活躍できるポストを得ることを期待していたという。また出版社をパリではなくボルドーの書店を選んだのは、何よりも書店＝印刷工房が近いという理由からで、書物の仕上がりや販売よりも、早く印刷して出版するためであったという。

モンテーニュはどのようなポストを期待したのだろうか。ドゥサンは、おそらく彼が市長職よりも大使あるいは外交使節のポストを望んでいたのだろうと考える。(9) モンテーニュがそうしたポストに関心があったことは『エセー』第一巻のいくつかの章からも推測される。[10] また『エセー』初版の刊行後になされたフランス東部、スイス、ドイツ、イタリアへの長旅も、ユマニストとしての見聞や持病のための湯治だけではなく、そうしたポストを得るための戦略のひとつと考えられないこともないという。

それでは王国の上層部は、どうしてモンテーニュを次期ボルドー市長の候補者としたのだろうか。ドゥサンは、それを当時の政治事情から、つぎのように説明する。先に述べたように、一五七九年一一月二九日、ユグノーの大将コンデ公がラ・フェールを急襲し、第七次宗教戦争が始まる。当時のボルドー市長は一五七七年以来ビロン元帥であり、彼はギュイエンヌ州における国王の代官も兼ねていたが、ギュイエンヌ州には、一五七六年五月の「ボーリューの和議」(ユグノーの諸要求を認めた条約)以来、ユグノーの王アンリ・ド・ナヴァールが国王を代表する総督に任命されていた。ところがビロン元帥はユグノー討伐の急先鋒であったから、国王アンリ三世は、アンリ・ド・ナヴァールとの和平交渉を進める上で、ビロン元帥をボルドー市からもギュイエンヌ州からも遠ざけたかったのである。そのような政治的文脈のなかで、王国の上層部の間でモンテーニュを次期のボルドー市長候補にする話がひそかに進行する。それには彼と親交のあった大貴族ガストン・ド・フォワ伯爵の推薦もあったようである。そして伯爵の居城であるル・フレクスで行なわれた「ル・フレクスの和議」の際に、ビロン元帥に代わって、モンテーニュを次期ボルドー市長に、マティニョン元帥をギュイエンヌにおける国王の代官にする方針が内定する。こうして『エセー』初版の出版はモンテーニュに、おそらく彼が望んでいた大使あるいは外交使節のポストではなかったが、ボルドー市長という要職をもたらすことになったというのである。

ここでブルムおよびドゥサンの以上のような説明を踏まえて、モンテーニュが自邸を出発してラ・フェールに赴いた目的を考えてみると、彼は在野の王臣として、いわば陣中見舞いに行くだけではなく、マテ

マティニョン元帥（作者不詳, 1778）。ギュイエンヌ州の王の代官（1581-85），モンテーニュのあとのボルドー市長（1585-97）

ィニョン元帥と会って、王国内の情勢についていろいろ話し合ったことが推測される。

『エセー』第二版における増補と訂正については先に見たが、ドゥサンは、この第二版の出版をより政治的・経済的観点から捉え、つぎの二点を指摘している。一つは、『エセー』第二版の扉ページに新たな肩書が加わっている点である。そこには、標題（ミシェル・ド・モンテーニュ殿のエセー）の下に、初版の肩書「国王騎士団所属の騎士ならびに王室侍従武官」に加えて、新たな肩書き「ボルドーの市長にして都督」が付いている。つまりこの新たな肩書を付した『エセー』新版を刊行したことによって、市長モンテーニュは地方政界で重要な位置を占めることになる。もう一つは、一五八二年版が、かなり出来が悪かった『エセー』初版のテキストの誤りをよく訂正している点である。おそらく初版の杜撰な編集と数多くの誤植を気にしていたモンテーニュは、できれば早くその訂正版を出したいという強い意向があったと思われる。一方シモン・ミランジュ書店にとっても、市長モンテーニュの『エセー』新版を刊行することは商売上の投資であった。ボルドー市の新しい政治権力者との結びつきを持つことで、以後有利な印刷契約を結ぶことが期待できるからである。ドゥサンは、この点について、モンテーニュが『エセー』新版をこれほど早く出版しようとしたのかどうかは不確かであり、むしろこの出版はシモン・ミランジュ書店の勧めによるものではないかと推測し、ともかくこの一五八二年版の刊行が予め熟慮されたものではなかっただろうと述べている[11]。

さらにドゥサンは、一五八二年版の増補訂正について、次のように考えている。まず初版の誤りの訂正

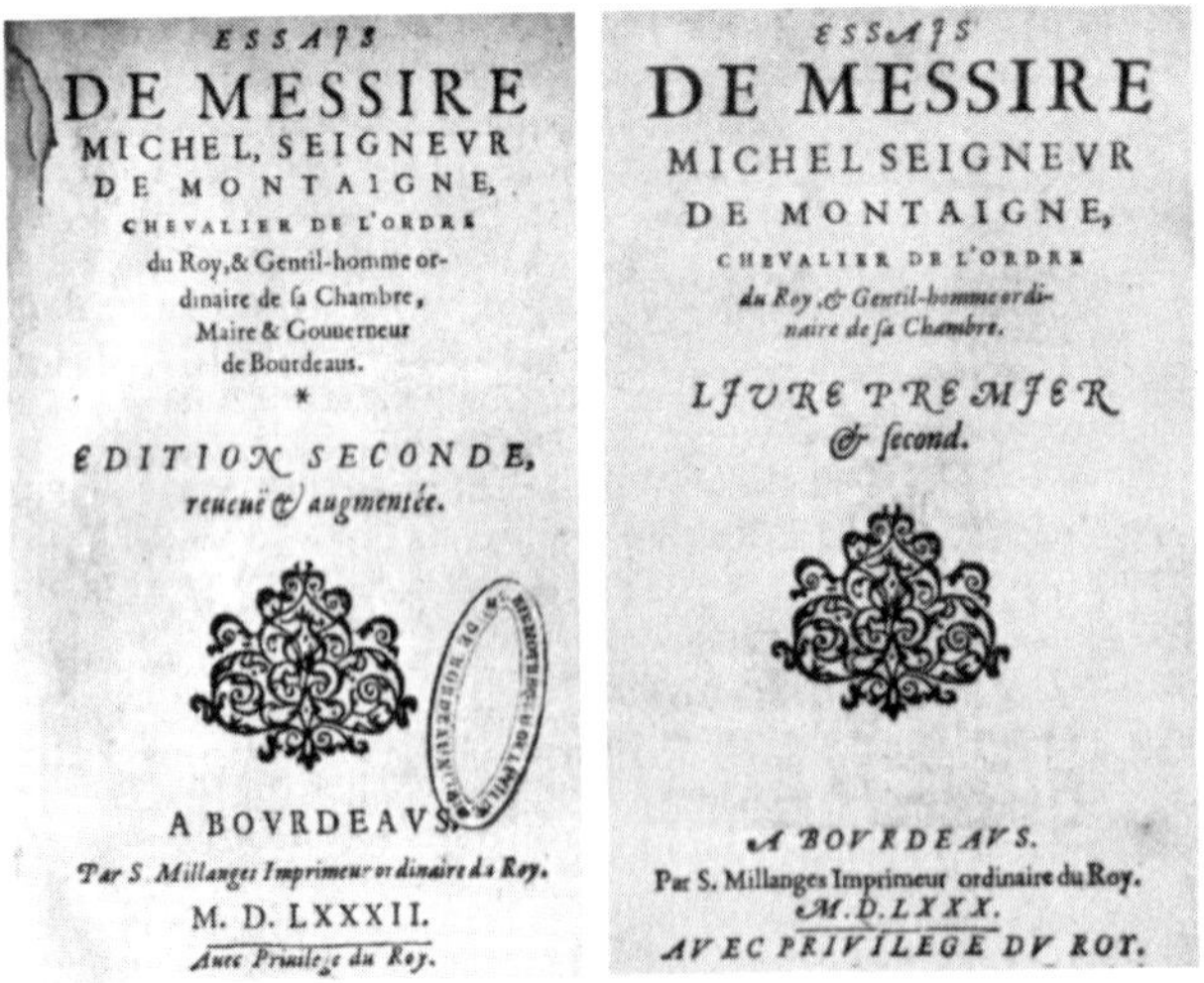

ESSAIS
DE MESSIRE
MICHEL, SEIGNEVR
DE MONTAIGNE,
CHEVALIER DE L'ORDRE
du Roy, & Gentil-homme ordinaire de sa Chambre,
Maire & Gouuerneur
de Bourdeaus.
EDITION SECONDE,
reueuë & augmentée.
A BOVRDEAVS.
Par S. Millanges Imprimeur ordinaire du Roy.
M. D. LXXXII.
Auec Priuilege du Roy.

ESSAIS
DE MESSIRE
MICHEL SEIGNEVR
DE MONTAIGNE,
CHEVALIER DE L'ORDRE
du Roy, & Gentil-homme ordinaire de sa Chambre.
LIVRE PREMIER
& second.
A BOVRDEAVS.
Par S. Millanges Imprimeur ordinaire du Roy.
M. D. LXXX.
AVEC PRIVILEGE DV ROY.

『エセー』初版（1580 年，右）と『エセー』第二版（1582 年，左）
『エセー』第二版には Maire & Gouverneur de Bourdeaus（ボルドーの市長にして都督）が加わっている。

作業に関して、ブルムは『エセー』初版を携えて長旅に出発したモンテーニュが旅の途中で訂正をしたと推測しているが、それは物理的に不可能なことだろうと述べている。また増補に関しても、およそ一五ヶ月におよぶ長旅にしてはその数も量も少なすぎるし、もし旅の途中で増補が行なわれていたならば、イタリアだけではなく、スイスやドイツについての文章もあるはずだと述べている。おそらく一五八二年版における増補と訂正の作業は、ドゥサンの考えるように、長旅の途中ではなく帰国直後から短期間で行なわれたと思われる。ドゥサンはフランソンと同様、一五八二年五月二一日付のボルドー市参事各位宛の書簡（「今しばらく私の不在をお許し下さい」と記した書簡）を引き合いに出し、モンテーニュは帰国してから翌年五月までの数ヶ月間は市長の実務にあまり煩わされなかった、あるいはほとんど携わらなかったようであり、それはちょうど第二版の準備期間に対応すると考えている。つまりモンテーニュは、市長職の実務に携わる前に、まず『エセー』第二版を出版することが重要だと考えていた、と述べる。モンテーニュが書簡のなかで述べている「緊急の仕事」とは、おそらくそのことではなかっただろうか。

馬上の人から書斎の人へ

モンテーニュが市長に着任した頃は、幸い国内の政情が比較的平穏で、あまり重大な事件が起こらなかったこともあり、彼は最初の任期（一五八三年七月三一日まで）を無事に終えることができた。そして八月一日には再選されて、さらに二年間市長を務めることになる。高等法院や過激な旧教派は別の候補を立てたようであるが、合議によってモンテーニュの再任が決まったのだった。彼は『エセー』のなかでつぎのように述べている。「任期は二年であるが、再選によって延ばすことができる。しかし、それはまれである。そのまれなことがわたしの上に起こった。わたしの前には二度しかなかったことである」（三巻一〇章）。

しかし市長第二期（一五八五年七月三一日まで）は、一五八四年六月に王弟フランソワ（アンジュー公）が病死したことにより、王位継承権がアン

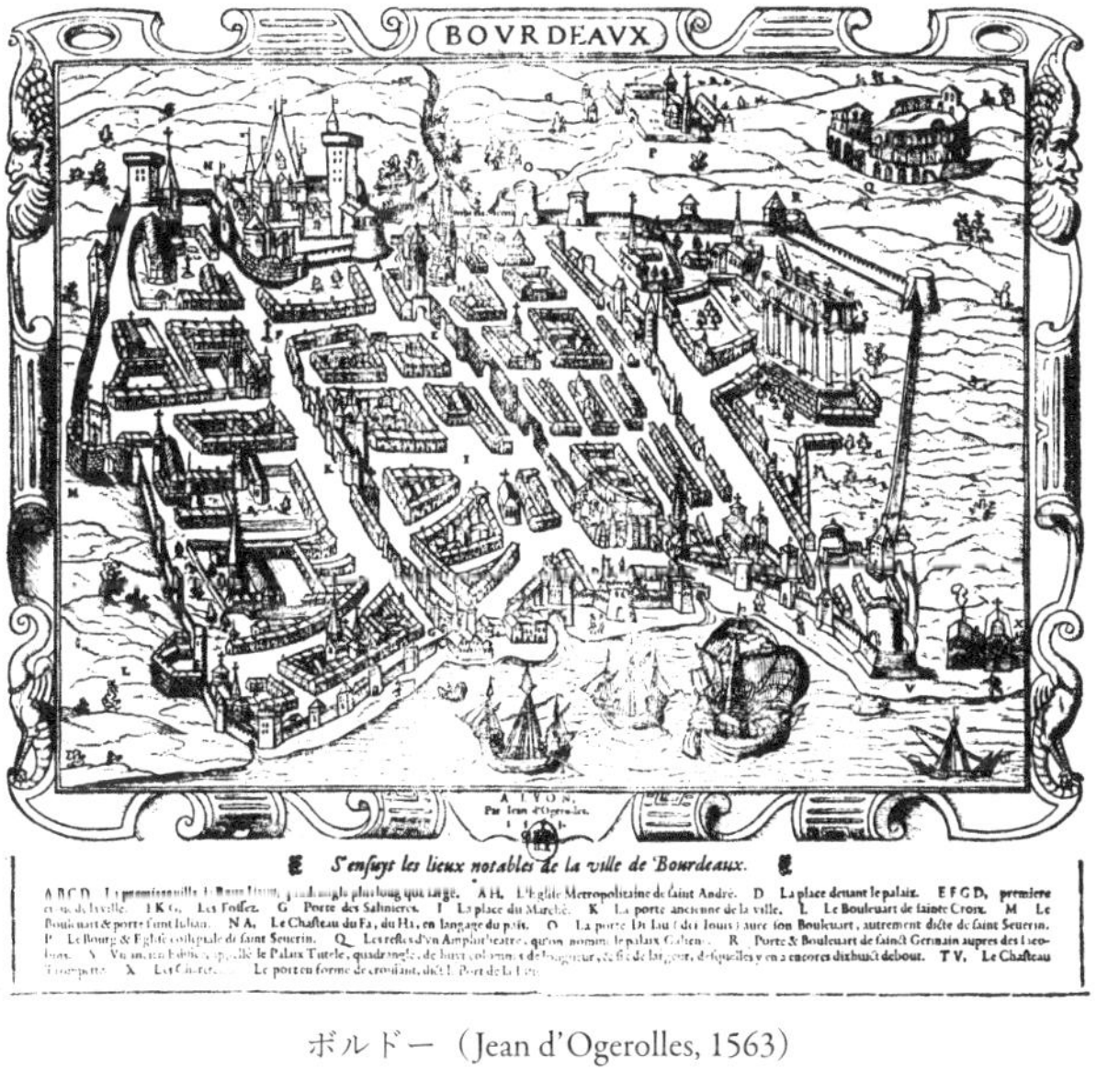

ボルドー（Jean d'Ogerolles, 1563）

リ・ド・ナヴァールに移ったことから、それまで以上に困難な政治的問題が王国内に発生する。そのため市長モンテーニュは、市政の諸問題の処理だけではなく、複雑な政治問題の折衝に明け暮れることになる。さらに任期満了を目前にして流行したペストの猛威にも脅かされ、二期目は多事多難な二年間となった。[12]ちなみにモンテーニュのあとにボルドー市長職を継いだのはマティニョン元帥である。

市長職を終えたモンテーニュは、それ以後は政治活動から読書と執筆を中心とした文学活動に移っていく。一五八七年、彼は『エセー』第三版をパリのジャン・リシェから刊行する（ただし内容は一五八二年の第二版と同じである）。そして翌一五八八年、彼は最初の二巻に大幅な増補を行ない、さらに新たに書き下ろした一三の章を第三巻として加えて、全三巻一〇七章からなる『エセー』増訂版（一五八八年版）を、今度はパリのアベル・ランジュリエ書店から出版した。[13]その後モンテーニュは、生前最後の版となるこの増訂版を傍らに置き、自筆で加筆訂正を行ない、死ぬ直前までその作業をやめなかった。ところで、帰国した翌年に出版した『エセー』第二版では、旅に関する言及はごくわずかであった。しかしこの『エセー』増訂版では、とくに「空虚について」と題するエセー（三巻九章）のなかで、数年前の長旅の経験も含めて〈旅〉に関してあれこれ述べている。この〈旅〉をめぐるエセーについては、次の終章で取り上げよう。

終章　モンテーニュと〈旅〉

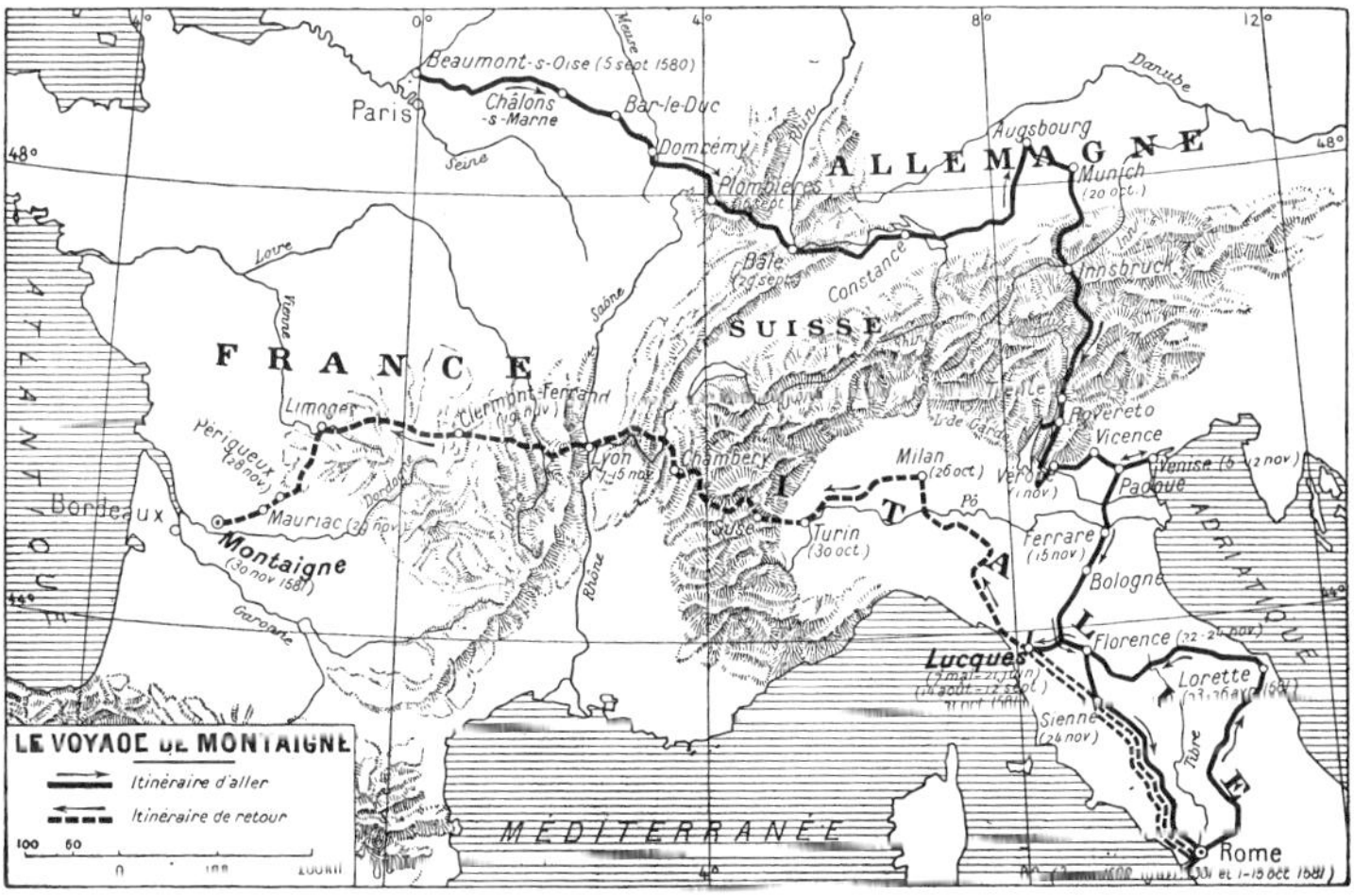
LE VOYAGE DE MONTAIGNE
Itinéraire d'aller
Itinéraire de retour
FRANCE
ALLEMAGNE
SUISSE
ITALIE
MÉDITERRANÉE
ADRIATIQUE
Beaumont-s-Oise (5 sept 1580)
Paris
Châlons -s-Marne
Bar-le-Duc
Domrémy
Plombières
Bâle (29 sept.)
Constance
Augsbourg
Munich (20 oct.)
Innsbruck
Rovereto
Vicence
Venise
Padoue
Vérone (1 nov.)
Milan (26 oct.)
Turin (30 oct.)
Suse
Chambéry
Lyon
Clermont-Ferrand
Limoges
Périgueux (28 nov)
Mauriac
Bordeaux
Montaigne (30 nov 1581)
Ferrare (15 nov)
Bologne
Florence
Lucques
Sienne (24 nov)
Lorette
Rome
Seine
Loire
Vienne
Saône
Rhône
Dordogne
Garonne
Danube
Pô
Tibre

旅人モンテーニュの特質

旅するモンテーニュを追いかけながら『旅日記』を一緒に読み進めてきたが、最後にその記述を通して見られるこの旅人の特質を挙げてみたい。

まず〈珍しいもの、未知のもの〉に対する強い好奇心である。これはモンテーニュと同時代のルネサンス人に共通する特徴であるが、とくにこの旅人においては、「新奇なもの、未知なものに飢える気持」（『エセー』三巻九章）が非常に強い。秘書はロヴェレートで、モンテーニュが彼にいつも語っている言葉を記している。「眠れぬ夜を過ごしたあと、朝になって、ふと、今日は別の町や新しい地方を見るのだと思うと、わたしは希望と歓喜にみちておきるのだよ」というものである。当時としては老人の部類に入る、しかも持病を抱えたこの旅人が、ほぼ毎日移動してエネルギッシュに動きまわっているのは、おそらく生来の飽くなき好奇心によるものであろう。彼はおよそ一五ヶ月におよぶ長旅において、初めて訪れた地方や都市で、大半は短い滞在であったにもかかわらず、自分の足で歩き、実地に多くのものを見聞し、機会を求めていろいろな人に会っている。たとえば、アウクスブルクでの市中見物や、スイス、ドイツの都市での聖職者との会談、あるいはフィレンツェでわずか二日の間に行なった市中見物や大公招待の正餐や二つの庭園見物（プラトリーノとカステッロ）などである。本書では、好奇心の塊のような旅人モンテーニュの姿をしばしば目にしてきた。

二つ目は、異文化に対する姿勢すなわち〈自国と異なる風俗習慣を進んで受け入れる姿勢〉である。この長旅に出発する前に『エセー』の著者は、若者の外国旅行の目的について、つぎのように述べている。「主としてその国々の国民性とか、風習とかを調べ、そうしてわれわれの脳みそを他人のそれにこすり合わせ、磨くことを目的とするものでなければならない」（一巻二六章「子供の教育について」）。この言葉どおり、旅人モンテーニュは初めて訪れた国や地方の風俗習慣に対して強い関心を持ち、できるだけその土地の習慣に従う姿勢を示している。秘書もバーデンで、「モンテーニュ殿は、多種多様な風俗習慣を完全に試みようとして、どんな困難を感じても、どこを訪れても、その地方のしきたりに従われた」と述べる。そのバーデンで、モンテーニュはストーブ付きの部屋でやすみ、その快適な温かさを実感している。またリンダウでも、土地の習慣だということで、試しに羽根布団をかけてやすみ、その快適さに満足している。彼にとって、習慣のちがいを知り、それを体験してみることは、旅の楽しみであった。一方、パドーヴァやローマでは、外国でフランス人が一緒に固まり、自国の習慣や言葉から離れられない姿を批判している。

三つ目は〈旅を楽しむ姿勢〉である。第三章「〈ツーリスト〉モンテーニュ」のなかで述べたように、彼の考える旅とは、予定の目的地を目ざして直行することではなく、「同じ道を二度歩いたり、同じ場所を二度見たりする」ことを避けて、「知らない土地を歩きまわる」ことであり、それがもたらす出会いを楽しむことであった。この旅人にとってカルペ・ディエム carpe diem（その日を楽しめ）は、同時にカルペ・ロクム carpe locum（その場所を楽しめ）であった[1]。モンテーニュはその時代には稀な「楽しみのために旅する人」であったのだ。

モンテーニュと〈水〉

以上挙げた旅人モンテーニュの特質に加えて、この旅人が〈水〉に対して強い関心を示していることも指摘しておきたい[2]。この長旅を通して彼が関心を向けていたものは、自分の生まれた都市のために尽くした市民とか、スイス、ドイツの宗教事情とか、女性見学とか、奇跡の教会など、いろいろ挙げられるだろう。しかし彼が絶えず関心をもっていたのは、泉水や河川や鉱泉などであり、また水力を利用した装置であった。旅中、モンテーニュはバーゼル地方やランツベルクやシエーナやヴィテルボなどで広場にしつらえられた泉に言及しているが、彼はこのように澄んで飲める泉水を高く評価し、庭園の比較でもそれを優劣の基準の一つとしている。また彼は河川などの水力を利用した、人々の生活に役立つ機械装置にも注目している。たくさんの粉ひき車を回す装置（コンスタンツ）や市中に配水される近代的な水道設備（アウクスブルク）などである。しかし彼がとくに興味を持ったのは、イタリアの庭園で見た「びっくり噴水」やグロッタなどの趣向を凝らした、人々の目を楽しませる水力装置である。ルネサンス庭園の水の饗宴は、「退屈と無為」を嫌い、絶えず気晴らしを求めてやまないこの旅人を魅了してやまない。

また結石に苦しむこの旅人の大きな関心は、鉱泉のもつ自然の治癒力すなわち温泉療法を試すことであった。モンテーニュは医学や医者に対して親ゆずりの反感と不信感をもっていた。そこで彼は、主にデッラ・ヴィッラ温泉で、飲泉と入浴とシャワーによる温泉治療を集中的に行なうのである。もしかすると彼は、飲泉に効能があるとされるデッラ・ヴィッラの温泉水を多量に摂取することで、結石の変化と流動を促すことを期待していたかもしれない。ちなみに今日でも、水の多量摂取は小さな結石には有効な方法であるという。

ここでモンテーニュと〈水〉とのかかわりについて、さらに考えを飛躍させて言えば、〈旅するモンテーニュ〉は〈流動する水〉に例えられないだろうか。淀んだ水のような「退屈と無為」を嫌うこの旅人は、流動する水のように、自由に動きまわり、あちこち移動するにつれて移り変わる場所やそこでの出会いを楽しんでいる。さらに『エセー』に関して言えば、そのような旅人モンテーニュの行き方は『エセー』の著者のそれと結びつくように思われる。すなわち「世界は永遠の動揺にほかならない。すべてのものがたえず動いている」と述べるモンテーニュの流動的な世界像と、それゆえたえずゆれ動いている自己を描く際にその「本質を描かずに、推移を描く」（三巻二章）という著者のエクリチュールである。

〈旅〉をめぐるエセー

前章の最後で述べたように、のちにモンテーニュは「空虚について」（三巻九章）のなかで、〈旅〉に関していろいろ語っている。そこでこの章に読まれる〈旅〉をめぐるエセーを通して、彼にとって旅とは何かを考えてみよう。『エセー』の著者は、自分が旅に出る（あるいは旅に出た）理由をいくつか挙げている。

①この新奇なもの、未知なものに飢える気持ちは、たしかにわたしに旅に出たい欲望をそそるのに役立っている。だがほかにも多くの事情がそれに寄与している。わたしはすぐに家事の管理に背を向けたがる。
②わたしをこうした旅に誘うもう一つの原因は、わが国の現在の道義がわたしに合わないということである。
③こういう理由のほかに、旅はわたしにとって有益な訓練であるように思われる。
④わたしは旅に出る理由をたずねられると、いつもこう答える。「自分が何を避けているのかはよく知っているが、何を求めているのかはよく知らない」と。

まず引用文①②③を見ていこう。積極的な理由としては、「新奇なもの、未知なものに飢える気持ち」を挙げている。消極的な理由としては、「家事の管理」を煩わしく思うこと、「わが国の現在の道義」すなわちフランス国内の宗教戦争による政情不安を挙げている。旅は「有益な訓練である」とも言っている。

このほか、一五八〇―八一年の長旅について言えば、持病となった腎臓結石のための湯治を主要な理由に加えることができる。また幼少の頃からラテンの作家に親しんできたユマニスト・モンテーニュがローマあるいはイタリアに抱いていた憧れを挙げることもできるだろう。

ところが『エセー』の著者は、これらの理由をこえて、旅に出る究極の理由あるいは目的について、引用文④のように「何を求めているのかはよく知らない」とも述べている。それではモンテーニュは何のために旅をするのだろうか。第三章「〈ツーリスト〉モンテーニュ」のところで引用した『旅日記』の記述のなかに、「しきりとローマをめざしている」同行の若者たちの不平に対する旅人モンテーニュの答えを見たが、それは彼自身の〈旅〉に対する考えでもあった。後年『エセー』のなかでも、著者モンテーニュはこれと同じような考えを自ら述べている。

「だがそのお年ではそんなに長い旅からとても無事には帰れますまい」。――それがどうしたというのだ。わたしが旅を企てるのは、無事に帰ってくるためでもなければ、やりとげるためでもない。動くことが楽しい間、動きたいだけである。歩きまわるために歩きまわるのである。〔…〕わたしの計画はどこででも分割ができ、大きな希望の上に立てられていない。一日一日の旅がそれの終わりである。わたしの人生の旅も同じ調子である。

(『エセー』三巻九章)

モンテーニュが考える〈旅〉は、無事に目的地にたどり着くことでも、無事に帰り着くことでもない。一般に〈旅〉とは、起点(基点)から終点(目的地)までの空間あるいは時間の移動を意味するが、彼にとっては、その移動、「動くこと」「歩きまわること」それ自体が楽しみであり目的なのである。ただし老・

病・死といった問題に直面するような年齢になった今、〈旅〉の道のりは一日単位で企てられ、〈人生《ヴィー》〉の道のりも同じようになされているという。それはどういうことだろうか。

モンテーニュは『エセー』第三巻の別の章のなかで、〈生《ヴィー》〉と〈死〉について、つぎのように述べている。

けれどもわたしの考えでは、死はたしかに生の末端ではあるが目的ではない。終極ではあるが目標ではない。生はそれ自身が目的であり、その目指すところでなければならない。

（『エセー』三巻一二章「人相について」）

この引用文中の〈生〉と〈死〉という言葉を、それぞれ〈旅〉と〈終点〉という言葉に置き換えてみよう。(3) すると、「けれどもわたしの考えでは、〈終点〉はたしかに〈旅〉の末端ではあるが目的ではない。終極ではあるが目標ではない。〈旅〉はそれ自身が目的であり、その目指すところでなければならない」となり、モンテーニュの〈旅〉に対する考えが彼の〈生〉に対する考えと重なり合う。つまり〈旅〉も〈生〉も、その終点にたどり着くのが目的ではなく、その道のりにおいて、一日一日を「動くこと」「歩きまわること」「生きること」がその目指すところでなければならないのである。

モンテーニュにおいては、まさに〈人生は旅〉なのである。

注

序章

（1）本書では、『エセー』のテキストとして、ヴィレー＝ソーニエ版（一九六五）を使用した。また『エセー』の日本語訳は、原二郎訳『エセー』（岩波文庫、一九六五—六七年）に拠った。ただし、文脈等に合わせて字句を一部改変したところがある。詳しくは巻末の文献一覧参照。

なお『エセー』からの引用文（日本語訳）には、記述の煩雑さを避けて、テキストの頁数は記さず、巻と章のみを示した。また一五八〇年版のテキスト、一五八八年版のテキスト、「ボルドー本」での加筆訂正部分をそれぞれ示す（a）（b）（c）の記号は省略し、必要に応じて執筆時期を記した。

（2）それぞれ体裁は異なるが、五つの版とも同じタイトルである。*Journal du voyage de Michel de Montaigne en Italie, par la Suisse et l'Allemagne en 1580 et 1581*, avec des notes par M. de Querlon. A Rome, et se trouve à Paris, chez Le Jay, Libraire, rue Saint-Jacques, au «Grand-Corneille».

（3）「レーデ写本」とは、ケルロンに先立って「日記」の出版を企てたプリュニスの協力者であったレーデが、一七七一年に写し取った「日記」（原本）の抜粋である。フランソワ・ムーローがこの新資料を発見し、一九八〇年のモンテーニュ学会でそれを公表した。巻末の文献一覧参照。

（4）本書では『旅日記』のテキストとして、フランソワ・リゴロ版（一九九二年）を使用したが、併せてファウスタ・ガラヴィーニ版（一九八三年）およびピエール・ミシェル版（一九七四年）のテキストと注を参照した。これら三つの版の注を参照した場合、記述の煩雑さを避けて、いちいち出典を注記することは控えた。また

『旅日記』からの引用文は、本書の記述から容易にその箇所を参照することができるので、引用元の頁数は省略した。なお『旅日記』の日本語訳は、関根秀雄・斎藤広信訳『モンテーニュ旅日記』（白水社、一九九二年）に拠った。ただし、文脈等に合わせて字句を一部改変したところがある。詳しくは巻末の文献一覧参照。

第一章

（1）これは当時の書誌学者ラ・クロワ・デュ・メーヌの『フランス書解題』（一五八四）のなかに記されている。その文章は、ヴィレー＝ソーニエ版『エセー』の付録（一二〇一頁）に載っている。

（2）『モンテーニュ書簡集』関根秀雄訳、白水社、一九八三年、一九九頁（⇒ Montaigne, *Œuvres complètes*, p. 1408）。「家事録」とは、各月各日の頁に歴史上の出来事が印刷された『歴史暦』（ボイテル著、一五五一年）の当該月日の余白に、モンテーニュ家の出来事を書き込んだ一種の永代日記（一七一六年まで）。その日本語訳（モンテーニュに直接関係のある頁の訳）が、上記『モンテーニュ書簡集』に付録として収録されている。

（3）モンテーニュの同行者たちのなかで、デュ・オトワ殿については不明な点が残るが、つぎの論文が従来よりも一歩踏み込んで調査している。Balsamo, Jean, «Montaigne, Charles d'Estissac et le Sieur du Hautoy», in *Sans autre guide. Mélanges de littérature française de la Renaissance offerts à Marcel Tetel*, Paris, Klincksieck, 1999, pp. 117-128.

（4）柴田三千雄・樺山紘一・福井憲彦編『フランス史2』山川出版社、一九九六年、一三三頁。

（5）Belon, Pierre, *Voyage au Levant (1553), Les Observations de Pierre Belon du Mans*, Texte établi et présenté par Alexandre Merle, Chandeigne, 2001, p. 524 (Livre III, chap.50). なおブロンは、同書の他の箇所でも、フランソワ一世を〈文芸の復興者 restaurateur des lettres〉と書いている。ブロン『異国風物誌』の抄訳（拙訳）は『フランス・ルネサンス文学集』（白水社より刊行予定）所収。

（6）ジャン＝ロベール・ピット『フランス文化と風景』手塚章・高橋信夫訳、東洋書林、一九九八年、下、二一一頁（⇒ Pitte, Jean-Robert, *Histoire du paysage français*, pp. 206-207）、中島和郎『ルネサンス理想都市』講談社、一九九六年、二二〇—二二一頁参照。なおこの都市の歴史については、*Vitry-le-François*, ©Vitry-le-François, 1994, pp. 10-31 参照。

（7） 『旅日記』と『エセー』の記述の矛盾点については、従来から指摘されてきた。たとえば田中重弘『女の世紀を旅した男――ルネサンス・ヨーロッパ見聞』北洋社、一九八〇年、二三一―二六頁、他を参照。

（8） Paré, Ambroise, *Des monstres, des prodiges, des voyages*, Paris, Livre Club du Libraire, s.d., pp. 196-197（*Des Monstres et Prodiges*, chapitre VII). パレの『怪物と驚異について』については、伊藤進『怪物のルネサンス』（河出書房新社、一九九八年）に詳しい。

外科医パレについては、以下の二書を参照。渡辺一夫「ある外科医の話――アンブロワーズ・パレの場合」（『フランス・ルネサンスの人々』岩波文庫、一九九二［一九七一］年、五五―七六頁）。森岡恭彦編『近代外科の父・パレ――日本の外科のルーツを探る』ＮＨＫブックス、一九九〇年。

（9） 宮本絢子『ヴェルサイユの異端公妃――リーゼロッテ・フォン・デァ・プファルツの生涯』鳥影社、一九九九年、五一―五二頁。

（10） Caillault, P. Y., *BAR-LE-DUC, Collège Gilles de Trêves, Étude Préliminaire*, ACMH, juillet 2001, pp. 8-12, 22-26. 筆者の求めに応じて、同資料を送付してくれたバール＝ル＝デュック市の博物館に感謝申し上げる。

（11） Compère, Marie-Madeleine, *Les Collèges français (16e-18e siècles)*: Répertoire, t. 1, t. 2, t. 3. 残念なことに、二〇〇七年に著者が病死したため、同書はバール＝ル＝デュックを含むフランス東部（第四巻）のみが未刊となっている。なおフランスにおけるイエズス会の教育については、少し古いが、古典的な著作のエミール・デュルケーム『フランス教育思想史』小関藤一郎訳、行路社、一九八一年、第二部第五章―第七章（四五五―五二八頁）参照（⇒ Durkheim, Emile, *L'évolution pédagogique en France*, pp. 261-303）。その他、十六世紀フランスにおけるコレージュについては、つぎの事典にコンパクトな説明がある。*Dictionnaire des Lettres françaises, Le XVIe siècle*, La Pochothèque, Fayard, 2001, pp. 283-286.

（12） プロンビエール温泉の略史については、Kastener, Jean, *Le Passé de Plombières*, Plombières-les-Bains, Compagnie des Thermes, 1966 参照。またこの温泉を訪れた芸術家や文人たちについては、Conilleau, Roland, *Artistes et Ecrivains à Plombière-les-Bains*, 2 vol., Jean-Alfred Renauld, s.d. 参照。

（13）『家庭の医学』保健同人社、第六版、二〇〇八年、一一二二―一一二六頁参照。

（14）『エセー』初版（一五八〇年版）二巻三七章の文章。ヴィレー＝ソーニエ版のテキストでは注に載っている。

（15）ラブレー『第二の書　パンタグリュエル』宮下志朗訳、ちくま文庫、筑摩書房、二〇〇六年、第二三章、二七一―二七四頁。（⇒ Rabelais, *Œuvres complètes*, pp. 298-299）

（16）Bellenger, Yvonne, *Jacques Lesage, Voyage en Terre Sainte d'un marchand de Douai en 1519*, Balland, 1989, p. 32.

第二章

（1）Oberlé, Raymond, «Montaigne à Mulhouse», in *Autour du* Journal de voyage *de Montaigne*, ... par F. Moureau et R. Bernoulli, Genève-Slatkine, 1982, pp. 26-36.　なおこの同じ書物には、『旅日記』をめぐる論文数編の他、フランソワ・ムーローが発見した「レーデ写本」が収められている。

（2）『放浪学生プラッターの手記』阿部謹也訳（平凡社、一九八五年）およびリュシアン・フェーヴル『フランス・ルネサンスの文明』二宮敬訳、ちくま学芸文庫、一九九六年（創文社、一九八一年）、第一章（五八―六六頁）、第二章（九〇―一一一頁）（⇒ Febvre, Lucien, «Pour une Histoire à part entière», pp. 544-548, 555-563）参照。

（3）前掲『放浪学生プラッターの手記』、二一六頁。なおエマニュエル・ル・ロワ・ラデュリは、この親子二代にわたる三冊の自伝をもとに浩瀚な『プラッター家の世紀』を出版している。Le Roy Ladurie, Emmanuel, *Le siècle des Platter, 1499-1628, tome I: Le mendiant et le professeur, tome II: Le voyage de Thomas Platter, 1595-1599*, Fayard, 1995, 2000.

（4）ラメッリとその著書については、山本義隆『一六世紀文化革命2』みすず書房、二〇〇七年、第六章（四二六―四三三頁）に詳しい。

（5）不快感も羞恥心も今日とは異なっていたルネサンス期の人間の振舞いあるいは礼儀作法（食事の仕方、生理的欲求、洟をかむこと、つばをはくこと、寝室における作法、等）については、ノルベルト・エリアス『文明化の過程（上）』赤井慧爾・中村元保・吉田正勝訳、法政大学出版局、一九七七年、第二部第三章―第八章参照。（⇒ Elias, Norbert, *La civilisation des mœurs*, pp. 117-275）

（6）のちにイタリアを旅したドイツの文豪ゲーテも、ローマで同じような行動をとっている。「ぼくの風変わりで、おそらく気まぐれな、半ば微行めいたやり方は、想像もできなかったような利益をもたらしている。だれもが、ぼくが何者であるか知らぬふりをすることになっているし、〔…〕要するに、ぼくは思いのままにふるまい、自分のことや仕事について釈明しなくてはならない、あのこのうえない不愉快さを免れている」（一七八六年一一月八日）。ゲーテ『イタリア紀行』高木久雄訳（『ゲーテ全集』一一）潮出版社、二〇〇三年、一一〇―一一一頁。

（7）阿部謹也『中世を旅する人々』平凡社、一九七八年、五〇―五八頁、「旅籠についての対話」（⇒ Erasme, *Les auberges (Diversoria)*, pp. 305-315）、Denieul-Cormier, Anne, *La France de la Renaissance 1488-1559*, Arthaud, 1962, pp. 254-262 参照。

（8）Reicher, Cl., Ruffieux, R., *Le voyage en Suisse*, «Bouquins», Robert Laffont, pp. 68-70 参照。

（9）アントニー・ローリー『美食の歴史』池上俊一監修、創元社、一九九六年、八〇頁、一一五頁（⇒ Rowley, Anthony, *À table! La fête gastronomique*, pp. 72, 113）、福田育弘『「飲食」というレッスン――フランスと日本の食卓から』三修社、二〇〇七年、四三―五一頁参照。

（10）アントニー・ローリー前掲書、八一―八三頁（⇒ Rowley, Anthony, *op. cit.*, pp. 73-75）参照。その他、Gougenheim, Georges, *Les Mots Français dans l'histoire et dans la vie*, tome III, A. & J. Picard, 1975, p. 220; Matoré, Georges, *Le vocabulaire et la société du XVIe siècle*, PUF, 1988, p. 61 参照。

ちなみにつぎの書は、モンテーニュ『旅日記』を含む十六世紀から十八世紀の旅行記の証言を通して、当時のヨーロッパ各国の食文化あるいは食卓事情を描き出している。フィリップ・ジレ『旅人たちの食卓』宇田川悟訳、平凡社、一九八九年（⇒ Gillet, Philippe, *Par mets et par vins, voyage et gastronomie en Europe (16e-18e siècles)*）

（11） *Seefeld Tirol*, Art Guide Nr. 727（Edition English/Française 1972）, verlag Schnell & Steiner München und Zürich, 1961, pp. 9-11.

（12） E・H・ゴンブリッチ『規範と形式――ルネサンス美術研究』中央公論美術出版、一九九九年、三〇一頁（⇒ Gombrich, E. H., *Norm and Form. Studies in the art of the Renaissance*, Phaidon, London and New York, 1971［1966］, p. 118）参照。アルプスの眺望をめぐるモンテーニュの記述とブリューゲルの描く構図の類似性および十八世紀人の「自然」への関心については、伊藤進『森と悪魔――中世・ルネサンスの闇の系譜学』岩波書店、二〇〇二年、三四六―三七一頁、四三九―四四〇頁および同著者の論文「ルネサンスにおける山への視線――徳のトポスから高山の発見へ」『中京大学教養論叢』第四七巻第二号、二〇〇六年、二六五―三二九頁参照。

（13） リュシアン・フェーヴル前掲書、六〇頁、一〇五頁（⇒ Febvre, Lucien, *op. cit.*, pp. 545, 561-562）参照。

（14） 石川美子『旅のエクリチュール』白水社、二〇〇〇年、四〇―四四頁、ピエーロ・カンポレージ『風景の誕生』中山悦子訳、筑摩書房、一九九七年、六―八頁（⇒ Camporesi, Piero, *Les belles contrées*, pp. 11-12）参照。

第三章

（1） ラブレー『イタリアだより』渡辺一夫訳注、出光書店、一九四八年、五四頁（⇒ Rabelais, *Œuvres complètes*, p. 1016）

（2） 〈ツーリスト〉としての旅人モンテーニュについては、Denieul-Cormier, Anne, *op. cit.*, pp. 282-308、ピエール・ミシェル『永遠普遍の人モンテーニュ』関根秀雄・斎藤広信訳、白水社、一九八一年、一八九―九一頁（⇒ Michel, Pierre, *Montaigne*, pp. 111-112）、Boyer, Marc, *Histoire générale du tourisme Du XVIe au XXe siècle*, L'Harmattan, 2005, pp. 18-20 参照。

（3） 詳しくは松田毅一『天正遣欧使節』（新装版）、朝文社、二〇〇一年、二三七―二四二頁参照。またゲーテ前掲書、四一―四七頁参照。

（4） ジェズアートについては、Legros, Alain, «Jésuites ou Jésuates? Montaigne entre science et ignorance», in *Montaigne*

Studies, XV, 1-2, The University of Chicago, 2003, pp. 131-146.　および百科事典（*Grand Larousse, la Zanichelli*, etc.）の記述を参照。

（5）　ホテル名と住所はつぎのとおり。«San Girolamo dei Gesuati», Via Madama, 40 441000 Ferrara.

（6）　Legros, Alain, *op. cit.*, pp. 131-146 参照。なお「イエズス会士」の綴りは、フランス語では jésuite(s)、イタリア語では gesuita（複数形は gesuiti）。「ジェズアート」の綴りは、つねに複数形で、フランス語では jésuates、イタリア語では gesuati。

（7）　マルセル・プルースト『失われた時を求めて』上、鈴木道彦編訳、集英社、一九九二年、一六六―一六七頁（⇒ Proust, Marcel, *A la recherche du temps perdu*, tome I, pp. 380）。

（8）　フックス『風俗の歴史』三「ルネサンスの社会風俗」、安田徳太郎訳、角川文庫、一九七二年、一一八―一二一頁（本文）、二七二―二七六頁（訳注）。

（9）　高階秀爾『ルネッサンス夜話』平凡社、一九七九年、二一八、二二一頁。イタリア・ルネサンス期の娼婦たちについては、高階同書（二二二―二三二頁）のほか、つぎの書と論文が参考になる。ポール・ラリヴァイユ『ルネサンスの高級娼婦』森田義之・白崎容子・豊田雅子訳、平凡社、一九九三年（⇒ Larivaille, Paul, *La vie quotidienne des courtisanes en Italie au temps de la Renaissance : Rome et Venise, XVᵉ et XVIᵉ siècles*, Hachette, 1975）; Clerici Balmas, Nerina, «Les courtisanes de Montaigne», in *Montaigne et Marie de Gournay*, Honoré Champion, 1997, pp. 269-281.

（10）　ブルクハルト『イタリア・ルネサンスの文化』（世界の名著）柴田治三郎訳、中央公論社、一九六六年、一一〇頁参照。

（11）　アリオストの代表作『狂えるオルランド』もタッソの代表作『エルサレム解放』も、邦訳がある。アリオスト『狂えるオルランド』脇功訳、名古屋大学出版会、二〇〇一年。タッソ『エルサレム解放』（A・ジュリアーニ編）鷲平京子訳、岩波文庫、二〇一〇年。モンテーニュは『エセー』第二版（一五八二）以降、この叙事詩からいくつか引用している。

（12）ヴァザーリ『ルネサンス画人伝』平川祐弘・小谷年司・田中英道訳、白水社、一九八二年、二五六―二五七頁参照。

（13）「レーデ写本」は、引用文の［　］内の文章が余白に書かれていることを付記している。つまりこの部分はモンテーニュの加筆と思われる。ちなみに「身長はわたしくらい」というから、モンテーニュと同じく、大公の身長は低かったようである。

（14）彼女のドラマチックな生涯は、塩野七生『愛の年代記』（新潮文庫）所収の物語「大公妃ビアンカ・カペッロの回想録」に詳しい。また中嶋浩郎・中嶋しのぶ『フィレンツェ歴史散歩』白水社、二〇〇六年、一五一―一五八頁参照。

（15）『旅日記』の編者ファウスタ・ガラヴィーニは、日記の前半を記した秘書の役割を分析して、秘書の自主性を強調している。しかし、ここでは判断を保留している。なお秘書の役割に関しては、『旅日記』について知見豊かな解説を加えているイヴォンヌ・ベランジェもガラヴィーニの見解に賛同している（イヴォンヌ・ベランジェ『モンテーニュ　精神のための祝祭』高田勇訳、白水社、一九九三年、九八―一二一頁）。（⇒ Bellenger, Yvonne, *Montaigne. Une fête pour l'esprit*, pp. 107-133）

（16）後注（19）に記した論文集『ルネサンスから今日までの庭園史』（⇒ *Histoire des jardins de la Renaissance à nos jours*）は、イタリアを中心とするルネサンス期の庭園に関する一四編の論文を収録しており、図版も豊富である。日本語で書かれた参考書としては、岡崎文彬『ルネサンスの楽園』（養賢堂、一九九三年）、巖谷國士『イタリア庭園の旅　１００の悦楽と不思議』（平凡社、一九九八年）、岩切正介『ヨーロッパの庭園』（中公新書、二〇〇八年）などがある。

（17）ルイス・フロイス原著『九州三侯遣欧使節行記』岡本良知訳注、東洋堂、一九四二年、二七九―二八二頁（巨人像の記述は二八二頁）。なお同書については、松田毅一前掲書、一六一―一七〇頁、二二一―二二二頁参照。

（18）『デ・サンデ天正遣欧使節記』泉井久之助・長沢信寿・三谷昇二・角南一郎共訳、雄松堂出版、一九六九年、三七二―三八〇頁。なお同書については、松田毅一前掲書、一六一―二〇〇頁、二二一―二二二頁参照。

（19）　Zangheri, Luighi, « «Naturalia » et «curiosa » dans les jardins du XVIe siècle », in *Histoire des jardins de la Renaissance à nos jours*, p. 55.　巨人像に対する好みについては、Chastel, André, *Mythe et crise de la Renaissance*, Skira, 1989, pp. 283-289（La terribilità）参照。

（20）　Frigo, Rosa Maria, «Le jardin d'eau dans les relations de voyage du XVIe siècle» in *La letteratura e i giardini*, 1987, Firenze, pp. 227-240 参照。著者は同論文のなかで、プラトリーノに関する資料として、モンテーニュと天正遣欧使節の他に、つぎの二人（無名氏とヴィレ）の旅行記を取り上げている。［Anoyme］, *Discours viatiques de Paris à Rome et de Rome à Naples et Sicile (1588-1589)*, Slatkine , 1983 ; Virey, Claude-Enoch, *Vers itineraires. (Allant de France en Italie, 1592 ; Allant de Venise à Rome, 1593)*, S.T.F.M., 1999.

（21）　正面入口となる館は、一九七四年からクルスカ・アカデミー（一五八三年創立。イタリア語の純化を目的とした言語学会）が入っていて非公開である。見学者用の入口は館の右側にあり、中に入るとすぐに庭園の全体図を示した案内板がある。

第四章

（1）　「熊屋」（dell' Orso）には、ラブレーが一五三四年に、のちにゲーテが一七六八年に宿泊している。デッロルソ通り via dell' Orso にあるこの宿は、第二次大戦後にはナイトクラブとして繁盛したようである。二〇〇七年現在はピアノバー・レストラン・ディスコの店（店名は Hostaria dell' Orso）として営業していた。

（2）　ルイス・フロイス前掲書、三四〇―三五二頁、前掲『デ・サンデ天正遣欧使節記』、三九一―四〇一頁参照。

（3）　松田毅一前掲書、一八九頁。

（4）　モンテーニュの蔵書のなかに、一五五八年にヴェネツィアで出版されたルーチョ・マオロ『古代ローマの遺跡』（Lucio Mauro, *Antichità di Roma*）があり、それにはモンテーニュの署名が入っているという。

（5）　モンテーニュのローマ観については、つぎの論文が興味深い。Mathieu-Castellani, Gisèle, «Poétique du lieu : Rome, l' enfance et la mort», in *Montaigne e l'Italia*, ... éd. E. Balmas, Genève, Slatkine, 1991, pp. 339-350.　なおこの論文

集『モンテーニュとイタリア』には〈モンテーニュとイタリア〉に関する数多くの論文が収録されている。

(6) ジョワシャン・デュ・ベレー『ローマの古跡』（一五五八）、『哀惜詩集』（一五五八）。（⇒ Du Bellay, Joachim, *Les Regrets et autres œuvres poëtiques, suivis des Antiquitez de Rome...*）

(7) モンテーニュとユダヤ教については、つぎの書が参考になる。Jama, Sophie, *L'Histoire juive de Montaigne*, Flammarion, 2001. ただし同書の内容はすべて『エセー』と『旅日記』からの引用で、研究書などからの引用はない。またジャック・アタリは、モンテーニュにはマラーノ（カトリックに改宗させられたスペインやポルトガルのユダヤ人）である祖先の血がしみ込んでおり、その著作『エセー』によって彼はマラーノの哲学を代表すると述べている。ジャック・アタリ『1492 西欧文明の世界支配』斎藤広信訳、ちくま学芸文庫、二〇〇九年、三九五―三九七頁。（⇒ Attali, Jacques, *1492*, Fayard, 1991, pp. 323-324）

(8) ピエール・ブロン前掲書、第三巻二九章「トルコ人の割礼について」。（⇒ Belon, Pierre, *op. cit.*, pp. 490-492）第一章の注（5）参照。

(9) ローマの謝肉祭については、前注（6）に挙げた詩人ジョワシャン・デュ・ベレーも、そのソネのなかで祝祭の様子を生き生きと、しかし皮肉な調子で歌っている（『哀惜詩集』「ソネ・一二〇」、一五八八）。また十八世紀後半になるが、ゲーテが一七七八年に目にしたローマの謝肉祭の様子を詳しく伝えている。ゲーテ前掲書「第二次ローマ滞在」、四〇一―四二六頁。

(10) 「レーデ写本」によると、「他人の筆が若干混じることはあっても、大部分はモンテーニュの筆による」という。また他人の筆が時おり混じっている場合でも、おそらくそれはモンテーニュの口述によるものであろう、とガラヴィーニは注記している。

(11) 現在のヴァティカン文庫については、「驚異のヴァティカン図書館」（『イタリア文化事典』イタリア文化事典編集委員会編、丸善出版、二〇一一年、七九〇―七九一頁）参照。

(12) ジャック・アミヨによるプルタルコスの『対比列伝』と『倫理論集』のフランス語訳は、それぞれ一五五九年と一五七二年に出版された。ちなみに『対比列伝』のフランス語訳は、今日でもプレイヤッド叢書に入っており、人々に愛読されている。

（13）詳しくは『モンテーニュ旅日記』（関根秀雄・斎藤広信訳）一五二―一五三頁、一六八―一六九頁とその注を参照。「祈りについて」（一巻五六章）の加筆訂正については、ルグロによる注釈版が詳しい。（⇒ Legros, Alain (par), Montaigne, *Essais I*, 56, «Des prières»）

（14）イエズス会については、つぎの翻訳書がコンパクトな参考書。邦語文献を含む文献案内も参考になる。ペーター・ディンツェルバッハー、ジェイムズ・レスター・ホッグ編『修道院文化史事典』朝倉文市監訳、八坂書房、二〇〇八年、四四三―四九〇頁、第一二章「イエズス会」。

（15）ペーター・ディンツェルバッハー、ジェイムズ・レスター・ホッグ編前掲書、四六二―四六八頁および松田毅一前掲書、一七九―一八三頁参照。

（16）ローマ・カトリック教会が認める七つの巡礼教会。サン・ピエトロ、サン・ジョヴァンニ・イン・ラテラーノ、サンタ・マリア・マッジョーレ、サン・パオロ・フオリ・レ・ムーラの四大聖堂、およびサン・ロレンツォ・フオリ・レ・ムーラ、サンタ・クローチェ・イン・ジェルサレンメ、サン・セバスティアーノの三聖堂である。

（17）つぎの二書はコンパクトなガイドブックである。Barisi, Isabella, *Guida a Villa d'Este* (De Luca Editori d'Arte, 2004) および『エステ家のヴィッラ』ホンダ・カツミ、ササオ・マユミ訳（Madonna, Maria Luisa, *Villa d'Este*), De Luca Editori d'Arte, 2005. その他、岡崎文彬前掲書、一七三―一八二頁、および岩切正介前掲書、二二一―二三八頁参照。

（18）ヴィッラ・デステの庭園にこめられた寓意については、岩切正介前掲書、二二一―二三八頁に詳しい。またのちに訪れるバニャイアでも、モンテーニュはヴィッラにこめられた寓意（同書三九―四七頁）にはふれていない。

（19）クリストファー・ヒバート前掲書、四六〇―四六一頁、四七四―四七五頁、五〇二頁（⇒ Hibbert, Christopher, *Rome: The Biography of a City*, pp. 341, 349, 364-365）および石鍋真澄『サン・ピエトロ大聖堂』吉川弘文館、二〇〇〇年、一八六頁参照。

（20）本書一一六頁および第三章の注（12）参照。
（21）スタンダール『ローマ散歩（II）』臼田紘訳、新評論、二〇〇〇年、二五八頁。（⇒ Stendhal, *Promenades dans Rome*, in *Voyage en Italie*, pp. 1051-1052）
（22）Chateaubriand, *Mémoires d'outre-tombe*, Gallimard, 1951, tome II, p. 243.
（23）Sayce, Richard, « The Visual Arts in Montaigne's *Journal de Voyage* », in *O un amy! Essays on Montaigne in honor of Donald M. Frame*, ed. by Raymond C. La Charité, Lexington, French Forum Pub., 1977, pp. 219-241.
（24）Delumeau, Jean, *Rome au XVIe siècle*, Hachette/Pluriel, 1994 [1975], p. 40.
（25）これまでのさまざまな評価については、Schneikert, Élisabeth, *Montaigne dans le labyrinthe (De l'imaginaire du Journal de voyage à l'écriture des* Essais), Honoré Champion, 2006, pp. 214-217 参照。

第五章

（1）参考にしたロレートのガイドブックはつぎの二書。Santarelli, Giuseppe, *Lorette — Guide historique et artistique*, Ancona, Edizioni Aniballi, 2001（pp. 22-25, 63-64）; Grimaldi, Floriano, *Lorette — La sainte maison*, Congregazione Universale della Santa Casa, 1977.
（2）前掲『デ・サンデ天正遣欧使節記』、四八二―四八三頁。
（3）十六世紀のユマニストたちの巡礼、およびモンテーニュのロレート参詣については、つぎの論文を参照。Béné, Charles, « Humanistes et pèlerinages au XVIe siècle : Montaigne à Lorette », in *Montaigne e l'Italia*, pp. 597-607.
（4）パリのある若殿とはミシェル・ド・ラ・シャペル＝マルトーという人。彼は旧教同盟（カトリック同盟）の一員として活躍する。後年（一五八八年七月一〇日）モンテーニュは、パリで嫌疑をかけられてバスティーユに投獄される事件にあったが、ちょうどそのときパリ市長であった彼の力もあって同日釈放される。モンテーニュはその日の顛末を「家事録」（七月一〇日の頁）に詳しく記している。前掲『モンテーニュ書簡集』、一〇五―二〇六頁（⇒ Montaigne, *Œuvres complètes*, p. 1410）参照。この事件については、関根秀雄『モンテーニュとその時代』白水社、一九八〇年、五六二―五六三頁にも述べられている。

（5）Delumeau, Jean, *op. cit.*, p. 36 参照。

（6）Delumeau, Jean, *ibid.*, p. 22 参照

（7）アルブレヒト・デューラー『ネーデルラント旅日記』前川誠郎訳注、朝日新聞社、一九九六年。「本書はアルブレヒト・デューラーが一五二〇年七月より翌年の七月までちょうど一ヶ年にわたりアントウェルペン市を中心にネーデルラント（いまのベルギー、オランダ）地方の諸都市を訪ねた際の旅日記である。〔…〕この『ネーデルラント旅日記』の本質は、旅中の収支の明細を記録した出納簿という点にある」（訳者解説）。

（8）ピーコ・デッラ・ミランドラ（一四六三―一四九四）は、新しい人間観を追求した、碩学で有名なイタリアのユマニスト。彼の有名な著作は『人間の尊厳についての演説』（一四八六年執筆、死後出版）で、つぎの邦訳などがある。大出哲・阿部包・伊藤博明訳『人間の尊厳について』国文社、一九八五年。佐藤三夫訳『人間の尊厳についての演説』（佐藤三夫訳編『ルネサンスの人間論――原典翻訳集』所収。有信堂高文社、一九八四年）。ただしモンテーニュがこの著作を読んでいたかどうかは不明である。

（9）「ペトラルカは亡命中のフィレンツェ市民を父として中部イタリアのアレッツォに生まれた。一三〇四年七月二〇日の暁であった。そして生後七ヶ月ほどで、母親につれられて父方の祖父を頼ってインチーザに移り住む」（ペトラルカ『ルネサンス書簡集』近藤恒一編訳、岩波文庫、一九八九年、「解説」）。なおモンテーニュは『エセー』の数箇所でペトラルカのソネットの一部を引用しており、またこの詩人の作品も所蔵していた。*Dictionnaire de Michel de Montaigne*, publié sous la direction de Philippe Desan, Honoré Champion, 2004, pp. 780-781 (Pétrarque［Francesco Petrarca］, par J. Balsamo）参照。

（10）一一八頁および第三章の注（14）参照。

（11）バーニ・ディ・ルッカについては、つぎのガイドブックを参照。Cherubini, Marcello & Betti, Massimo, *Tourist Guide to Bagni di Lucca*, MaxMaur Publisher, 2003.（pp. 31-33, 140-141, et al.）なおモンテーニュは『旅日記』のなかでデッラ・ヴィッラ温泉（フランス語で Bain della Villa、途中からイタリア語で Bagni della Villa）と書いてい

るが、正しくはラ・ヴィッラ温泉（イタリア語で Bagni alla Villa）と言うようである。しかし本書では、『旅日記』の記述に従ってデッラ・ヴィッラ温泉と記すことにする。

（12）Cherubini, Marcello & Betti, Massimo, *ibid.*, pp. 129-134 参照。

（13）モンテーニュはデッラ・ヴィッラ温泉に滞在中、湯治前期の途中（五月一三日）から帰国途中（一一月一日）のモン・スニ峠まで、イタリア語で日記を書いている（「これから少しこの国の言葉をしゃべってみることにしよう。今とくにわたしは最も純粋なトスカーナ語が語られているらしい地方を、とりわけ近郷の訛りによって少しもそれを汚さなかった地方の人たちの間を、旅しているのであるから」）。

（14）ジャン・スタロバンスキー『モンテーニュは動く』早水洋太郎訳、みすず書房、一九九三年、二四八頁。（⇒ Starobinski, Jean, *Montaigne en mouvement*, p. 185）

（15）つぎの書は、『旅日記』の記述にもとづいて、モンテーニュが訪れた諸温泉、彼が試みた温泉治療とその効果などについて記しており、資料として参考になる。Batisse, François, *Montaigne et la médecine*, Les Belles Lettres, 1962, pp. 186-252.

第六章

（1）ルネサンス期の聖ヨハネ祭については、「ルネサンス期フィレンツェの祝祭と儀式」（前掲『イタリア文化事典』三六―三七頁）参照。

（2）第一章「ストロッツィ元帥の墓を訪ねる」参照。

（3）最初にフィレンツェを訪れたとき、本書ではふれなかったが、モンテーニュ一行は大公のヴェッキオ宮殿でこのキマイラを見ている。ところがここではヴェッキオ宮殿ではなくピッティ宮殿となっており、宮殿名の記述に混同が見られる。一五五四年にアレッツォ近郊で発掘されたこのブロンズの怪獣（エトルリア彫刻、紀元前五世紀末―四世紀初）は、現在フィレンツェの国立考古学博物館にある。

（4）第三章「モンテーニュの女性見学」参照。

（5）　ジュンティ書店は『デカメロン』を一五二三年に出版している。また『「デカメロン」の若干の箇所に関する注釈と論説』を一五七四年に出版している。

（6）　『ペトラルカ＝ボッカッチョ往復書簡』近藤恒一編訳、岩波文庫、二〇〇六年、二八七―二九一頁および「解説」参照。

（7）　「中世都市ピサの魅力」（前掲『イタリア文化事典』四二―四三頁）参照。

（8）　小川熙『イタリア12都市物語』里文出版、二〇〇七年、八〇―八三頁、「ペテロの上陸」。

（9）　*La Madonna della Quercia* (Anno XV-N. 3, Settembre 2007), pp. 1-13.

（10）　バニャイア（のちのヴィッラ・ランテ）についてのガイドブックは、*Villa Lante di Bagnaia*, Bonechi Edizioni "il Turismo", 2004 および岡崎文彬前掲書、二一〇―二一五頁、岩切正介前掲書、三九―四七頁。

（11）　カプラローラ（ファルネーゼ宮殿）についてのガイドブックは、*Il Palazzo Farnese di Caprarola*, Edizioni "il Turismo", 1997 および岡崎文彬前掲書、二一六―二二四頁。

（12）　この引用文あるいは石の自然排出については、第五章「モンテーニュの知恵」参照。

（13）　モンテーニュはのちに『エセー』のなかで、「最近ミラーノで亡くなったボッロメーオ枢機卿は、その貴い身分と、ありあまる財産と、イタリアの環境と、年齢の若さに、しきりに遊蕩に誘惑されながらも、きわめてきびしい生活に身を持して、夏も冬も同じ着物でとおし……」（一巻一四章）と述べている。

（14）　「家事録」（一一月三〇日の頁）にも、つぎのように記されている。「一五八一年、ドイツおよびイタリアの旅を終え、わが家に帰り着く。旅にあったのは一五七九年六月二二日以来今日まで。前年の今日はまさにローマに到着した日である」。ただし「家事録」の引用文中、一五七九年は一五八〇年の誤りである（前掲『モンテーニュ書簡集』二〇一頁）。（⇒ Montaigne, *Œuvres complètes*, p. 1409）

第七章

（1）　Françon, Marcel, «L'édition de 1582 des Essais», in *Bulletin de la Société des Amis de Montaigne*, 4e série, N°14, 1968, pp. 3-32.

(2) Blum, Claude, «Dans l'atelier de Millanges. Les conditions de fabrication des éditions bordelaises des "Essais" (1580, 1582)», in *Editer les Essais de Montaigne*, sous la direction de Claude Blum et André Tournon, Honoré Champion, 1997, pp. 79-97.

(3) Desan, Philippe, *Introduction*, in Michel de Montaigne, *Essais*, Reproduction photographique de la deuxième édition (Bordeaux 1582), avec une introduction par Philippe Desan, STFM., 2005, pp. VII-XLVIII.

(4) Françon, Marcel, *op. cit.*, pp. 3-23.

(5) *Dictionnaire de Michel de Montaigne*, *op. cit.*, pp. 300-302 (Édition de 1582, par A. Legros).

(6) 「ボルドー市参事各位宛の書簡」*Lettre [A Messieurs, Messieurs les juras de la ville de Bordeau]* の邦訳は前掲『モンテーニュ書簡集』六七―六八頁。(⇒ Montaigne, *Œuvres complètes*, p. 1372)

(7) Blum, Claude, *op. cit.*, pp. 79-97.

(8) Blum, Claude, *ibid.*, pp. 79-97.

(9) Desan, Philippe, *op. cit.*, p. XVIII.

(10) たとえば「講和のときは危険であること」(一巻六章)、「弁舌の遅速について」(一巻一〇章)、「ある使節たちの行為」(一巻一七章)など。Hoffmann, George, *Montaigne's Career*, Oxford, Clarendon Press, 1998, p. 151 参照。

(11) Desan, Philippe, *op. cit.*, pp. XXXVI-XL.

(12) モンテーニュの市長時代については、関根秀雄(前掲)『モンテーニュとその時代』四九三―五三〇頁、「第六部　ボルドー市長時代」に詳しい。

(13) 「一五八八年版は「第三巻をふやし、はじめの二巻にたいして六〇〇の補加をおこなった」もので(実際は六四一の規模の大きい補加と五四三の新しい引用)、扉には第五版と記してあるが、われわれはこれ以前の版としては一五八〇年、一五八二年、一五八七年のものしか知らない」(ロベール・オーロット前掲書、八〇―八一頁)(⇒ Aulotte, Robert, *op. cit.*, p. 55)。なお扉に記された第五版は第四版の誤りかどうかはよくわからないという。また一五八八年版の欧文タイトルはつぎのとおりである。*Essais de Michel seigneur de Montaigne*, Cinquiesme édition augmentée d' une troisiesme livre et de six cens additions aux deux premiers, Paris, A. L' Angelier.

終章

（1） Dubois, Claude-Gilbert, «"voyage" et "passage" : interférences de l' espace et du temps», in *Montaigne : Espace, voyage, écriture*, pp. 103-111.

（2） つぎの二つの論文は、スイスを中心に『旅日記』におけるモンテーニュと水（泉水および水力を利用した機械装置）について論じている。Pot, Olivier, «Au fil de l' eau : l' itinéraire de Montaigne en Suisse», in *Journal de voyage en Alsace et en Suisse (1580-1581)*, Honoré Champion, 2000, pp. 31-77 ; Pot, Olivier, «Le journal de voyage en Suisse, ou un essayiste aux bains», in *Bulletin de la Société des Amis de Montaigne*, 8e série, No 19-20, 2000, pp. 23-38.　二つの論文内容はかなり重複しているが、前者にはラメッリなどの機械装置の図版が載っている。第二章の注（4）参照。またかなり難解であるが、つぎの書（前掲）も旅人モンテーニュと水の問題に言及している。Scheikert, Élisabeth, *op. cit.*, pp. 127-134, 145-146, 247-254, etc.

（3） Croquette, Bernard, *Essais, Livre III, Chap.9., «De la vanité» de Montaigne*, Editions Pédagogie Moderne, 1981, pp. 74-76 参照。

あとがき

本書の執筆を思い立ったのは数年前のことである。以前、モンテーニュの翻訳・研究の草分けであられた関根秀雄先生の視力が弱くなられたために、その『モンテーニュ全集』の校正をお手伝いしたとき、先生のお勧めもあり、共訳という形で『旅日記』の翻訳を出させていただいた。しかしそのあと翻訳を読み返して、訳文についても注についても、小生の勉強不足を知らされた。翻訳がモンテーニュ没後四〇〇年を記念した出版であったため、同じ一九九二年に出版されたフランソワ・リゴロ版を十分参照して、それを翻訳に生かすことができなかったこともある。その後『旅日記』については、翻訳のことも気になりながら、授業や雑事に追われ、生来の怠け癖も手伝って、まとまった仕事をすることができずに歳月だけが過ぎていった。

数年前（二〇〇七年）、勤務校から半年間のサバティカル休暇をいただいたので、その機会を利用してモンテーニュの旅の足跡を辿ってみた。今から四〇〇年以上も前のことであるから、特別に何か新しい発見があったわけではないが、現地で『旅日記』の記述を読むという得がたい経験をすることができた。帰国後、その旅のノートを整理しながら、翻訳とは別の形で『旅日記』を紹介できたらと考え始めた。そこで定年退職を機に、これまで勤務校の紀要などに発表していた小論を参考にして、

『旅日記』の内容とその覚え書きのようなものをまとめてみようと思い立ったのである。

本書を書き終えて振り返ってみると、モンテーニュの旅が実際どのようなものであったのかを具体的に紹介しようと、〈旅するモンテーニュ〉を追いかけることに多くの頁を費やした感がある。ともあれ、今はこのような形でも本書を出版することができて嬉しく思っている。

ここで改めて、『旅日記』の共訳などのお仕事をさせていただいた故関根秀雄先生および大学在学中のみならず卒業後にもいろいろご指導くださった故原二郎先生に心より御礼申し上げる。またモンテーニュあるいはルネサンス文化に関して、ラブレー・モンテーニュ研究フォーラムおよび日本ロンサール学会のメンバーをはじめ、同僚やさまざまの方から、これまで貴重な指摘や助言をいただいた。有り難いことである。

最後に、本書の出版の機会を作っていただいた畏友大谷尚文氏に御礼申し上げたい。また拙稿に対して適切な批評とアドバイスを惜しまず、「ぜひよい本に仕上げましょう」と言って、本書の編集と校正に尽力してくださった法政大学出版局編集部の郷間雅俊氏に心から謝意を表したい。

二〇一二年五月

斎藤 広信

著　者

斎藤広信（さいとう・ひろのぶ）

1943 年宮城県生まれ。東北大学大学院修士課程修了。日本女子大学名誉教授。十六世紀フランス文学・思想。共著書に『フランスの文学』（有斐閣），『フランス語を話そう！ フランスを知ろう！』（白水社），『世界ことわざの泉』（河北新報出版センター），『もっと知りたいフランス――歴史と文化を旅する 5 章』（駿河台出版社）ほか。訳書に『モンテーニュ旅日記』（共訳），ピエール・ミシェル『永遠普遍の人モンテーニュ』（共訳，白水社），ベルナール・フランク『方忌みと方違え――平安時代の方角禁忌に関する研究』（岩波書店），ジャック・アタリ『1492 西欧文明の世界支配』（ちくま学芸文庫）ほか。

旅するモンテーニュ
十六世紀ヨーロッパ紀行

2012年6月22日　初版第1刷発行

著　者　斎藤広信

発行所　財団法人 法政大学出版局
〒102-0073 東京都千代田区九段北3-2-7
電話 03(5214)5540／振替 00160-6-95814
印刷　二和印刷／製本　ベル製本

Printed in Japan　ISBN978-4-588-49027-9

文献一覧

《主要文献》

(1)『エセー』

本書で使用したテキスト：ヴィレー＝ソーニエ版『エセー』(1965 年)

Essais de Michel de Montaigne, édition conforme au texte de l'Exemplaire de Bordeaux, ... par Pierre Villey et réimprimée sous la direction et avec une préface de V.-L. Saulnier, PUF, 1965, 1 vol.［1978, 2 vol. ; 1990, 3 vol.］

日本語訳：『エセー』原二郎訳（全六冊，岩波文庫，1965-67 年）

上記以外の『エセー』の主要テキスト：

Montaigne, *Œuvres complètes*, Textes établis par Albert Thibaudet et Maurice Rat, Introduction et notes par Maurice Rat, Gallimard, coll. Pléiade, 1962.（プレイヤッド叢書版『モンテーニュ全集』）

Montaigne, *Les Essais*, Édition réalisée par Denis Bjaï, Bénédicte Boudou, Jean Céard et Isabelle Pantin, sous la direction de Jean Céard, Le Livre de Poche, «La Pochothèque», 2001.（『エセー』1595 年版の批評版。白水社から刊行中の宮下志朗訳の底本）

Montaigne, *Les Essais*, Édition établie par Jean Balsamo, Michel Magnien et Catherine Magnien-Simonin,... Gallimard, coll. Pléiade, 2007.（1595 年版に依拠したプレイヤッド叢書の新版）

(2)『旅日記』

本書で使用したテキスト：フランソワ・リゴロ版『旅日記』(1992 年)

Journal de voyage de Michel de Montaigne, Édition présentée, établie et annotée par François Rigolot, PUF, 1992.

日本語訳：関根秀雄・斎藤広信訳『モンテーニュ旅日記』(白水社，1992 年)

上記以外の『旅日記』の主要テキスト：

Michel de Montaigne, *Journal de voyage*, Édition présentée, établie et annotée par Fausta Garavini, Gallimard, 1983.（ファウスタ・ガラヴィーニ版）

Montaigne, *Journal de voyage en Italie*, Édition présentée, établie et annotée par Pierre Michel, Le Livre de Poche, 1974.（ピエール・ミシェル版）

(3)「書簡集」および「家事録」

本書で使用したテキスト：上記プレイヤッド叢書版『モンテーニュ全集』

日本語訳：関根秀雄訳『モンテーニュ書簡集』(白水社，1983 年)

(4)「レーデ写本」——序章の注（3）を参照

La copie Leydet du «Journal de voyage», présentée et annotée par François Moureau. (in *Autour du* Journal de voyage *de Montaigne 1580-1980*, Genève-Slatkine, 1982, pp. 107-185)

《一般文献》

以下に挙げた文献は，原則として注に記したものであるが，そのほか適宜参照したものも若干挙げている。和文（翻訳書を含む）と欧文（参考書，研究書，論文など）に分けて掲載する。

■**和文**（翻訳書を含む）　　(⇒は欧文の項参照)

アタリ，ジャック『1492 西欧文明の世界支配』斎藤広信訳，ちくま学芸文庫，筑摩書房，2009 年（『歴史の破壊　未来の略奪』朝日新聞社，1994 の改題）(⇒ Attali, Jacques, *1492*)

阿部謹也『中世を旅する人びと』平凡社，1987 年

アリオスト『狂えるオルランド』脇功訳，名古屋大学出版会，2001 年

石川美子『旅のエクリチュール』白水社，2000 年

石鍋真澄『サン・ピエトロ大聖堂』吉川弘文館，2000 年

『イタリア』(ミシュラン・グリーンガイド)，実業之日本社，1991 年（⇒ *Italie*）

『イタリア文化事典』イタリア文化事典編集委員会編，丸善出版，2011 年

伊藤進『怪物のルネサンス』河出書房新社，1998 年

伊藤進『森と悪魔——中世・ルネサンスの闇の系譜学』岩波書店，2002 年

伊藤進「ルネサンスにおける山への視線——徳のトポスから高山の発見へ」『中京大学教養論叢』第 47 巻第 2 号，2006 年（265-319 頁）

岩切正介『ヨーロッパの庭園』中公新書，2008 年

巖谷國士『イタリア庭園の旅　100 の悦楽と不思議』(文・写真）平凡社，1998 年

ヴァザーリ『ルネサンス画人伝』平川祐弘・小谷年司・田中英道訳，白水社，1982 年

『エステ家のヴィッラ』ホンダ・カツミ，ササオ・マユミ訳（Madonna, Maria Luisa, *Villa d'Este*), De Luca Editori d'Arte, 2005.

エリアス，ノルベルト『文明化の過程（上)』赤井慧爾・中村元保・吉田正勝訳，法政大学出版局，1977 年（⇒ Elias, Norbert, *La civilisation des mœurs*)

岡崎文彬『ルネサンスの楽園』養賢堂，1993 年

小川煕『イタリア12小都市物語』里文出版，2007年
オーロット，ロベール『モンテーニュとエセー』荒木昭太郎訳，白水社，1992年（⇒ Aulotte, Robert, *Montaigne : «Essais»*）
カンポレージ，ピエーロ『風景の誕生』中山悦子訳，筑摩書房，1997年（⇒ Camporesi, Piero, *Les belles contrées*）
グワルチェリ『日本遣欧使者記』木下杢太郎訳，岩波書店，1933年
ゲーテ『イタリア紀行』高木久雄訳（『ゲーテ全集』11）新装普及版，潮出版社，2003年
ゴンブリッチ，E. H.『規範と形式――ルネサンス美術研究』中央公論美術出版，1999年，301頁（⇒ Gombrich, E. H., *Norm and Form. Studies in the art of the Renaissance*）
塩野七生『愛の年代記』（「大公妃ビアンカ・カペッロの回想録」）新潮文庫，1978年
柴田三千雄・樺山紘一・福井憲彦編『フランス史2』山川出版社，1996年
ジレ，フィリップ『旅人たちの食卓』宇田川悟訳，平凡社，1989年（⇒ Gillet, Philippe, *Par mets et par vins, voyage et gastronomie en Europe (16ᵉ-18ᵉ siècles)*）
『身体の歴史 I』「16-18世紀　ルネサンスから啓蒙時代まで」（G. ヴィガレロ編／鷲見洋一監訳）藤原書店，2010年
スタロバンスキー，ジャン『モンテーニュは動く』早水洋太郎訳，みすず書房，1993年（⇒ Starobinski, Jean, *Montaigne en mouvement*）
スタンダール『ローマ散歩（II）』臼田紘訳，新評論，2000年（⇒ Stendhal, *Promenades dans Rome*）
『世界と日本――天正・慶長の使節』仙台市博物館，1995年
関根秀雄『モンテーニュ逍遥』白水社，1976年
関根秀雄『モンテーニュとその時代』白水社，1980年
高階秀爾『ルネサンス夜話』平凡社，1979年
タッソ『エルサレム解放』（A. ジュリアーニ編）鷲平京子訳，岩波文庫，2010年
田中重弘『女の世紀を旅した男――ルネサンス・ヨーロッパ見聞』北洋社，1980年
ディンツェルバッハー，ペーター／ホッグ，ジェイムズ・レスター編『修道院文化史事典』朝倉文市監訳，八坂書房，2008年
『デ・サンデ天正遣欧使節記』泉井久之助・長沢信寿・三谷昇二・角南一郎共訳，雄松堂出版，1969年
デューラー，アルブレヒト『ネーデルラント旅日記』前川誠郎訳注，朝日新聞社，1996年
デュルケーム，エミール『フランス教育思想史』小関藤一郎訳，行路社，1981年（⇒ Durkheim, Emile, *L'évolution pédagogique en France*）
寺迫正廣「よきものをたずねて―― Montaigneの異文化探訪に関する一考察」，『独仏文学』第二五号，大阪府立大学独仏文学研究会，1991年（79-106頁）

中島和郎『ルネサンス理想都市』講談社，1996 年
中嶋浩郎・中嶋しのぶ『フィレンツェ歴史散歩』白水社，2006 年
バシュラール，ガストン『水と夢——物質的想像力試論』及川馥訳，法政大学出版局，2008 年
ピーコ・デッラ・ミランドラ『人間の尊厳について』大出哲・阿部包・伊藤博明訳，国文社，1985 年。佐藤三夫訳『人間の尊厳についての演説』（佐藤三夫訳編『ルネサンスの人間論——原典翻訳集』所収），有信堂高文社，1984 年
ピット，ジャン＝ロベール『フランス文化と風景』手塚章・高橋信夫訳，上下二冊，東洋書林，1998 年（⇒ Pitte, Jean-Robert, *Histoire du paysage français*）
ヒバート，クリストファー『ローマ　ある都市の伝記』横山徳爾訳，朝日新聞社，1991 年（⇒ Hibbert, Christopher, *Rome : The Biography of a City*）
フェーヴル，リュシアン『フランス・ルネサンスの文明』二宮敬訳，ちくま学芸文庫，筑摩書房，1996［創文社，1981］年（⇒ Febvre, Lucien, «Pour une Histoire à part entière»）
福田育弘『「飲食」というレッスン——フランスと日本の食卓から』三修社，2007 年
フックス『風俗の歴史』三「ルネサンスの社会風俗」，安田徳太郎訳，角川文庫，1972 年
ブルクハルト『イタリア・ルネサンスの文化』（世界の名著）柴田治三郎訳，中央公論社，1966 年
プルースト，マルセル『失われた時を求めて』上，鈴木道彦編訳，集英社，1992 年（⇒ Proust, Marcel, *A la recherche du temps perdu*）
フロイス，ルイス原著『九州三侯遣欧使節行記』岡本良知訳注，東洋堂，1942 年
『ペトラルカ＝ボッカッチョ往復書簡』近藤恒一編訳，岩波文庫，2006 年
ペトラルカ『ルネサンス書簡集』近藤恒一編訳，岩波文庫，1989 年
ベランジェ，イヴォンヌ『モンテーニュ　精神のための祝祭』高田勇訳，白水社，1993 年（⇒ Bellenger, Yvonne, *Montaigne. Une fête pour l'esprit*）
『放浪学生プラッターの手記』阿部謹也訳，平凡社，1985 年
堀田善衛『ミシェル城館の人』（第三部「精神の祝祭」），集英社，1994 年
牧野宣彦『ゲーテ『イタリア紀行』を旅する』集英社新書ヴィジュアル版，集英社，2008 年
松田毅一『天正遣欧使節』（新装版）朝文社，2001 年
ミシェル，ピエール『永遠普遍の人モンテーニュ』関根秀雄・斎藤広信訳，白水社，1981 年（⇒ Michel, Pierre, *Montaigne*）
宮下志朗『エラスムスはブルゴーニュワインがお好き——ルネサンスつもる話』白水社，1996 年
宮本絢子『ヴェルサイユの異端公妃　リーゼロッテ・フォン・デァ・プファルツ

の生涯』鳥影社，1999 年
森岡恭彦編著『近代外科の父・パレ』NHK ブックス，1990 年
森田鉄郎編『イタリア史』山川出版社，1976 年
山本義隆『一六世紀文化革命 2』みすず書房，2007 年
ラブレー『イタリアだより』渡辺一夫訳注，出光書店，1948 年（⇒ Rabelais, *Œuvres complètes*）
ラブレー『第二の書　パンタグリュエル』宮下志朗訳，ちくま文庫，筑摩書房，2006 年（⇒ Rabelais, *Œuvres complètes*）
ラリヴァイユ，ポール『ルネサンスの高級娼婦』森田義之・白崎容子・豊田雅子訳，平凡社，1993 年（⇒ Larivaille, Paul, *La vie quotidienne des courtisanes en Italie au temps de la Renaissance*）
ローリー，アントニー『美食の歴史』池上俊一監修，「知の再発見」双書，創元社，1996 年（⇒ Rowley, Anthony, *À table ! La fête gastronomique*）
若桑みどり『クアトロ・ラガッツィ――天正少年使節と世界帝国』綜合社，2003 年
渡辺一夫『フランス・ルネサンスの人々』岩波文庫，1992［1971］年

[モンテーニュの著作（翻訳）]

モンテーニュ『エセー』全六冊，原二郎訳，岩波文庫，1965-67 年
モンテーニュ『随想録』（全訳縮刷版）関根秀雄訳，白水社，1995 年
『モンテーニュ書簡集』（『モンテーニュ全集 9』）関根秀雄訳，白水社，1983 年
モンテーニュ『エセー』全三冊（中公クラシックス）荒木昭太郎訳，中央公論新社，2002-2003 年
『モンテーニュ　エセー抄』（大人の本棚）宮下志朗編訳，みすず書房，2003 年
モンテーニュ『エセー』（1 - 4）宮下志朗訳，白水社，2005-2010 年，（全七巻のうち，四巻まで刊行）
『モンテーニュ旅日記』串田孫一訳，白日書院／十字屋書店，1949 年
『モンテーニュ旅日記』関根秀雄・斎藤広信訳，白水社，1992 年
なお「モンテーニュの作品の邦訳」，「モンテーニュに関する翻訳研究文献」，「モンテーニュに関する日本の著作」は，一部を除き，掲載していない。それらについては，大久保康明『モンテーニュ』（清水書院，2007 年）の巻末に記されている参考文献がよくまとめられている。

[本書に関係する拙稿]

「モンテーニュ『旅日記』に関する諸問題」『フランス文学研究』第八号，東北大学フランス語フランス文学会，1988 年（36-46 頁）
「モンテーニュ『旅日記』のテキストに関する覚書」（上）（中）（下）『日本女子大学紀要人間社会学部』（第二号，1992 年，189-196 頁）（第三号，1993 年，

167-176 頁）（第七号，1997 年，199-212 頁）
「イタリア庭園とモンテーニュ」『日本女子大学紀要人間社会学部』第九号，1999 年（97-114 頁）
«Les jardins italiens vus par Montaigne voyageur», in *Bulletin de la Société des Amis de Montaigne*, 8e série, N° 25-26, 2002, pp. 63-70.
「モンテーニュのスイス，ドイツの旅あるいは旅の思想」『ロンサール研究』第一七号，日本ロンサール学会，2004 年（1-20 頁）
「モンテーニュの『旅日記』と天正遣欧使節の「イタリア訪問記」『日本女子大学紀要人間社会学部』第一五号，2005 年（1-13 頁）
「モンテーニュ『エセー』一五八二年版に関する覚書」『日本女子大学紀要人間社会学部』第一七号，2007 年（175-188 頁）
「〈私の規則で〉——モンテーニュの湯治をめぐって」『ロンサール研究』第二三号，日本ロンサール学会，2010 年（1-14 頁）
「旅と人生——モンテーニュの旅をめぐって」『文化としての旅』〈第一回「旅」研究会シンポジウム（2010）報告書〉，日本女子大学人間社会学部文化学科，2011 年（11-20 頁）

■欧文（参考書，研究書，論文など）
Album Montaigne, iconographie choisie et commentée par Jean Lacouture, Gallimard, 2007.
[Anonyme], *Discours viatiques de Paris à Rome et de Rome à Naples et Sicile (1588-1589),* Slatkine , 1983.
Attali, Jacques, *1492*, Fayard, 1991.
Aulotte, Robert, *Montaigne : «Essais»*, PUF, 1988.
Autour du Journal de voyage *de Montaigne 1580-1980* , Actes recueillis par F. Moureau et R. Bernoulli, (Avec une copie inédite du *Journal de voyage,* présentée et annotée par François Moureau), Genève-Slatkine, 1982.
Balsamo, Jean, «Montaigne, Charles d'Estissac et le Sieur du Hautoy», in *Sans autre guide. Mélanges de littérature française de la Renaissance offerts à Marcel Tetel,* Paris, Klincksieck, 1999, pp. 117-128.
Barisi, Isabella, *Guida a Villa d'Este,* De Luca Editori d'Arte, 2004.
Batisse, François, *Montaigne et la médecine*, Les Belles Lettres, 1962,
Bellenger, Yvonne, *Jacques Lesage, Voyage en Terre Sainte d'un marchand de Douai en 1519,* Balland, 1989.
Bellenger, Yvonne, *Montaigne. Une fête pour l'esprit*, Balland, 1987.
Belon, Pierre, *Voyage au Levant (1553), Les Observations de Pierre Belon du Mans,* Texte établi et présenté par Alexandre Merle, Chandeigne, 2001.
Béné, Charles, «Humanistes et pèlerinages au XVIe siècle : Montaigne à Lorette», in *Mon-*

taigne e l'Italia, pp. 597-607.
Blum, Claude, «Dans l'atelier de Millanges. Les conditions de fabrication des éditions bordelaises des "Essais" (1580, 1582)», in *Editer les Essais de Montaigne*, Actes du Colloque... (1995), réunis par Claude Blum et André Tournon, Honoré Champion, 1997, pp. 79-97.
Boyer, Marc, *Histoire générale du tourisme Du XVIe au XXe siècle*, L'Harmattan, 2005.
Caillault, P. Y., *BAR-LE-DUC, Collège Gilles de Trêves, Étude Préliminaire,* ACMH, juillet 2001.
Camporesi, Piero, *Les belles contrées*, Traduit de l'italien par Brigitte Pérol, Le Promeneur, 1995.
Chastel, André, *Mythe et crise de la Renaissance*, Skira, 1989.
Chateaubriand, *Mémoires d'outre-tombe*, Gallimard, coll. Pléiade, tome II , 1951.
Cherubini, Marcello & Betti, Massimo,*Tourist Guide to Bagni di Lucca,* MaxMaur Publisher, 2003.
Clerici Balmas, Nerina, «Les courtisanes de Montaigne», in *Montaigne et Marie de Gournay,* Honoré Champion, 1997, pp. 269-281.
Compère, Marie-Madeleine, *Les Collèges français (16e–18e siècles)*: Répertoire, t. 1, France du Midi, Paris CNRS-INRP, 1984; Répertoire, t. 2, France du Nord et de l'Ouest, Paris CNRS-INRP, 1988 (en collab. avec D.Julia) ; Répertoire, t. 3, Paris, Paris CNRS-INRP, 2002.
Conilleau, Roland, *Artistes et Ecrivains à Plombières-les-Bains*, 2 vol., Jean-Alfred Renauld, s.d.
Croquette, Bernard, *Essais, Livre III, Chap.9., «De la vanité» de Montaigne*, Editions Pédagogie Moderne, 1981.
Dédéyan, Charles, *Essai sur le Journal de voyage de Montaigne*, Boivin, 1946.
Delumeau, Jean, *Rome au XVIe siècle*, Hachette/Pluriel, 1994 [1975].
Denieul-Cormier, Anne, *La France de la Renaissance 1488-1559*, Arthaud, 1962.
Desan, Philippe, *Introduction*, in Michel de Montaigne, *Essais*, Reproduction photographique de la deuxième édition (Bordeaux 1582), avec une introduction par Philippe Desan, STFM, 2005, pp. VII-XLVIII.
Dictionnaire de Michel de Montaigne, publié sous la direction de Philippe Desan, Honoré Champion, 2004.
Dictionnaire des Lettres françaises, Le XVIe siècle, La Pochothèque, Fayard, 2001.
Dréano, Mathurin, *La Renommée de Montaigne au XVIIIe siècle, 1677-1802*, Angers, Editions de l'Ouest, 1952.
Du Bellay, Joachim, *Les Regrets et autres œuvres poëtiques, suivis des Antiquitez de Rome · Plus un Songe ou Vision sur le mesme subject*, Texte établi par J. Jolliffe, Introduit et commenté par M.A. Screech, Droz, 2e édition, 1974.

Dubois, Claude-Gilbert, «“voyage” et “passage” : interférences de l'espace et du temps», in *Montaigne : Espace, voyage, écriture*, pp. 103-111.
Durkheim, Emile, *L'évolution pédagogique en France*, PUF, 2e édition, 1999 [1ère édition, 1938].
Elias, Norbert, *La civilisation des mœurs*, Le Livre de Poche, ©Calmann-Lévy, 1973.
Erasme, *Les auberges (Diversoria)*, traduit du latin, in Erasme, *Colloques*, «Bouquins», Robert Laffont, 1992.
Febvre, Lucien, «Pour une Histoire à part entière» (Bibliothèque générale de l'Ecole pratique des Hautes Etudes VIe section), S.E.V.P.E.N., 1962, pp. 529-603.
Françon, Marcel, «L'édition de 1582 des Essais», in *Bulletin de la Société des Amis de Montaigne*, 4e série, N° 14, 1968, pp. 3-32.
Frigo, Rosa Maria, «Le jardin d'eau dans les relations de voyage du XVIe siècle», in *La letteratura e i giardini*, 1987, Firenze, pp. 227-240.
Gillet, Philippe, *Par mets et par vins, voyage et gastronomie en Europe (16e-18e siècles)*, Payot, 1985.
Gombrich, E. H., *Norm and Form. Studies in the art of the Renaissance*, Phaidon, London and New York, 1971 [1966].
Gomez-Géraud, Marie-Christine, *Écrire le voyage au XVIe siècle en France*, PUF, 2000.
Gougenheim, Georges, *Les Mots Français dans l'histoire et dans la vie,* tome III, A. & J. Picard, 1975.
Grimaldi, Floriano, *Lorette — La sainte maison*, Congregazione Universale della Santa Casa, 1977.
Hibbert, Christopher, *Rome : The Biography of a City*, Penguin Books, 1987 [1985].
Histoire des jardins de la Renaissance à nos jours, sous la direction de Monique Mosser et Georges Teyssot, Flammarion, 1991.
Hoffmann, George, *Montaigne's Career*, Oxford, Clarendon Press, 1998.
Il Palazzo Farnese di Caprarola, Edizioni “il Turismo”, 1997.
Italie, (Guide de Tourisme) Pneu Michelin, 1980.
Jama, Sophie, *L'Histoire juive de Montaigne*, Flammarion, 2001
Kastener, Jean, *Le Passé de Plombières*, Plombières-les-Bains, Compagnie des Thermes, 1966.
La Madonna della Quercia (Anno XV-N.3, Settembre 2007)
Larivaille, Paul, *La vie quotidienne des courtisanes en Italie au temps de la Renaissance : Rome et Venise, XVe et XVIe siècles*, Hachette, 1975.
Le château de Montaigne, Société des Amis de Montaigne, 1971.
Legros, Alain, «Jésuites ou Jésuates? Montaigne entre science et ignorance», in *Montaigne Studies*, XV, 1-2, The University of Chicago, 2003, pp. 131-146.
Legros, Alain (par), Montaigne, *Essais I*, 56, «Des prières», édition annotée des sept pre-

miers états du texte avec étude de genèse et commentaire par A. L., Genève, Droz, 2003.

Le Roy Ladurie, Emmanuel, *Le siècle des Platter, 1499-1628, tome I : Le mendiant et le professeur* ; *tome II : Le voyage de Thomas Platter, 1595-1599*, Fayard, 1995, 2000.

Martin, Gregory, *Roma sancta (1581)*, Edizioni di storia e letteratura, Roma, 1969.

Mathieu-Castellani, Gisèle, «Poétique du lieu : Rome, l'enfance et la mort», in *Montaigne e l'Italia*, Genève, Slatkine, 1991, pp. 339-350.

Matoré, Georges, *Le vocabulaire et la société du XVIe siècle*, PUF, 1988.

Michel, Pierre, *Montaigne*, Nizet, 1979 [Ducros, 1969].

Montaigne e l'Italia, Atti del Congresso internazionale di studi di Milano-Lecco, 26-30 ottobre 1988, éd. E. Balmas, Genève, Slatkine, 1991.

Montaigne, Espace, voyage, écriture, Actes du Congrès international de Thessalonique, 23-25 septembre 1992, réunis par Zoé Samaras, Paris, Champion, 1995.

Montaigne, Journal de voyage en Alsace et en Suisse (1580-1581), Actes du Colloque de Mulhouse-Bâle, réunis par Claude Blum, Philippe Derendinger et Anne Toia, 12 juin 1995, Paris, Champion, 2000.

Montaigne Studies, V, 1-2, The University of Chicago, 1993. (Montaigne voyageur)

Montaigne Studies, XV, 1-2, The University of Chicago, 2003. (Le *Journal de voyage*)

Montaigne, *Viaggio in Italia*, Editori Laterza, 1972.

Moureau, François, *La copie Leydet du «Journal de voyage»*, présentée et annotée par François Moureau, in *Autour du* Journal de voyage *de Montaigne 1580-1980*, Genève-Slatkine, 1982.

Moureau, François, *Le manuscrit du «Journal de voyage» : découverte, édition et copies*, in *Montaigne et les Essais 1580-1980*, Paris-Genève, Champion-Slatkine, 1983, pp. 289-299)

Oberlé, Raymond, «Montaigne à Mulhouse», in *Autour du* Journal de voyage *de Montaigne*, Genève-Slatkine, 1982, pp. 26-36.

Paré, Ambroise, *Des monstres, des prodiges, des voyages*, Paris, Livre Club du Libraire, s.d.

Pitte, Jean-Robert, *Histoire du paysage français*, Tallandier, 2003.

Platter, Thomas, *Ma vie*, Traduit de l'allemand par Edouard Fick, Préface de P. O. Walzer, L'Age d'Homme, 1982.

Pot, Olivier, «Au fil de l'eau : l'itinéraire de Montaigne en Suisse», in *Journal de voyage en Alsace et en Suisse (1580-1581)*, Honoré Champion, 2000, pp. 31-77.

Pot, Olivier, «Le journal de voyage en Suisse, ou un essayiste aux bains», in *Bulletin de la Société des Amis de Montaigne*, 8e série, N°. 19-20, 2000, pp. 23-38.

Pouilloux, Jean-Yves, *Montaigne «Que sais-je ?»*, Découvertes Gallimard, Gallimard, 1987.

Proust, Marcel, *A la recherche du temps perdu*, édition publiée sous la direction de Jean-Yves Tadié... Gallimard, coll. Pléiade, 1987, tome I, pp. 380.

Rabelais, *Œuvres complètes*, édition établie, présentée et annotée par Mireille Huchon, avec la collaboration de François Moreau, Gallimard, coll. Pléiade, 1994.

Reicher, Cl., Ruffieux, R., *Le voyage en Suisse*, «Bouquins», Robert Laffont, 1998.

Rowley, Anthony, *À table! La fête gastronomique*, Découvertes Gallimard, Gallimard, 1994.

Santarelli, Giuseppe, *Lorette — Guide historique et artistique*, Ancona, Edizioni Aniballi, 2001.

Sayce, R. A. and Maskell, David, *A descriptive bibliography of Montaigne's* Essais *1580-1700*, The Bibliographical Society, 1983.

Sayce, Richard, «The Visual Arts in Montaigne's *Journal de Voyage*», in *O un amy! Essays on Montaigne in honor of Donald M. Frame*, ed. by Raymond C. La Charité, Lexington, French Forum Pub., 1977, pp. 219-241.

Schneikert, Élisabeth, *Montaigne dans le labyrinthe (De l'imaginaire du* Journal de voyage *à l'écriture des* Essais*)*, Honoré Champion, 2006.

Seefeld Tirol, Art Guide Nr. 727 (Edition English/Française 1972), verlag Schnell & Steiner München und Zürich, 1961.

Starobinski, Jean, *Montaigne en mouvement*, Gallimard, 1982.

Stendhal, *Promenades dans Rome*, in *Voyage en Italie*, Gallimard, coll. Pléiade, 1973.

Villa Lante di Bagnaia, Bonechi Edizioni "il Turismo", 2004.

Virey, Claude-Enoch, *Vers itineraires. (Allant de France en Italie, 1592; Allant de Venise à Rome, 1593)*, S.T.F.M., 1999.

Vitry-le-François, ©Vitry-le- François, 1994.

Voyager à la Renaissance, Actes du colloque de Tours 1983, sous la direction de Jean Céard et Jean-Claude Margolin, Maisonneuve & Larose, 1987.

Zangheri, Luighi, ««Naturalia» et «curiosa» dans les jardins du XVIe siècle», in *Histoire des jardins de la Renaissance à nos jours*, pp. 55-66.

モンテーニュの『旅日記』に関する最良の書誌（欧文）は，Cavallini, Concetta, *«Cette belle besogne», Etude sur le Journal de voyage de Montaigne*, avec une bibliographie critique, Schena / Presses de l'Université de Paris-Sorbonne, 2005, «Bibliographie» (pp. 231-324).

図版出典

＊の写真はすべて筆者撮影

13 頁　ミシェル・ド・モンテーニュの肖像（油彩，1578 年頃，Musée Condé, Chantilly）⇒ *Album Montaigne*, Iconographie choisie et commentée par Jean Lacouture, Gallimard, 2007.

15 頁　フランソワ一世（グワッシュ，16 世紀，Musée Condé, Chantilly）

15 頁　カール五世⇒ Wikimedia commons

18 頁　サン・バルテルミの大虐殺⇒ Wikimedia commons

19 頁　アンリ・ド・ナヴァール，のちのアンリ四世（François Carnavalet）⇒ *Album Montaigne*

24 頁　「ボルドー本」⇒ *Reproduction en quadrichromie de l'exemplaire avec notes manuscrites marginales des Essais de Montaigne (Exemplaire de Bordeaux)*, édition établie et présentéee avec une introduction par Philippe Desan, Schena Editore, Montaigne Studies, 2002, 1 vol. in-folio.（「ボルドー本」のファクシミレ版）

26 頁　『旅日記』初版（1774）の扉⇒ Montaigne, *Œuvres choisies*, par René Radouant, Hatier, s.d.（1914）

28 頁　モンテーニュの城館（現在）＊

31 頁　アンリ三世（版画，Musée Carnavalet）⇒ *Album Montaigne.*

38 頁　ストロッツィ元帥⇒ Wikimedia commons

39 頁　ヴィトリ＝ル＝フランソワの都市図（Chastillon, 1590）⇒ *Vitry-le-François*, ©Vitry-le-François, 1994.

40 頁　ヴィトリ＝ル＝フランソワの紋章⇒観光局のガイドブック

43 頁　〈コレージュ・ジル・ド・トレーヴ〉のプレート＊

46 頁　ジャンヌ・ダルクの生家（現ドンレミ＝ラ＝ピュセル）＊

47 頁　プロンビエール温泉＊

48 頁　プロンビエール温泉の共同大浴場と温泉宿（版画，1533）⇒ Kastener, Jean, *Le Passé de Plombières*, Plombières-les-Bains, Compagnie des Thermes, 1966.

50 頁　モンテーニュ家の紋章⇒ *Le château de Montaigne*, Société des Amis de Montaigne, 1971.

51 頁　「天使亭」（L'Hotellerie de l'Ange）があったところの建物に掲げられているプレート＊

61 頁　トマス・プラッター（父）の肖像（Hans Bock，油彩，1581）とフェーリクス・プラッターの肖像（Hans Bock，油彩，1584）⇒ Le Roy Ladurie, Emma-

nuel, *Le siècle des Platter, 1499-1628, tome I: Le mendiant et le professeur,* Fayard, 1995.

65 頁　王冠の看板のある建物とモンテーニュが「王冠亭」(Haus zur Krone) に泊まったことを記したプレート *

67 頁　泉「水のたわむれ」(Ramelli, *Le diverse et artificiose machine*, Paris, 1588) ⇒ Pot, Olivier, «Au fil de l'eau : l'itinéraire de Montaigne en Suisse», in *Journal de voyage en Alsace et en Suisse (1580-1581)*, Honoré Champion, 2000.

68 頁　揚水機 (Ramelli, *ibid.*) ⇒ Pot, Olivier, *ibid.*

75 頁　ドイツの宿屋 (木版, 15-16 世紀) ⇒ Denieul-Cormier, Anne, *La France de la Renaissance 1488-1559*, Arthaud, 1962.

79 頁　富裕な階層の食卓風景 (タピスリー, 16 世紀) ⇒ Michel de Montaigne, *Essais* (extrais), Didier, 1969.

81 頁　奇跡の教会 (ゼーフェルト) *

81 頁　〈ホスチアの奇跡〉(パネル画, 16 世紀初頭) ⇒ *Seefeld Tirol*, Art Guide Nr. 727 (Edition English/Française 1972), verlag Schnell & Steiner München und Zürich, 1961.

83 頁　ピーテル・ブリューゲル (父)《悔悛のマグダラのマリア》(1555 年頃) ⇒『ピーテル・ブリューゲル全版画展』(ブリヂストン美術館) 東京新聞, 1989.

87 頁　「金の鷲」ホテル (Hotel "Goldener Adler") の歴史とそこに宿泊した著名人を記載したパンフレットの一部

90 頁　ミュンスターによるイタリア (北・中部) の地図 (S. Münster, *Cosmographia*, Basilea, 1558) ⇒ Montaigne, *Viaggio in Italia*, Editori Laterza, 1972.

93 頁　ブオン・コンシリオ城 *

93 頁　《司教クレシウスと秘書》(フレスコ画, 16 世紀前半, マーニョ・パラッツォ内) *

101 頁　ジェズアート⇒考古学博物館 (旧サン・ジローラモ修道院) のパンフレット

102 頁　ホテル〈ジェズアートたちのサン・ジローラモ〉入口の門の右壁にあるプレート *

105 頁　ヴェネツィア (S. Münster, *Cosmographia*, Basilea, 1558) ⇒ Montaigne, *Viaggio in Italia*.

107 頁　ヴェロニカ・フランコ (Tintoretto) ⇒ Wikimedia commons

112 頁　ルドヴィーコ・アリオスト (Vicenzo Catena, 1512) ⇒ Wikimedia commons

113 頁　トルクァート・タッソ⇒ Wikimedia commons

116 頁　「ミケランジェロの手になる実に美しく優れた彫像」(メディチ家礼拝堂) ロレンツォ・デ・メディチ墓碑の「黄昏」(左) と「曙」(右), ジュリアーノ・デ・メディチ墓碑の「夜」(左) と「昼」(右) ⇒ *Michelangelo : le*

tombe medicee, (Forma e colore), Sadea/Sansoni editore, 1965.

117 頁　フランチェスコ一世⇒ Wikimedia commons

117 頁　ビアンカ・カペッロ（Alessandro Allori, 1580 頃）⇒ Wikimedia commons

118 頁　フィレンツェ（Orlandi, 1602）⇒ Montaigne, *Viaggio in Italia*.

120 頁　プラトリーノ（S. Vitale, 版画, 1639）⇒ *Histoire des jardins de la Renaissance à nos jours*, sous la direction de Monique Mosser et Georges Teyssot, Flammarion, 1991.

122 頁　アペニンの巨人像（Giambologna, 1579-1580-）⇒ *Histoire des jardins de la Renaissance à nos jours*.

123 頁　カステッロ（J. Utens, 半円形画, 1599）⇒ *Histoire des jardins de la Renaissance à nos jours*.

124 頁　「トリボロの噴水」――ヘラクレスとアンタイオスのブロンズ像はアンマナーティ作。⇒ *Histoire des jardins de la Renaissance à nos jours*.

125 頁　シエーナ（P. Bertelli, 1559）⇒ Montaigne, *Viaggio in Italia*.

128 頁　パリのモンテーニュ像（Paul Landowski, ブロンズ, 1933-34）*

132 頁　グレゴリウス十三世像（油彩, 16 世紀）⇒『世界と日本――天正・慶長の使節』仙台市博物館, 1995 年

133 頁　ローマ教皇の謁見（Orlandi, 版画, 1602）⇒ Montaigne, *Viaggio in Italia*.

136-137 頁　ローマ（Pirro Ligorio, 1552）⇒ Martin, Gregory, *Roma sancta (1581)*, Edizioni di storia e letteratura, Roma, 1969.

139 頁　パラティーノの遺跡（ローマ）（E. Duperac, 版画, 1567）⇒ Montaigne, *Viaggio in Italia*.

145 頁　オスティア（F. Galle, 版画）⇒ Montaigne, *Viaggio in Italia*.

155 頁　ヴィッラ・デステ（ティヴォリ）（Duchesse, 版画, 1581）⇒ Montaigne, *Viaggio in Italia*.

157 頁　卵形噴水（A. Lafréry, 1575）⇒ Barisi, Isabella, *Guida a Villa d'Este*, De Luca Editori d'Arte, 2004.

162 頁　ボルドーのモンテーニュ像（Dominique Fortuné Maggesi, 大理石, 1858）⇒ *Album Montaigne*.

165 頁　ロレートの聖堂（P. Bertelli, *Theatrum urbium italicarum*, 1599）⇒ Montaigne, *Viaggio in Italia*.

167 頁　「サンタ・カーザ」を覆う大理石の彫刻で飾られた建物（ロレートの聖堂内）⇒ Santarelli, Giuseppe, *Lorette — Guide historique et artistique*, Ancona, Edizioni Aniballi, 2001.

176 頁　旧温泉施設（バーニョ・アッラ・ヴィッラ）の玄関ホールと温泉の効能を記したラテン語の碑文（1471 年）のレプリカ*

177 頁　旧温泉施設（写真中央奥）の左に見える建物とその壁（一階中央部分）にあるプレート*

179 頁　旧温泉施設からの眺め（リマ渓流と対岸）*

190 頁　キマイラ（ブロンズ，紀元前五世紀末〜四世紀初，フィレンツェ国立博物館蔵⇒絵葉書

197 頁　ヴォルト・サント（サン・マルティーノ教会）⇒絵葉書およびサンタ・クローチェ祭のパンフレット

199 頁　季刊紙 *La Madonna della Quercia*（Anno XV-N.3, Settembre 2007）の第一頁。

201 頁　バニャイア（版画，*Antiquae Urbis splendor*, Roma, 1612-1614）（のちのランテ荘）⇒ *Histoire des jardins de la Renaissance à nos jours.*

203 頁　最下段（区画花壇）のテラス（バニャイア）*

204 頁　カプラローラの宮殿と庭園（G. Braun, *Civitates orbis terrarium*, Colonia, 1574）⇒ Montaigne, *Viaggio in Italia.*

214-215 頁　モンテーニュの城館（1817 年）⇒ *Le château de Montaigne*, Société des Amis de Montaigne, 1971.

223 頁　マティニョン元帥（作者不詳，1778）⇒ *Album Montaigne.*

224 頁　『エセー』初版（1580 年）と『エセー』第二版（1582 年）⇒ Sayce, R. A. and Maskell, David, *A descriptive bibliography of Montaigne's* Essais *1580-1700*, The Bibliographical Society, 1983.

225 頁　ボルドー（Jean d'Ogerolles, 1563）⇒ Villey, Pierre, *Montaigne*, Éditions Rieder, 1937.